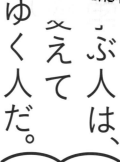

ぶ人は、
〵えて
ゆく人だ。

目の前にある問題はもちろん、

人生の問いや、

社会の課題を自ら見つけ、

挑み続けるために、人は学ぶ。

「学び」で、

少しずつ世界は変えてゆける。

いつでも、どこでも、誰でも、

学ぶことができる世の中へ。

旺文社

はじめに

　本書は，英単語をより効果的に覚えることを狙いとする，読解型の単語集である。つまり，単語を覚える手段として，句用例だけでなく文章も利用するタイプである。見出し語は文章の中で赤字で示されており，文章の中でどのように使われているかを確認することができる。また，見出し語のリストには各語の主要な意味と代表的な用例が示されているので，これを覚えることで語の概念をつかむことができる。派生語や同意語・反意語，語源などが示されているなら，これも覚えるとよい。語の概念をより明確につかめるはずである。

　本書では，ユニット毎に約15個の見出し語が入ったオリジナル英文が用意されている。まずは，この英文を読んでみよう。黙読するだけでもよいが，音読がお勧めである。付属の音声にならって自分でも読んでみよう。数回読むと英文の意味が大体つかめるし，見出し語の意味が推測できるようになる。そして，単語リストの語義，用法，関連語の暗記に取り組む。こうすることで，少しずつではあるが，入試に必要な重要語が使える語になっていくのである。

　単語はしっかり覚えたつもりでも，しばらく出会いがないと忘れてしまうものである。本書をUnit 80までやり終えたら，もう一度Unit 1から同じ作業を繰り返してみよう。各単語の最初の語義だけでなく，2番目，3番目の語義を覚えるのもいいだろう。語源の世界に少し首を突っ込むのもいいだろう。一つの語といろいろな角度から触れ合うことで，多くの語が自分のものになっていくのである。

もくじ

協力者一覧

装丁デザイン：内津 剛 (及川真咲デザイン事務所)

paper sculpture制作・撮影：AJIN　　本文デザイン：伊藤 幸恵

校正：株式会社交学社，大河恭子

英文校閲：Jason A. Chau　　編集協力：株式会社シナップス

組版：岩岡印刷株式会社　　録音：株式会社巧芸創作

ナレーター：Josh Keller, Carolyn Miller, Julia Yermakov

編集担当：高杉健太郎

本書の構成 ● [英文・和訳・解説ページ]

1 A Scholarship Program

♀ 筆者が利用する奨学金プログラムの目的は何か。

① I love studying English, and I have always wanted to use it like a bilingual. ② My goal is to become fluent in several languages besides English and to visit as many countries around the globe as I can. ③ Fortunately, I have won a scholarship to spend a year in Britain. ④ Mr. Honda, my English teacher, has always encouraged me to apply for the annual scholarship program hosted by an educational NPO, which offers high school students the opportunity to study abroad. ⑤ Its aim is not only to have students attend lectures of local universities, but to eliminate prejudice through mutual understanding. ⑥ The entry for this year's program was limited to three students. ⑦ Mr. Honda acknowledged that I always had shown enthusiasm for learning and deserved to win the scholarship. ⑧ I am a bit worried because I have never been abroad and some things in Britain would seem alien to me at first, but Mr. Honda tells me that people will assist me. ⑨ Furthermore, I am certain it will be a wonderful experience whatever may happen to me there. ⑩ I can't wait to go.

◎ 語法・構文・表現

② **visit as many countries around the globe as I can**「世界中のできる限り多くの国を訪れる」▶as 〜 as one can「できる限り〜」

③ **fortunately** 圓「幸運にも」
win a scholarship「奨学金を得る」

④ **encourage 〜 to do**「〜に…するよう勧める」
apply for 〜「〜に応募する」
the annual scholarship program hosted by an educational NPO, which offers high school students the opportunity to study abroad「高校生に留学の機会を提供する，教育系の非営利団体が主宰する1年間にわたる奨学金プログラム」▶hosted by an educational NPO は the annual scholarship program を修飾す

12

本書の1 Unitは, [英文・和訳・解説ページ] と [単語ページ] の計4ページで構成されています。

奨学金プログラム

英文レベル ☆ **183 words**

📁 文化 [教育・学校・学問]

①私は英語を学ぶことが大好きで, いつも英語を<u>バイリンガル</u>のように使いたいと思ってきた。②私の目標は, 英語に加えて数か国語について<u>堪能</u>になり, 世界中のできる限り多くの国を訪れることだ。③幸運にも, 私は英国で1年間過ごすことのできる奨学金を獲得した。④私の英語の教師である本田先生が, 高校生に留学の機会を提供する, 教育系の非営利団体が<u>主催する</u>1年間にわたる奨学金プログラムに応募するよう, いつも勧めてくれた。⑤プログラムの目的は, 地域の大学の<u>講義</u>に学生を出席させるだけでなく, 相互理解を通じて<u>偏見</u>を<u>取り除く</u>ことにある。⑥今年のプログラムへの参加は学生3人に<u>限られて</u>いた。⑦本田先生は, 私が常に学習に対して<u>熱心さ</u>を示しており, 奨学金を得るのに<u>値する</u>と認めてくれた。⑧私は海外に行ったことがないし, 初めのうち私になじみのないように思えるものが英国にはあるだろうから少し不安なのだが, 本田先生は人々が私を<u>援助して</u>くれると言ってくれている。⑨<u>それに</u>, むこうで私に何が起きようとも, それはすばらしい経験になると私は<u>確信</u>している。⑩行くのが待ちきれない。

る過去分詞句。which 以下は the annual scholarship program を補足説明する関係代名詞節。

⑤ **have ~ do**「~に…させる：~に…してもらう」
　 attend 働「~に出席する：~に通う」
　 mutual 形「相互の」
⑥ **entry** 图「(プログラムなどへの) 参加：参戦」
⑦ **acknowledge that ...**「…であることを認める」
⑨ **be certain (that) ...**「…ということを確信している」

13

タイトル和訳・英文レベル・英文語数

英文レベルは,

★ …基本レベル
★★ …共通テストレベル
★★★…入試標準レベル

を表しています。

テーマ (📁)

「日常生活」「社会」「文化」「自然」「産業」「科学・技術」の6つの入試頻出テーマに大きく分類し, それにさらに細かい小テーマを設けています。

和訳

和訳全体が自然な日本語になるように, 直訳ではなく意訳をしています。

和訳中の赤字は, 見出し語の英文中での意味です。その他の意味は単語ページで確認しましょう。

本書の構成 ● [単語ページ]

見出し語・発音記号

英文で使用されている英単語を掲載しています。単語は、『英単語ターゲット1400 [5訂版]』のPart 1・2掲載の入試頻出語です。

発音 (発)
アクセント (アク)

入試で狙われる注意すべき語に、それぞれのアイコンをつけています。

チェックボックス

○や✔などをつけ、自分の理解度をチェックしましょう。覚えるまで繰り返しチェックすることが大切です。

▶や▶で英単語や英熟語に関する補足説明をしています。また、反意語・類義語・派生語などの関連語も豊富に掲載しています。

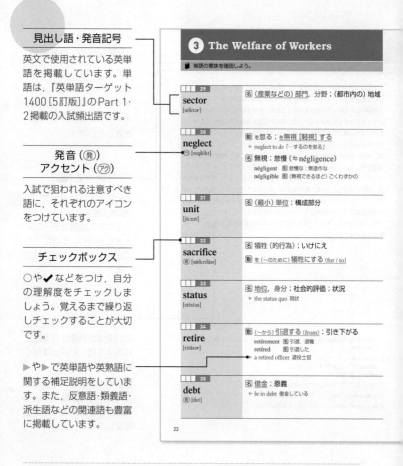

❸ The Welfare of Workers

📝 単語の意味を確認しよう。

☐☐☐ 29 **sector** [séktər]	图 (産業などの) 部門, 分野；(都市内の) 地域
☐☐☐ 30 **neglect** アク [nɪglékt]	動 を怠る；を無視 [軽視] する ▶ neglect to *do* 「…するのを怠る」 图 無視；怠慢 (≒ négligence) négligent 形 怠慢な；無造作な négligible 形 (無視できるほど) ごくわずかの
☐☐☐ 31 **unit** [júːnɪt]	图 (最小) 単位；構成部分
☐☐☐ 32 **sacrifice** 発 [sǽkrɪfàɪs]	图 犠牲 (的行為)；いけにえ 動 を (〜のために) 犠牲にする (for / to)
☐☐☐ 33 **status** [stéɪtəs]	图 地位, 身分；社会的評価；状況 ▶ the status quo 現状
☐☐☐ 34 **retire** [rɪtáɪər]	動 (〜から) 引退する (from)；引き下がる retírement 图 引退, 退職 retíred 形 引退した ▶ a retired officer 退役士官
☐☐☐ 35 **debt** 発 [det]	图 借金；恩義 ▶ *be* in debt 借金している

22

●品詞の表示

動 動詞　图 名詞　形 形容詞　副 副詞　前 前置詞　接 接続詞　代 代名詞

●関連情報の表示

⇔ 反意語　≒ 同意語・類義語・代替語　= 言い換え表現　米 アメリカ式英語

英 イギリス式英語　〔-s〕複数形　〔the 〜〕冠詞 the を伴う

8

ID番号（ 1 ）

本書の見出し語の番号です。

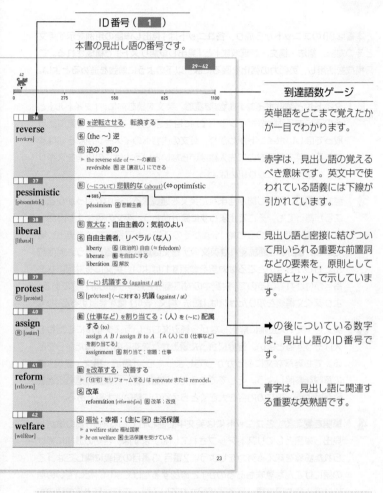

到達語数ゲージ

英単語をどこまで覚えたか
が一目でわかります。

29~42

0   275   550   825   1100

36
reverse
[rɪvɜ́ːrs]

動 を逆転させる，転換する
名 〔the ~〕逆
形 逆の；裏の
▶ the reverse side of ~ ~の裏面
　revérsible **形** 逆〔裏返し〕にできる

37
pessimistic
[pèsəmístɪk]

形 （~について）悲観的な (about)(⇔ optimístic
→ 585)
　péssimism **名** 悲観主義

38
liberal
[líbərəl]

形 寛大な；自由主義の；気前のよい
名 自由主義者，リベラル（な人）
　líberty **名** (政治的)自由 (≒ fréedom)
　líberate **動** を自由にする
　liberátion **名** 解放

39
protest
⑦ [prətést]

動 （~に）抗議する (against / at)
名 [próutest] (~に対する)抗議 (against / at)

40
assign
⑧ [əsáɪn]

動 (仕事など)を割り当てる；(人)を(~に)配属
する (to)
　assign A B / assign B to A 「A (人)にB (仕事など)
　を割り当てる」
　assígnment **名** 割り当て；宿題；仕事

41
reform
[rɪfɔ́ːrm]

動 を改革する，改善する
▶「(住宅)をリフォームする」は renovate または remodel。
名 改革
　reformátion [rèfərméɪʃən] **名** 改革；改良

42
welfare
[wélfèər]

名 福祉；幸福；（主に⽶）生活保護
▶ a welfare state 福祉国家
▶ be on welfare 生活保護を受けている

赤字は，見出し語の覚える
べき意味です。英文中で使
われている語義には下線が
引かれています。

見出し語と密接に結びつい
て用いられる重要な前置詞
などの要素を，原則として
訳語とセットで示していま
す。

➡の後についている数字
は，見出し語のID番号で
す。

青字は，見出し語に関連す
る重要な英熟語です。

23

●語句表示

[ ]…言い換え可能	( )…省略可能	〔 〕…補足説明
be…be動詞	*do*…原形動詞	to *do*…不定詞
doing…動名詞・現在分詞	*done*…過去分詞形	*one, oneself*…人を表す
；(セミコロン)…意味の中でさらに区分する場合の大きな区分		
，(コンマ)…意味の中でさらに区分する場合の比較的小さな区分		

9

本書の勉強法について

本書は80のユニットから成り，各ユニットは「見出し単語の用例を示す英文とその対訳，語法・構文・表現解説」と「見出し単語リスト」で構成される。この構成を活用し，英語力の強化を図るには，以下のように勉強を進めるとよい。

1 タイトルと読解ポイント（🔍）を読む。英文を読む前に，「タイトル」とその下にある「読解ポイント」（🔍）に目を通そう。英文を読む際に読み取ってほしいポイントがわかり，英文の内容へのイメージが膨らむはずである。英文を読むのに先入観はいらないという人はこの段階をスキップし，直接英文に取り組めばよい。

2 英文を読む。見出し語が含まれた英文を通読する。途中で引っかかるところがあっても，そこで止まらずに読み進もう。英文の語数は140語〜200語前後で，そのうち約15個がそのユニットで習得すべき見出し語である。3回ほど通読すれば英文のテーマは理解できると思う。何度読んでもわからないところは対訳を参照すればよい。英文にも対訳にも文番号が付されているので，対訳中の対応箇所を見つけるのは容易である。より深く文構造を知りたければ『語法・構文・表現』欄を参照するとよい。

3 英文を1文1文正確に解釈しながら読み進むというスタイルにこだわる人はそうするとよい。自分に合った読みかたをするのが一番だからである。でも難解な文に引っかかってしまったら，『語法・構文・表現』欄の解説を参照しよう。そしてできるだけスピーディーに読み進むことを心がけよう。英文の内容を大きくとらえるのに勢いは大事である。

4 単語を覚える。各ユニットには英文中で使われている約15個の単語が見出し単語としてリストアップされている。まずは，各語の最初に掲げられた語義を覚える努力をしよう。2番目，3番目の語義に関しては，「この語にはこんな意味もあるのか」と確認するだけでよい。たいていの語には派生語や同意語・反意語が記されているが，これは見出し単語の意味を覚えやすくするためのもの。最初からそこまで覚え込もうとする必要はない。この段階では，語の意味をしっかり覚え込むのではなく，「大体覚えた」程度にとどめておこう。

⑤ 1日に1～2ユニットをこなし，80まで行ったら，もう一度ユニット1からやり直そう。単語は適当な時間を置きながら反復して覚える努力をすると，確実に自分の使える語になる。また同時に英文を読み進めるスピードも格段に速くなるのだ。

⑥ 中には難しくて読めないと感じる英文もあるかもしれないが，その主たる原因は英文のテーマ（話題）に対する不慣れであるから，読解ポイント（🔍）や対訳に頼ってテーマをつかみ，通読するという姿勢を崩さないほうがよい。何度も通読すれば，英文の言わんとすることが自然とわかってくるものである。

⑦ 音声を活用する。単語を覚えるとき，目と手だけに頼るのではなく，耳も使うと効果は大きい。単語の発音を聞き，音声のポーズの間にまねて発音し，意味を想起する。次に日本語（＝語義）の音声を聞いて意味を確認する。これを数回繰り返すとよい。英文の朗読は聞いて意味を取る練習に役立つだけでなく，自分が英文を音読するときの模範となる。②で述べた通読の際，黙読でなく音読を行うと耳からの理解が加わって英文の内容をつかむことが容易になる。ぜひ試してもらいたい。

🎵 **無料音声ダウンロード**

https://www.obunsha.co.jp/tokuten/target/ へアクセス！

パスワード（すべて半角英数字）：**tgr1400**

本書に掲載されている英文および1100の単語の音声は，すべて無料でダウンロードできます（音声はストリーミング再生も可能です。詳しくは専用サイトをご覧ください）。単語リストは「英語 ➡ ポーズ ➡ 日本語」の順番で読み上げています。

音声ファイルはZIP形式にまとめられた形でダウンロードされますので，解凍後，デジタルオーディオプレイヤーなどでご活用ください。

※デジタルオーディオプレイヤーへの音声ファイルの転送方法は，各製品の取扱説明書やヘルプをご参照ください。

⚠・スマートフォンやタブレットでは音声をダウンロードできません。

・音声ファイルはMP3形式となっています。音声の再生にはMP3ファイルを再生できる機器などが別途必要です。

・ご使用機器，音声再生ソフト等に関する技術的なご質問は，ハードメーカーもしくはソフトメーカーにお願いいたします。

・本サービスは予告なく終了されることがあります。

① A Scholarship Program

📍 筆者が利用する奨学金プログラムの目的は何か。

① I love studying English, and I have always wanted to use it like a bilingual. ② My goal is to become fluent in several languages besides English and to visit as many countries around the globe as I can. ③ Fortunately, I have won a scholarship to spend a year in Britain. ④ Mr. Honda, my English teacher, has always encouraged me to apply for the annual scholarship program hosted by an educational NPO, which offers high school students the opportunity to study abroad. ⑤ Its aim is not only to have students attend lectures of local universities, but to eliminate prejudice through mutual understanding. ⑥ The entry for this year's program was limited to three students. ⑦ Mr. Honda acknowledged that I always had shown enthusiasm for learning and deserved to win the scholarship. ⑧ I am a bit worried because I have never been abroad and some things in Britain would seem alien to me at first, but Mr. Honda tells me that people will assist me. ⑨ Furthermore, I am certain it will be a wonderful experience whatever may happen to me there. ⑩ I can't wait to go.

語法・構文・表現

② **visit as many countries around the globe as I can**「世界中のできる限り多くの国を訪れる」 ▶as ~ as *one* can「できる限り~」

③ **fortunately** 圖「幸運にも」
win a scholarship「奨学金を得る」

④ **encourage ~ to *do***「~に…するよう勧める」
apply for ~「~に応募する」
the annual scholarship program hosted by an educational NPO, which offers high school students the opportunity to study abroad「高校生に留学の機会を提供する，教育系の非営利団体が主催する1年間にわたる奨学金プログラム」 ▶hosted by an educational NPO は the annual scholarship program を修飾す

📁 文化［教育・学校・学問］

①私は英語を学ぶことが大好きで，いつも英語をバイリンガルのように使いたいと思ってきた。②私の目標は，英語に加えて数か国語について堪能になり，世界中のできる限り多くの国を訪れることだ。③幸運にも，私は英国で1年過ごすことのできる奨学金を獲得した。④私の英語の教師である本田先生が，高校生に留学の機会を提供する，教育系の非営利団体が主催する1年間にわたる奨学金プログラムに応募するよう，いつも勧めてくれた。⑤プログラムの目的は，地域の大学の講義に学生を出席させるだけでなく，相互理解を通じて偏見を取り除くことにある。⑥今年のプログラムへの参加は学生3人に限られていた。⑦本田先生は，私が常に学習に対して熱心さを示しており，奨学金を得るのに値すると認めてくれた。⑧私は海外に行ったことがないし，初めのうち私になじみのないように思えるものが英国にはあるだろうから少し不安なのだが，本田先生は人々が私を援助してくれると言ってくれている。⑨それに，むこうで私に何が起きようとも，それはすばらしい経験になると私は確信している。⑩行くのが待ちきれない。

る過去分詞句。which 以下は the annual scholarship program を補足説明する関係代名詞節。

⑤ **have ~ do**「～に…させる；～に…してもらう」
　attend 動「～に出席する；～に通う」
　mutual 形「相互の」
⑥ **entry** 图「（プログラムなどへの）参加；参戦」
⑦ **acknowledge that ...**「…であることを認める」
⑨ ***be* certain (that) ...**「…ということを確信している」

13

1 A Scholarship Program

1

bilingual
[baɪlíŋgwəl]

形 バイリンガルの，2言語を話す

名 バイリンガル，2言語話者

trilíngual 形 3言語を話す
名 3言語話者

multilíngual 形 多言語を話す
名 多言語話者

2

fluent
[flúːənt]

形 流ちょうな；(外国語に) 堪能な (in)

flúently 副 流ちょうに
flúency 名 流ちょうさ
▶ with fluency 流ちょうに (≒ flúently)

3

globe
[gloub]

名 〔普通 the ～〕世界；地球儀；球体

▶ glove [glʌv]「手袋」と，つづり・発音を区別。
glóbal 形 地球全体の；全体的な

4

host
(発) [houst]

動 を主催する；の主人役を務める

名 (客に対する) 主人，主催者；多数

▶ a host of ～「多数の～」
hóstess [hóustəs] 名 女主人
▶ 最近は女性にも host を使う傾向がある。

5

lecture
[léktʃər]

名 講義，講演

▶ attend a lecture 講義に出席する

動 講義する

lécturer 名 講師

6

eliminate
(アク) [ɪlímɪnèɪt]

動 を (～から) 取り除く (from)(≒ remóve)

eliminátion 名 除去

7

prejudice
(アク) [prédʒudəs]

名 (～に対する) 偏見 (against)；先入観

▶ racial prejudice「人種の偏見」

動 に偏見を抱かせる

préjudiced 形 偏見を持った

---

8 **limit** [límət]	動 を (~に) 制限する (to) 名 限界；制限 límited 形 有限の，乏しい ▶ limited resources「限られた資源」
9 **acknowledge** (発) [əkná(:)lɪdʒ]	動 を認める；に礼を言う acknówledgment 名 承認；感謝
10 **enthusiasm** (アク) [ɪnθjúːziæzm]	名 (~に対する) 熱狂，熱中，熱心 (for) enthusiástic [ɪnθjùːziǽstɪk] 形 熱狂的な enthusiástically 副 熱狂的に
11 **deserve** (発) [dɪzə́ːrv]	動 に値する deserve to do「…するに値する」
12 **alien** (発) [éɪliən]	形 (~にとって) 異質の (to)；外国の (≒ fóreign) 名 (居留) 外国人；異星人
13 **assist** [əsíst]	動 (人) を手伝う (≒ help)；援助する assist A in [with] B「AをBの面で手伝う」 名 〔主に 米〕 援助 assístance 名 援助 assístant 名 助手
14 **furthermore** [fə́ːrðərmɔ̀ːr]	副 そのうえ (≒ moréover, besídes)

② Art Museums

絵画は大好きだけど，筆者には唯一苦手な種類の絵がある。それは…。

① I love to see and admire paintings **hanging** on the walls of an art museum. ② I **derive** a lot of pleasure when appreciating the art. ③ I sometimes search the **web** in order to check what works are exhibited in my favorite museum, but I don't like seeing paintings on the computer screen or even in art books. ④ I'd love to visit a museum and **gaze** with my own eyes at what is **visible** on paintings placed in beautiful **frames**. ⑤ This may be much like digging up a **mine** with my own hands. ⑥ Some paintings are very valuable, worth huge **sums** of money, and museums must employ security **guards** to prevent theft and vandalism. ⑦ Although I like most art, I admit that **abstract** art often **frustrates** me. ⑧ Sometimes I can only get a vague idea of what an abstract painting represents, though I often recognize some of the **techniques** that are used on it as amazing. ⑨ I love to paint, too. ⑩ I believe that the best way to learn how to paint is to **imitate** the old master painters. ⑪ One day my paintings could hang on the **grand** walls of the National Museum of Art.

◎ 語法・構文・表現

① **admire** 動「～を感嘆して眺める」
　paintings hanging on the walls of an art museum「美術館の壁に掛かっている絵画」 ▶hanging 以下は paintings を修飾する現在分詞句。

② **appreciate** 動「～を鑑賞する」

③ **work** 图「作品」
　exhibit 動「～を展示する」

④ **paintings placed in beautiful frames**「美しい額に入れられた絵画」 ▶placed 以下は paintings を修飾する過去分詞句。

⑤ **dig up ～**「～を掘り出す」

16

📁 文化 [音楽・芸術・文学]

① 私は美術館の壁に<u>掛かっている</u>絵画を見て，感嘆して眺めることを非常に好む。② 芸術作品を鑑賞していると，多くの喜びが<u>引き出</u>されてくる。③ 私は，お気に入りの美術館でどんな作品が展示されているか確認するために<u>ウェブ</u>を検索することもあるが，絵画をコンピューターの画面で見たり，美術作品集の中で見たりすることさえ好まない。④ 美術館を訪れ，美しい<u>額</u>に入れられた絵画の中に<u>見える</u>ものを自分の目で<u>じっと見</u>たいのだ。⑤ これは自分の手で<u>鉱山</u>を掘り出すことによく似ているかもしれない。⑥ 絵画の中には非常に価値があり，多額のお金に値するものもあるので，美術館は窃盗や破壊行為を防ぐために<u>警備員</u>を雇わなければならない。⑦ 私はほとんどの芸術を好んでいるが，<u>抽象画</u>は私に<u>不満を抱かせる</u>ことが多いと認める。⑧ 抽象画に用いられている<u>技術</u>の中に驚くべきものがあることはしばしば認めるが，抽象画が表していることに関してぼんやりとした考えしか持つことができないこともある。⑨ 私は絵を描くことも大好きだ。⑩ 絵の描き方を学ぶ最良の方法は昔の絵画の巨匠を<u>まねる</u>ことだと信じている。⑪ いつの日か，私の絵画が国立美術館の<u>広大な</u>壁に掛かることがあるかもしれない。

⑥ *be* worth ～「～の価値がある」
theft 图「窃盗」
vandalism 图「破壊行為」

⑦ admit that ...「…ということを認める」

⑧ vague 形「ぼんやりした；曖昧な」
represent 動「～を表す；～を象徴する」
recognize ～ as ...「～を…と認識する」
some of the techniques that are used on it「抽象画に用いられている技術のいくつか」 ▶that 以下は some of the techniques を修飾する関係代名詞節。

⑩ the best way to learn how to paint「絵の描き方を学ぶ最良の方法」 ▶to learn how to paint は the best way を修飾する不定詞句。
master painter「絵画の巨匠」

🏷 単語の意味を確認しよう。

15 **hang** [hæŋ]	動 を(~に)掛ける (on)；ぶら下がる ▶ hang around「ぶらぶらする」 ▶ hang on「しっかりつかまる，頑張り続ける」 ▶ 活用：hang - hung [hʌŋ] - hung hánger 名 洋服掛け，ハンガー
16 **derive** [dɪráɪv]	動 (~から)を得る，引き出す (from)；(~に)由来する (from) derivátion [dèrɪvéɪʃən] 名 由来，起源
17 **web** [web]	名 〔the W~ / the w~〕(ワールドワイド)ウェブ；クモの巣(状のもの) ▶ on the web「ウェブ上で」 wébsite 名 ウェブサイト
18 **gaze** [geɪz]	動 (~を)見つめる (at / into)(≒ stare) 名 凝視
19 **visible** [vízəbl]	形 目に見える；目立った vísion 名 視力；心に描く像
20 **frame** [freɪm]	名 額縁；枠；骨組み 動 を枠にはめる；を立案する frámework 名 枠組み；構成
21 **mine** [maɪn]	名 鉱山；地雷 (= lándmine) ▶ mine「私のもの」も同じ発音。 動 を採掘する；に地雷を敷設する míneral 名 鉱物；ミネラル 　　　　 形 鉱物質の míner 名 炭鉱労働者

28

| 0 | 275 | 550 | 825 | 1100 |

22

sum
[sʌm]

名 <u>金額</u>；〔the ~〕合計；〔the ~〕要点

動 を合計する；を要約する
súmmary 名 要約
súmmarize 動 を要約する

23

guard
(発)[gɑːrd]

名 警戒；<u>護衛者</u>

動 を (~から) <u>守る</u> (from / against)
guárdian 名 保護者，守護者

24

abstract
[ǽbstrækt]

形 <u>抽象的な</u> (⇔ concréte → 86)

動 [æbstrǽkt] を抽出する

名 [ǽbstrækt] 要約
abstráction 名 抽象的概念

25

frustrate
[frʌ́streɪt]

動 に<u>不満を抱かせる</u>；を挫折させる
frustrátion 名 欲求不満；挫折
frústrated 形 不満を持っている；挫折した
frústrating 形 いらいらさせる (ような)

26

technique
(発)(ア)[tekníːk]

名 <u>技術</u>；技巧
téchnical 形 工業技術の；技巧上の；専門的な
technícian 名 専門家，技術者

27

imitate
(ア)[ímɪtèɪt]

動 をまねる；を手本とする
imitátion 名 まね；模造品

28

grand
[grænd]

形 豪華な；<u>雄大な</u>；すばらしい

19

🔲 労働者の生活改善に寄与するかもしれない考え方とは？

① We should have a lot more talk about the issue of overworking, which many people are now concerned with. ② Working people, particularly in certain sectors of occupations, spend so much time in the office that they tend to neglect their relationships with their families. ③ They seem to forget that the smallest unit in human society is a family. ④ Will they continue to sacrifice their family and happiness just to seek a higher status in the company until they retire? ⑤ Perhaps many might worry about getting into debt once they reverse the balance of work and home life. ⑥ Though we should not be too optimistic about this change, however, it is not necessary to be too pessimistic. ⑦ We should have a more liberal attitude to the balance of working life and family life. ⑧ We do have the right to protest against long work hours assigned to us by the company, and we can change our occupation if necessary. ⑨ Perhaps this attitude will help society, from workers to the government, change work culture and thus improve the lives of workers in the future. ⑩ Now is the time to reform the welfare of workers.

語法・構文・表現

① **the issue of overworking, which many people are now concerned with**「今多くの人が関心を寄せる，働きすぎの問題」 ▶which 以下は the issue of overworking を補足説明する関係代名詞節。

② **occupation** 图「職業」
   so ~ that ...「とても~なので…」

④ **seek** 動「~を追い求める」

⑤ **get into debt**「借金をかかえる」
   once ...「いったん…すると」

📁 産業［職業・労働］

①　私たちは，今多くの人が関心を寄せる，働きすぎの問題についてもっと話し合うべきだ。②　働く人々，特にある種の職業<u>部門</u>に属する人々は，非常に多くの時間を会社で過ごしているため，家族との関係を<u>無視する</u>傾向にある。③　彼らは人間社会の最小<u>単位</u>が家族であることを忘れているようだ。④　<u>退職する</u>まで企業でより高い<u>地位</u>を追い求めるだけのために，自分の家族と幸福を<u>犠牲</u>にし続けるつもりなのだろうか。⑤　ひょっとすると，仕事と家庭生活のバランスをいったん<u>逆転させる</u>と<u>借金</u>をかかえるのではないかと心配している人が多いのかもしれない。⑥　しかし，こうした変化について楽観的になりすぎるのもよくないが，<u>悲観的に</u>なりすぎる必要もない。⑦　私たちは仕事生活と家族生活のバランスに対して，もっと<u>寛大</u>な考え方を持つべきだ。⑧　私たちは実際のところ，会社から<u>割り当てられた</u>長時間労働に対して<u>抗議する</u>権利を持っているし，必要なら職業を変えることもできる。⑨　おそらくこのような考え方は，社会が，つまり労働者から政府までもが，労働文化を変え，それによって将来の労働者の生活を向上させることに役立つだろう。⑩　今こそ労働者の<u>福祉</u>を<u>改革する</u>ときだ。

---

⑥ **optimistic** 厖「楽観的な」

⑦ **attitude to ～**「～に対する考え方，態度」

⑧ **do have**「実際～を持っている」▶この do は動詞の意味を強調する助動詞。
　　the right to *do*「…する権利」
　　long work hours assigned to us by the company「会社から割り当てられた長時間労働」▶assigned 以下は long work hours を修飾する過去分詞句。
　　if necessary「必要なら」▶＝ if it is necessary

⑨ **help ～** *do*「～が…するのに役立つ；～が…するのを手助けする」

3 The Welfare of Workers

29 **sector** [séktər]	名 (産業などの) 部門, 分野；(都市内の) 地域
30 **neglect** ⑦ [nɪglékt]	動 を怠る；を無視 [軽視] する ▶ neglect to *do*「…するのを怠る」 名 無視；怠慢 (≒négligence) négligent 形 怠慢な；無造作な négligible 形 (無視できるほど) ごくわずかの
31 **unit** [júːnɪt]	名 (最小) 単位；構成部分
32 **sacrifice** 発 [sǽkrɪfàɪs]	名 犠牲 (的行為)；いけにえ 動 を (〜のために) 犠牲にする (for / to)
33 **status** [stéɪtəs]	名 地位, 身分；社会的評価；状況 ▶ the status quo 現状
34 **retire** [rɪtáɪər]	動 (〜から) 引退する (from)；引き下がる retírement 名 引退, 退職 retíred 形 引退した ▶ a retired officer 退役士官
35 **debt** 発 [det]	名 借金；恩義 ▶ *be* in debt 借金している

22

42

```
0          275          550          825          1100
```

| 36 **reverse** [rɪvə́ːrs] | 動 を逆転させる，転換する

名 〔the 〜〕逆

形 逆の；裏の
▶ the reverse side of 〜 〜の裏面
revérsible 形 逆 [裏返し] にできる |

| 37 **pessimistic** [pèsəmístɪk] | 形 (〜について) 悲観的な (about) (⇔optimístic →585)
péssimism 名 悲観主義 |

| 38 **liberal** [líbərəl] | 形 寛大な；自由主義の；気前のよい

名 自由主義者，リベラル (な人)
líberty 名 (政治的) 自由 (≒ fréedom)
líberate 動 を自由にする
liberátion 名 解放 |

| 39 **protest** ⑦ [próʊtest] | 動 (〜に) 抗議する (against / at)

名 [próʊtest] (〜に対する) 抗議 (against / at) |

| 40 **assign** ⑨ [əsáɪn] | 動 (仕事など) を割り当てる；(人) を (〜に) 配属する (to)
assign A B / assign B to A 「A (人) にB (仕事など) を割り当てる」
assígnment 名 割り当て；宿題；仕事 |

| 41 **reform** [rɪfɔ́ːrm] | 動 を改革する，改善する
▶ 「(住宅) をリフォームする」は renovate または remodel。

名 改革
reformátion [rèfərméɪʃən] 名 改革；改良 |

| 42 **welfare** [wélfèər] | 名 福祉；幸福；〔主に 米〕生活保護
▶ a welfare state 福祉国家
▶ be on welfare 米 生活保護を受けている |

---

4 My First Marathon

♀ 初マラソン後，筆者はどのように感じたか。

① The atmosphere at the start line of my first marathon was incredible. ② Rows of spectators cheering and shouting to the runners were overwhelming me.

③ Three years ago, I began to worry about gaining too much weight. ④ I knew I would become obese if I didn't take any action. ⑤ One day, I made up my mind to start jogging to avoid obesity. ⑥ When I started it, I could run only a couple hundred meters. ⑦ As I continued jogging, however, I was able to run a longer and longer route, and my weight was decreasing.

⑧ When I was at the start line of my first marathon, I was determined to complete it. ⑨ I reminded myself that I must not collapse while running. ⑩ If I collapsed, it would ruin my chances of finishing the run. ⑪ The race started. ⑫ I ran and ran and ran, keeping a steady pace. ⑬ Towards the end of the marathon, my leg muscles began to ache, and I felt my body weaken with every step. ⑭ I was exhausted but finally the goal was in sight. ⑮ When I crossed the finish line I was really relieved and very proud of my accomplishment. ⑯ Now I run every day not to lose weight but to break my record.

◎語法・構文・表現

① **atmosphere** 图「雰囲気；空気」

② **spectator** 图「観客；見物人」

③ **gain weight**「体重が増加する；太る」

④ **obese** 厖「肥満の」＞**obesity** 图「肥満」

⑧ *be* **determined to** *do*「…することを固く決意している」

⑨ **remind** *oneself* **that ...**「…と自分に言い聞かせる；…ということを思い出させる」

初マラソン

英文レベル ☆

206 words

📁 日常生活 [スポーツ]

① 私の初マラソンのスタートラインでの雰囲気は信じがたいものだった。② ランナーたちを元気づけ，大声で声援を送る観客の列が私を圧倒していた。

③ 3年前，私は過度な体重増加に悩み始めていた。④ 何も行動しなければ肥満になることはわかっていた。⑤ ある日，肥満を避けるためにジョギングを始めることを決意した。⑥ 始めたときはほんの200〜300メートルしか走ることができなかった。⑦ しかし，ジョギングを続けていくうちに，だんだんと長い道のりを走ることができるようになり，体重も減っていった。

⑧ 私は初マラソンのスタートラインに立ったとき，完走しようと心に決めていた。⑨ 走っている最中に倒れてはならないと自分に言い聞かせた。⑩ 倒れてしまったら，完走する見込みが台無しになってしまうだろう。⑪ レースがスタートした。⑫ 私は安定したペースを保ちながら，走って，走って，走りまくった。⑬ マラソンの終盤になると，脚の筋肉が痛み始め，一歩踏み出すごとに身体が弱っていくのを感じた。⑭ 疲労困憊していたが，ついにゴールが見えてきた。⑮ ゴールラインをまたいだときには本当に安堵したし，この達成をとても誇りに思った。⑯ 今は減量のためでなく，自分の記録を更新するために，毎日走っている。

⑬ **I felt my body weaken**「私は身体が弱っていくのを感じた」▶feel O *do* の文型で「Oが…するのを感じる」という意味。

⑭ *be* **in sight**「見える；視界に入る」

⑮ **accomplishment** 图「達成」

⑯ **lose weight**「減量する」
break *one's* **record**「〜の記録を破る」

4 My First Marathon

単語の意味を確認しよう。

43 **incredible** [ɪnkrédəbl]	形 **信じられない**（≒ unbelíevable） It is incredible that ... 「…ということは信じられない」 incrédibly 副 信じられないほど
44 **cheer** [tʃɪər]	動 **を元気づける**；（に）**歓声をあげる** cheer ~ up / cheer up ~ 「~を元気づける」 ▶ cheer up 元気づく 名 **歓声；声援** chéerful 形 元気のよい；陽気な
45 **overwhelm** ⑦ [òʊvərhwélm]	動 **をまいらせる**；**を圧倒する** *be* overwhelmed by ~ 「~によって（精神的に）まいる；~に圧倒される」 overwhélming 形 圧倒的な
46 **obesity** 発 [oʊbíːsəti]	名 **肥満** obése [oʊbíːs] 形 肥満した
47 **route** 発 [ruːt]	名 **道（筋）**；**方法**
48 **decrease** [diːkríːs]	動 **減る**（⇔ incréase→924）；**を減らす** 名 [díːkriːs] 減少
49 **collapse** [kəlǽps]	動 **崩壊する**；**倒れる**；（事業などが）**破綻する** 名 **崩壊；破綻**

26

50 ruin (発) [rúːɪn]
動 を台無しにする；を破滅させる
名 破滅；荒廃；〔~s〕廃墟

51 steady (発) [stédi]
形 着実な，一定した（⇔irrégular 不規則な）；安定した
stéadily 副 着実に；しっかりと

52 muscle (発) [mʌ́sl]
名 筋肉；威力
múscular [mʌ́skjulər] 形 筋肉の

53 weaken [wíːkən]
動 を弱める（⇔stréngthen→686）；弱まる
be weakened by ~「~で衰弱する」
weak 形 弱い
wéakness 名 弱さ；〔a ~〕大好きであること

54 exhausted (発) [ɪɡzɔ́ːstɪd]
形 疲れ果てた（≒tíred）；使い尽くされた
be exhausted from [by] ~「~で疲れ果てる」
exháust 動 を疲れ果てさせる；を使い果たす
exháustion 名 極度の疲労；枯渇
exháusting 形 くたくたに疲れさせる

55 relieve [rɪlíːv]
動 （苦痛など）を和らげる，（不安など）を減らす
relíef 名 軽減；〔a ~〕安心
relíeved 形 安心した

27

5 Bread Making

①I have a special bread recipe passed down through the generations in my family. ②Everybody loves it, and it is simple and easy to make it. ③First, knead the ingredients together for ten minutes, without pausing, to make a smooth dough. ④Then wrap it in cloth and lay it somewhere warm in the shade for an hour. ⑤And at the final stage, bake it in the oven until golden brown. ⑥This recipe can be modified according to what kind of wheat flour is used to provide subtle differences in flavor. ⑦Recently I made my dream come true — opened my own bakery! ⑧How satisfying it is to load my bread onto the shelves each morning, and to greet my customers with the aroma of fresh loaves! ⑨I have an old friend who is an editor of *Home Bread*, and she is a big fan of my bread. ⑩She said that she will include my recipe in next month's edition! ⑪She has been recommending to the editorial board that it should be featured on the magazine. ⑫Yesterday she texted me to tell me that they approved of her suggestion. ⑬I will continue to correspond with her via SNS, and hope she comes to my shop more often.

語法・構文・表現

①**a special bread recipe passed down through the generations in my family**「家族に何世代も伝わるパンの特別レシピ」 ▶passed down 以下は a special bread recipe を修飾する過去分詞句。

③**knead** 動「～をこねる」 ▶発音注意。[niːd] と発音する。
　dough 名「生地」

④**wrap** 動「～をくるむ，包む」

⑤**oven** 名「オーブン」 ▶発音注意。[ʌ́vən] と発音する。

⑥**according to ～**「～に合わせて」

パン作り

英文レベル
☆

205
words

📁 日常生活［料理・食事］

①私は家族に何世代も伝わるパンの特別レシピを持っている。②皆それが大好きで，作るのは簡単で易しい。③まず，材料を 10 分間休まずこねて，生地が滑らかになるようにする。④次に，それを布でくるんで，光の当たらない暖かい場所に 1 時間置く。⑤最後の段階で，オーブンで黄金色になるまで焼く。⑥風味に微妙な違いを与えるために使う小麦粉の種類に合わせて，このレシピは変えることができる。⑦最近私は夢を叶えて，自分のベーカリーを開店したのだ！⑧毎朝自分の作ったパンを棚にのせて，焼きたてのパンの香りでお客様を出迎えるのはなんてやりがいのあることだろうか！⑨私には『ホームブレッド』誌の編集者をしている旧友がいて，彼女は私のパンの大ファンだ。⑩彼女は来月号に私のレシピを載せてくれると言ってくれた！⑪彼女は編集委員会に対してそのレシピを雑誌で特集すべきだとずっと勧めてくれていた。⑫昨日，その提案が認められたことを伝えるメールを彼女がくれた。⑬私は SNS を通じて彼女と連絡を取り続けていくつもりだし，彼女に私の店にもっと頻繁に来てほしいと思っている。

---

wheat flour「小麦粉」
flavor 名「風味」

⑧ aroma 名「香り」
loaf 名「パンのひとかたまり」

⑨ an old friend who is an editor of *Home Bread*「『ホームブレッド』誌の編集者をしている旧友」 ▶who 以下は an old friend を修飾する関係代名詞節。

⑪ feature 動「～を特集する」

⑫ text 動「（携帯電話で）～にメールする」

5 Bread Making

単語の意味を確認しよう。

56 **ingredient** [ɪngríːdiənt]	名 (料理の) 材料；(成功などの) 要素
57 **smooth** 発 [smuːð]	形 滑らかな (⇔rough→77)；円滑な 動 を滑らかにする smóothly 副 滑らかに；円滑に
58 **lay** [leɪ]	動 を置く (≒put)，敷く；(卵) を産む ▶ 活用：lay - laid [leɪd] - laid ▶ lie「横たわる」lie - lay - lain の過去形と同形なので注意。 　láyer 名 層 ▶ the ozone layer オゾン層
59 **stage** [steɪdʒ]	名 (発達・変化の) 段階；舞台
60 **modify** [mɑ́(ː)dɪfàɪ]	動 を (部分的に) 修正する ▶ genetically modified foods 遺伝子組み換え食品 　modificátion 名 修正
61 **subtle** 発 [sʌ́tl]	形 微妙な；繊細な
62 **load** [loʊd]	動 を (車・船などに) 積む (into / onto)(⇔unlóad を降ろす)，に (荷・乗客などを) 積む (with) 名 積み荷；重荷；多数 ▶ a load of ～ / loads of ～ たくさんの～

68

0　　　　　275　　　　　550　　　　　825　　　　　1100

63

greet
[gri:t]

動 (人) に (言葉・動作で) 挨拶する (with)；(人)
を (〜で) 迎える (with)

gréeting 名 挨拶；〔〜s〕挨拶の言葉
▶ the season's greetings 時候の挨拶

64

editor
[édətər]

名 編集者

édit 動 を編集する
edítion 名 版；部数
editórial 形 編集 (上) の；社説の

65

board
[bɔːrd]

名 委員会，重役会；(特定の目的に使う) 板；
盤

▶ on board「乗車 [船] して，搭乗して」
▶ a bulletin board「掲示板」

動 (乗り物) に乗り込む；下宿する

bóarding 名 寄宿；乗車 [船]，搭乗；板囲い
▶ boarding school「寄宿学校」
▶ a boarding pass「(飛行機の) 搭乗券」
abóard 副 乗車 [船] して，搭乗して

66

approve
[əprúːv]

動 (〜に) 賛成する (of)；を承認する
(⇔disappróve 反対する)

▶ 普通，進行形にはしない。
appróval 名 賛成，承認
appróved 形 承認された

67

correspond
⑦ [kɔ̀(:)rəspá(:)nd]

動 (〜に) 一致する (with / to)；(〜と) (手紙などで)
連絡を取り合う (with)

A and *B* correspond「AとBが一致する」
correspóndence 名 一致；対応；文通
correspóndent 名 通信員

68

via
⑨ [váɪə]

前 〜の媒介で；〜経由で

---

6 A Keepsake from My Grandfather

筆者が祖父の家で見つけたものとは。

①I loved spending time with my grandfather and often visited his house. ②He always said that he managed to buy the house with the help of a bank loan when he was young and still poor. ③I remember I was always touched by his wonderful sense of humor. ④We always laughed and joked together. ⑤He also loved me. ⑥Whenever someone said I resembled him, he was very pleased. ⑦When he died last year, I went to his house to clear it up. ⑧First, I emptied his house. ⑨Then, I folded all his clothes neatly and sent them to charity, and seemingly there was nothing left I had to throw away. ⑩Before I was leaving, I took one last glance at the little cabinet hanging on the wall. ⑪On it, I found a file, whose cover was made of genuine leather. ⑫It was something like a classic document. ⑬Its pages were rough, and had turned yellow because of exposure to oxygen over the years. ⑭It was a poetry book written by him for my grandmother. ⑮Many of the words he wrote were so old that they are now not in common usage, but it was amazing how he could have written such wonderful words. ⑯I left the house for the last time, hugging the beautiful keepsake tightly.

語法・構文・表現

② **manage to** *do* 「どうにか…する」

⑨ **nothing left I had to throw away** 「私が捨てなければならないものは何一つ残されていない」 ▶nothing left は「残っているものは何一つないこと」の意味で、I had to throw away は nothing left を修飾する節で、直前に目的格の関係代名詞 that が省略されていると考える。

⑩ **take a glance at ~**「~をちらりと見る」
the little cabinet hanging on the wall「壁に掛かっている小さな飾り棚」
▶hanging 以下は the little cabinet を修飾する現在分詞句。

32

祖父の形見

📁 日常生活 [家庭・家族]

　①私は祖父と過ごす時間が大好きで，祖父の家をたびたび訪れた。②祖父は，若くてまだ貧しかったころ銀行<u>ローン</u>の援助を得て何とかこの家を買ったのだと，いつも言っていた。③私は祖父のすばらしいユーモア感覚にいつも<u>心を動かされた</u>ことを覚えている。④私たちはいつも笑い，冗談を言い合った。⑤祖父も私のことが大好きだった。⑥私が祖父に<u>似ている</u>と誰かが言うときはいつも，とても喜んでいた。⑦祖父が昨年亡くなったとき，私は片づけのために彼の家に行った。⑧まず，家の中を空っぽにした。⑨そして服をすべてきちんとたたみ，それらを<u>慈善団体</u>に送ると，<u>見たところ</u>捨てなければならないものは何一つ残されていなかった。⑩帰る前に，最後に，壁に掛かっている小さな飾り棚をちらりと見た。⑪その上に，表紙が<u>本物の</u>革でできている1冊のファイルを見つけた。⑫それは<u>由緒ある文書</u>のようなものに見えた。⑬ページは<u>ざらついて</u>おり，長年<u>酸素</u>に触れていたせいで黄ばんでいた。⑭それは祖父が祖母に向けて書いた詩集だった。⑮祖父が書いた言葉の多くはとても古めかしく今では一般的に使われていない<u>用法</u>のものだが，祖父がそのようなすばらしい言葉を書くことができたなんて<u>驚きだった</u>。⑯私はその美しい形見をしっかりと抱きかかえ，それを最後に祖父の家をあとにした。

⑪ **a file, whose cover was made of genuine leather** 「表紙が本物の革でできている1冊のファイル」▶whose 以下は a file を補足説明する関係代名詞節。

⑬ **exposure to ～** 「～にさらされること」

⑭ **a poetry book written by him for my grandmother** 「祖父が祖母に向けて書いた詩集」▶written 以下は a poetry book を修飾する過去分詞句。

⑮ **Many of the words he wrote** 「祖父が書いた言葉の多く」▶he wrote の前に目的格の関係代名詞 that や which が省略されていると考える。

⑯ **keepsake** 图 「形見の品」

📘 単語の意味を確認しよう。

□□□ 69 **loan** [loʊn]	名 <u>ローン，貸付金</u> 動 を (〜に) 貸す (to)
□□□ 70 **touch** 発 [tʌtʃ]	動 <u>を感動させる</u>；に触れる 名 〔普通単数形で〕触れること；連絡 ▶ keep in touch with 〜 〜と連絡を絶やさない touched 形 (人が) 感動した tóuching 形 感動的な
□□□ 71 **resemble** [rɪzémbl]	動 <u>(〜の点で) に似ている</u> (in) ▶ 進行形では使わない。 resémblance 名 類似；類似点
□□□ 72 **charity** [tʃǽrəti]	名 <u>慈善事業；慈善行為</u> cháritable 形 慈善の；慈悲深い
□□□ 73 **seemingly** [síːmɪŋli]	副 <u>見たところ</u>；見た目には seem 動 (〜である；…する) ように思われる (to be；to *do*)
□□□ 74 **genuine** 発 [dʒénjuɪn]	形 <u>本物の</u> (≒ réal)
□□□ 75 **classic** [klǽsɪk]	形 <u>(芸術などが) 最高水準の</u>；典型的な 名 <u>名作，古典</u>；代表的なもの clássical 形 古典的な；正統派の ▶ classical music クラシック音楽 (classic music とは言わない)

76
document
[dá(:)kjumənt]
	名 書類；記録
	動 を(文書などに)記録する
	  documéntary 形 書類の
	              名 ドキュメンタリー
	  documentátion 名 証拠書類

77 **rough** 発 [rʌf]	形 (表面が)粗い (⇔smooth→57)；大まかな； 粗野な；荒っぽい ▶ rough play 乱暴なプレー 名 下書き róughly 副 おおよそ；手荒く
78 **oxygen** [á(:)ksɪdʒən]	名 酸素 ▶ 「水素」は hýdrogen [háɪdrədʒən]. 「炭素」は cárbon.「窒素」 は nítrogen [náɪtrədʒən]。

79
poetry
[póuətri]
	名 〔集合的に〕詩 (≒póems)
	  póem [póuəm] 名 (1編の)詩
	  póet [póuət] 名 詩人
	  poétic [pouétɪk] 形 詩的な

80
usage
発 [jú:sɪdʒ]
	名 (言葉・物の)使い方，使用
	  use 動 [ju:z] を使う
	      名 [ju:s] 使用

81
amazing
[əméɪzɪŋ]
	形 驚くほどの
	  It is amazing that ... 「…とは驚きだ」
	  amáze 動 を驚かせる
	  amázement 名 驚き

7 The School Library

① One of the education policies of my daughter's elementary school is that children who have more opportunity to interact with books have more opportunity to improve literacy. ② That is why her school has a great library where students are surrounded by a huge volume of books. ③ The principal thinks that children should be provided with books which have clear, concrete themes to which they can connect the world of imagination, and that they eventually begin to be able to utter words that are relevant to various kinds of expressions they learn from books. ④ They don't have to read books which they dislike. ⑤ Books they like actually have the power to inform, inspire and entertain as well as to stimulate and occupy the imagination. ⑥ Needless to say, since a school library is a public facility, its users should be careful about how to handle the books. ⑦ They must not damage the pages by bending or folding them. ⑧ They must stop by the library to return books or substitute them for others within two weeks. ⑨ My child follows these guidelines and, above all, owes her love of books to the school library.

◎ 語法・構文・表現 ∾∾∾∾∾∾∾∾∾∾∾∾∾∾∾∾∾∾∾∾∾∾∾∾∾∾∾∾∾∾∾∾∾∾∾∾∾

① **children who have more opportunity to interact with books**「書物とふれあう機会がより多い子供」▶who 以下は children を修飾する関係代名詞節。

② **a great library where students are surrounded by a huge volume of books**「生徒が非常に多い分量の本に囲まれる，すばらしい図書館」▶where 以下は a great library を修飾する関係副詞節。

③ **principal** 图「校長」
books which have clear, concrete themes to which they can connect the world of imagination「想像の世界に結びつけてくれる，明確で具体的なテーマを持った本」▶which have 以下は books を修飾する関係代名詞節。to which 以下は themes を修飾する関係代名詞節。

36

① 娘の小学校の教育方針の１つに，書物とふれあう機会がより多い子供ほど読み書き能力を向上させる機会も多くなるというものがある。② そういうわけで娘の学校には，生徒が非常に多い分量の本に囲まれる，すばらしい図書館が備わっている。③ 校長は，想像の世界に結びつけてくれる，明確で具体的なテーマを持った本を生徒に提供するべきであり，生徒が本から学んださまざまな種類の表現に関連する言葉を，ゆくゆくは発することができるようになると考えている。④ 彼らは嫌いな本を読む必要はない。⑤ 実際，好きな本が，想像力を刺激し，満たしてくれる力を持つだけでなく，情報やひらめきや楽しみを与えてくれる力を持つのだ。⑥ 言うまでもなく学校図書館は公共施設なので，利用者は本の扱い方に注意をするべきだ。⑦ ページを曲げたり折ったりしてそれらを傷めてはならない。⑧ ２週間以内に，本を返却するか他の本を代わりに利用するために，生徒は図書館に立ち寄らなければならない。⑨ 私の子供はこうした規約に従っているし，何よりも彼女が本を好きになったのは学校図書館のおかげなのだ。

⑤ **the power to** *do*「…する力」 ▶to 以下は the power を修飾する不定詞句。
⑥ **needless to say**「言うまでもなく」
　facility 图「施設」
⑧ **stop by ~**「~に立ち寄る」
⑨ **above all**「とりわけ」

■ 単語の意味を確認しよう。

---

82 **interact** [ìntərǽkt]	動 (~と) 相互に作用する (with)；<u>交流する</u> interáction 名 相互作用 interáctive 形 相互に作用し合う

83 **literacy** [lítərəsi]	名 <u>読み書き能力</u>；(ある分野の) 知識 ▶ computer literacy「コンピューターリテラシー (コンピューターを使いこなす能力)」

84 **surround** [səráund]	動 を囲む *be* surrounded by [with] ~ 「~に囲まれている」 surróunding 名〔~s〕周囲の状況；(地理的・生活) 環境 (≒ envíronment) 形 周囲の

85 **volume** ⑦ [vá(:)ljəm]	名 (総) 量；体積，容積；音量；(本などの) 巻 ▶ turn the volume up [down] ボリュームを上げる [下げる]

86 **concrete** [kɑ(:)nkríːt]	形 <u>具体的な</u> (⇔ ábstract → 24)；コンクリート製の 名 [kɑ́(:)nkrìːt] コンクリート concrétely 副 具体的に

87 **theme** ⑨ [θíːm]	名 <u>主題，テーマ</u> (≒ súbject) ▶ a theme park テーマパーク

88 **utter** [ʌ́tər]	動 (言葉など) を発する 形 まったくの，完全な útterance 名 発言 útterly 副 まったく，すっかり

89 **relevant** [réləvənt]	形 (~に) 関係のある (to)；適切な，妥当な rélevance 名 (~との) 関連 (性)(to)；妥当性 rélevantly 副 適切に；関連して

90	
dislike [dɪsláɪk]	**動** (…すること) を嫌う (*doing*) ▶ not like より意味が強く，hate より弱い。 **名** (～に対する) 嫌悪 (for / of)；〔～s〕嫌いなもの

91	
entertain ⑦ [èntərtéɪn]	**動** (人) を (～で) 楽しませる (with)；をもてなす；を心に抱く entertáinment 名 娯楽；催し物 entertáiner 名 芸 (能) 人

92	
stimulate ⑦ [stímjulèɪt]	**動** を刺激する；を激励する stimulátion 名 刺激 stímulus [stímjʊləs] 名 刺激 (になるもの) ▶ 複数形は stímuli [stímjʊlàɪ]。

93	
occupy ⑦ [á(:)kjupàɪ]	**動** を占める；を占領する occupátion 名 職業；占有 óccupant [á(:)kjupənt] 名 居住者

94	
fold [foʊld]	**動** を折り畳む；(両腕) を組む ▶ with *one's* arms folded「腕組みして」 fólding 形 折り畳み式の

95	
substitute ⑦ [sʌ́bstɪtjù:t]	**動** を (～の) 代わりに使う (for) **名** 代わりの物 [人] substitútion 名 (～の) 代用 (for)

96	
owe [oʊ]	**動** (人) に (金など) を借りている；は (～の) おかげである (to) owe *A B* / owe *B* to *A* 「A (人) にB (金など) を借りている」 ówing 形 借りている ▶ owing to ～ ～のために (≒ because of)

8 Tips and Tricks for Learning English

英語を楽しく学ぶにはどんなことをすればいいだろう。

① If you're reading this, you must be studying English vocabulary. ② If your principal reason for studying is because of someone's command or to get good grades, this must be boring work. ③ But if you want to learn English because you love it, I'll give you some advice.

④ Don't merely study books, but also read book reviews in English. ⑤ Also, try to make at least one remark in English every day. ⑥ When you tell a friend which food you favor, or what your favorite song is, you should try having a chat in English. ⑦ You could use English words to illustrate how you feel, like shouting, "Wow!" when you are excited. ⑧ If you try this, it may be hard at first. ⑨ But that initial difficulty will soon vanish once you get better at using English in your daily life.

⑩ Following my advice won't be necessarily easy, but it will be worth your effort. ⑪ As your verbal skills improve, you will gain confidence. ⑫ Before you know it, you may even be using English in your leisure time as well as at school. ⑬ If you follow my instructions, your days of fun with English will stretch far into the future.

語法・構文・表現

① vocabulary 图「語彙」

② grade 图「成績」

④ not merely ～, but also ... 「～だけでなく…も」

⑨ vanish 動「消える」
　once 腰「いったん…すると」

40

① これを読んでいるということは，あなたは英語の語彙の勉強をしているに違いない。② 勉強する<u>主たる</u>理由が，誰かの<u>指導</u>や良い成績をとることだとしたら，これは退屈な作業に違いない。③ しかし英語が大好きだから学びたいのだとしたら，私からアドバイスをおくりたい。

④ <u>単に</u>本を勉強するだけでなく，英語の書<u>評</u>も読んでみてはどうだろう。⑤ また，毎日少なくとも英語で一言発するようにしよう。⑥ 友人に，どの食べ物が<u>好き</u>かとか，大好きな歌は何かなどと言う場合に，英語で<u>おしゃべり</u>をしてみるとよい。⑦ 心躍ることがあったときなどは，気分を<u>表す</u>英単語を使うこともできるだろう。たとえば「Wow!」と大声を出してみるなどして。⑧ これをやろうとすると，最初はうまくいかないかもしれない。⑨ けれども，いったん日々の生活で英語を使うことが得意になってくれば，そのような<u>最初の苦労</u>はすぐに消えてしまうものだ。

⑩ 私のアドバイスを実践することは必ずしも簡単ではないが，努力する価値はあるだろう。⑪ <u>言葉</u>の技能が上達するにつれて，自信もついてくる。⑫ 気づかないうちに，学校にいるときだけでなく，<u>余暇</u>の時間にも英語を使っているかもしれない。⑬ 私の<u>助言</u>を実践してくれれば，英語を使う楽しい日々がはるか未来へと<u>続く</u>ことだろう。

⑪ **improve** 動「上達する；改善する」
　gain confidence「自信がつく」

⑫ **before you know it**「知らないうちに」

⑬ **stretch** ▶「広がる」の意味だが，ここでは stretch into ～ で「（距離・時間などが）
　～に及ぶ，続く」の意味で用いられている。

単語の意味を確認しよう。

97

principal
[prínsəpəl]

形 主要な (≒ chief)；第1位の
▶ principle「原理」も同じ発音。

名 米 校長；(組織の) 長

98

command
[kəmǽnd]

動 を命ずる (≒ órder)；(景色など) を見渡せる
command ~ to *do*「~ (人) に…するよう命じる」

名 命令；支配 (力)；(外国語などを) 操る能力
▶ have a good command of ~ ~(言語) を自由に使いこなせる
commánder 名 司令官

99

merely
発 [míərli]

副 単に (≒ ónly)
mere 形 単なる

100

review
アク [rɪvjú:]

名 批評；再検討；米 復習

動 を論評する；をよく調べる；を見直す
revíewer 名 評論家

101

remark
[rɪmá:rk]

動 (…だ) と述べる，言う (that節)；に気づく

名 意見
▶ make a remark about ~ ~について意見を言う
remárkable 形 著しい，目立った

102

favor
[féɪvər]

動 に賛成する；を (~より) 好む (over)

名 親切な行為；好意；支持
▶ in favor of ~ ~に賛成して
▶ Will you do me a favor ? 頼みを聞いてもらえますか。
fávorite 形 お気に入りの 名 大好きな物 [人]
fávorable 形 好意的な；好都合の

103

chat
[tʃæt]

動 おしゃべりをする

名 おしゃべり
chátter 動 (ぺちゃくちゃと) おしゃべりをする

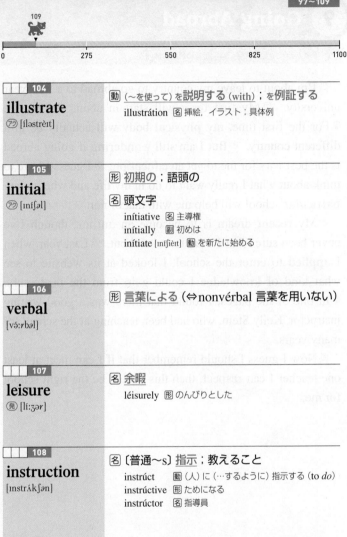

109

| 0 | 275 | 550 | 825 | 1100 |

104
illustrate
⑦ [íləstrèɪt]

動 (〜を使って) を説明する (with)；を例証する
illustrátion 名 挿絵，イラスト；具体例

105
initial
⑦ [ɪníʃəl]

形 初期の；語頭の
名 頭文字
inítiative 名 主導権
inítially 副 初めは
inítiate [ɪníʃièɪt] 動 を新たに始める

106
verbal
[və́:rbəl]

形 言葉による (⇔nonvérbal 言葉を用いない)

107
leisure
⑧ [líːʒər]

名 余暇
léisurely 形 のんびりとした

108
instruction
[ɪnstrʌ́kʃən]

名 〔普通〜s〕指示；教えること
instrúct 動 (人) に (…するように) 指示する (to *do*)
instrúctive 形 ためになる
instrúctor 名 指導員

109
stretch
[stretʃ]

動 を (引っ張って) 伸ばす，広げる；広がる；
伸びる
名 ひと続きの広がり [距離，期間]

43

9 Going Abroad

筆者が行く予定の大学に進学を決めた理由は何か。

① I'm about to leave my country to go abroad to a four-year university. ② My first **term** will start in about two weeks. ③ For the first time, my **physical** body will actually be in a different country. ④ But I am still **wondering** if going abroad is the best **way** for me to get an **education**. ⑤ I guess I have to think about what I really want to do in my life and whether my **particular** school will help me with that or not.

⑥ My **recent** dream is to become an **author**, though I've never been sure what I want to write about. ⑦ Last year, when I **applied** to **enter** the school, I looked at its website to see what kind of **knowledge** I could **gain** from the **professors**. ⑧ In one of the pages, I found that there was a good writing instructor, Kelly Stein, who had been teaching at the school for many years.

⑨ Now I guess I should remember that if I can meet at least one teacher I can **respect**, then this should be the right school for me.

語法・構文・表現

① *be* about to *do*「(今にも) …しようとしている」
⑤ whether ... or not「…かどうか」
⑥ *be* sure ...「…に確信を抱いている」
⑧ instructor 图「(大学などの) 講師」

44

外国に行く

📁 文化〔教育・学校・学問〕

①私は外国の4年制大学に通うため，今まさに自分の国から出発しようとしている。②最初の学期は約2週間後に始まる。③私の身体が初めて実際に異国の地へ降り立とうとしているのだ。④しかし私は，外国に行くことが自分にとって教育を受ける上で最善の方法なのかどうか，いまだに考えている。⑤私が自分の人生で本当に何をしたいのか，また，私が通う特定の学校がそれを手助けしてくれるのかどうかについて考えなくてはならないのだと思う。

⑥私が最近抱いている夢は作家になることだ。もっとも，書きたい題材についてははっきりとしていないけれども。⑦昨年この学校に入ることを志願した際，教授たちからどんな知識が得られるのか知ろうと思って，学校のウェブサイトを閲覧した。⑧ウェブ内のあるページに，優れたライティングの講師であるケリー・スタインがいるのに気がついた。彼はその学校で長年教鞭をとっていたのだ。

⑨私は，少なくとも一人は私が尊敬することのできる教師に出会えるのであれば，ここが私にふさわしい学校だろうということを今は覚えておくべきなのだと思う。

---

⑨**at least**「少なくとも」
one teacher I can respect「私が尊敬できる教師」 ▶I の前に目的格の関係代名詞 who(m) が省略されていると考える。
right 形「ふさわしい；適した」

📗 単語の意味を確認しよう。

110

term
[təːrm]

名 期間；学期；(専門) 用語；〔~s〕間柄
▶ in terms of ~ 「~の観点から (見ると)」
long-term 形 長期の
términal 形 終点の；末期の 名 終点

111

physical
[fízɪkəl]

形 身体の (⇔ méntal →467)；物理的な；物質の
phýsics 名 物理学

112

wonder
[wʌ́ndər]

動 (…だろうか) と思う (if節 / wh-節)；(~に；…ということに) 驚く (at；that節)
▶ I was wondering if I could do 「…してもよろしいでしょうか」

名 驚異
▶ (It is) no wonder (that) ... 「…は当然だ」

113

way
[weɪ]

名 (…する) 方法 (to do / of doing)；道；経路；様子；様式
in a ~ way 「~のやり方で」
▶ on the [one's] way to ~ 「~に行く途中で」
▶ 〔接続詞的に〕〔the ~〕~するように (≒ as)

114

education
[èdʒəkéɪʃən]

名 教育；教養
éducate 動 を教育する
educátional 形 教育 (上) の

115

particular
⑦ [pərtíkjulər]

形 特別の；(~について) 好みがうるさい (about)

名 〔~s〕詳細；細目
▶ in particular 特に，とりわけ
partícularly 副 特に (≒ in particular)

116

recent
発 ⑦ [ríːsənt]

形 最近の
récently 副 最近 (≒ látely)
▶ 普通，現在完了形または過去時制とともに使う。

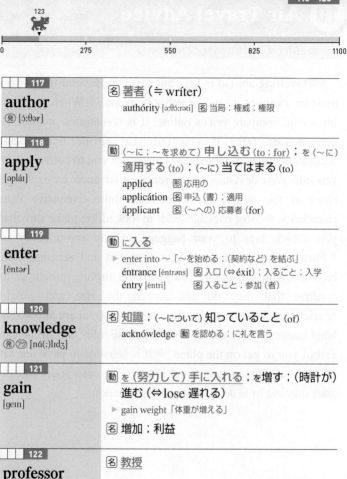

123

| 0 | 275 | 550 | 825 | 1100 |

117

author

発 [ɔ́:θər]

名 著者 (≒ wríter)

authórity [əθɔ́:rəti] 名 当局；権威；権限

118

apply

[əplái]

動 (〜に；〜を求めて) 申し込む (to；for)；を (〜に) 適用する (to)；(〜に) 当てはまる (to)

applíed 形 応用の

applicátion 名 申込 (書)；適用

ápplicant 名 (〜への) 応募者 (for)

119

enter

[éntər]

動 に入る

▶ enter into 〜「〜を始める；(契約など) を結ぶ」

éntrance [éntrəns] 名 入口 (⇔éxit)；入ること；入学

éntry [éntri] 名 入ること；参加 (者)

120

knowledge

発 アク [nά(:)lɪdʒ]

名 知識；(〜について) 知っていること (of)

acknówledge 動 を認める；に礼を言う

121

gain

[geɪn]

動 を (努力して) 手に入れる；を増す；(時計が) 進む (⇔lose 遅れる)

▶ gain weight「体重が増える」

名 増加；利益

122

professor

[prəfésər]

名 教授

123

respect

[rɪspékt]

動 を (〜の点で) 尊敬する (for)；を尊重する

名 尊敬；尊重；点

▶ in 〜 respect「〜の点で」

▶ with respect to 〜「〜に関して」

respéctable 形 ちゃんとした；立派な

respéctful 形 敬意を表する

respéctive 形 それぞれの

---

⑩ Air Travel Advice

① Travelling abroad is fun, but there are several things you must be aware of if you are going by plane. ② When you look for a trip, compare prices online; it is sometimes possible to get cheaper fares if you purchase airline tickets and accommodations separately. ③ I also urge you to convert your yen into your destination's currency in advance, as exchange rates at the airport are sometimes more expensive than elsewhere. ④ Most baggage tends to look alike; make sure that you attach tags to your baggage so you can identify it. ⑤ Furthermore, it's a good idea to weigh and measure your bags and suitcases before you get to the airport; remember to confirm that they do not exceed the size and weight restrictions. ⑥ Note that no liquids over 100 ml are allowed in hand baggage. ⑦ If you do not obey these rules, the airline can forbid you to get on the plane. ⑧ It is sensible to pack one set of spare clothes in your hand baggage in case your suitcase goes missing or is delayed at your destination.

◉ 語法・構文・表現

① **several things you must be aware of**「あなたが知っておかなければならないいくつかのこと」▶you ... of の前に目的格の関係代名詞 that や which が省略されていると考える。

② **fare** 图「運賃」
accommodations 图「宿泊設備」

③ **destination** 图「目的地；旅先」
currency 图「通貨」

48

📁 日常生活〔旅行〕

① 外国旅行は楽しいものだが，飛行機で旅行するなら知っておかなければならないことがいくつかある。② 旅行を探す場合，ネットで価格を比較するのがよい。航空券と宿泊関係は別に購入すると運賃が安くなることがある。③ また，空港での為替レートはほかの場所よりも高いこともあるので，円を目的地の通貨と事前に交換するよう勧めたい。④ たいていの荷物は外見が似てしまいがちだ。自分のものが区別できるよう，荷物には忘れずに名札を付けておきたい。⑤ さらに，空港に着く前に，自分のカバンやスーツケースの重さを量り，大きさを計測しておくのはよいことだ。それらがサイズ制限や重量制限を上回っていないことを確認するのを忘れないでおこう。⑥ 100 ml を超える液体は何であれ手荷物としては認められないことに留意しよう。⑦ これらの規則に従わない場合，あなたは航空会社から飛行機に乗ることを禁じられることもある。⑧ スーツケースがなくなったり，目的地に到着するのが遅れたりする場合に備えて，手荷物に予備の衣類を 1 組詰めておくのは賢明である。

---

④ **so you can identify it**「それが自分のものだと区別できるように」 ▶ so (that) 〜 can *do*「〜が…できるように」

⑤ **measure** 動「〜の大きさを計測する」
restriction 名「制限；（〜s）制限規定」

⑧ **in case ...**「…する場合に備えて」
be **delayed**「遅れる」

🔟 Air Travel Advice

📙 単語の意味を確認しよう。

124
fun
[fʌn]

名 楽しみ，おもしろいこと [人]
▶ 形容詞に修飾されても a は付かない。
fúnny 形 滑稽な

125
urge
発 [ə:rdʒ]

動 を熱心に勧める；を強く促す
urge ～ to *do* 「～ (人) に…することを熱心に勧める」

名 (～への；…したいという) 衝動 (for；to *do*)
úrgent 形 緊急の
úrgency 名 緊急

126
convert
アク [kənvə́:rt]

動 を (～に) 変える (into / to)；を転向させる

名 [ká(:)nvə:rt] 改宗者，転向者
convértible 形 転換 [転用] できる
convérsion 名 転換；改造

127
rate
[reɪt]

名 比率；速度
▶ at any rate 「とにかく，いずれにせよ」(≒ in any case)

動 を評価する
ráting 名 格付け，等級

128
alike
[əláɪk]

形 (～の点で) 似ている (in)
▶ 補語として使う。名詞を修飾する場合は similar。

副 同様に；平等に

129
attach
[ətǽtʃ]

動 を (～に) 付ける (to)；を (～に) 添付する (to)；
〔受身形で〕(～に) 愛着を抱いている (to)
▶ attach a file to an e-mail E メールにファイルを添付する
attáchment 名 添付ファイル；付属品；
(～への) 愛着 (to / for)

130
weigh
発 [weɪ]

動 の重さがある；の重さを量る
weight [weɪt] 名 重量；体重
▶ gain [put on] weight 「太る」(⇔ lose weight やせる)

50

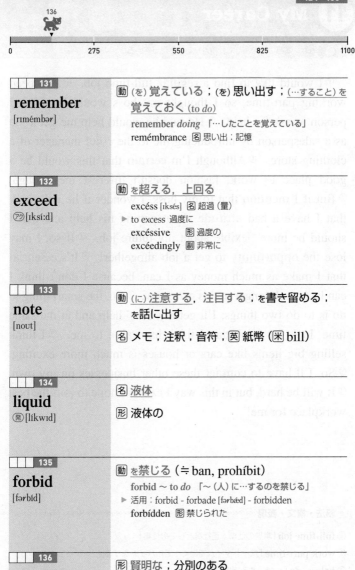

131 **remember** [rɪmémbər]	**動** (を) 覚えている；(を) 思い出す；(…すること) を覚えておく (to *do*) remember *doing*「…したことを覚えている」 remémbrance **名** 思い出；記憶
132 **exceed** ⑦[ɪksíːd]	**動** を超える，上回る excéss [ɪksés] **名** 超過 (量) ▶ to excess 過度に excéssive **形** 過度の excéedingly **副** 非常に
133 **note** [nout]	**動** (に) 注意する，注目する；を書き留める；を話に出す **名** メモ；注釈；音符；**英** 紙幣 (**米** bill)
134 **liquid** �発[líkwɪd]	**名** 液体 **形** 液体の
135 **forbid** [fərbíd]	**動** を禁じる (≒ ban, prohíbit) forbid 〜 to *do*「〜 (人) に…するのを禁じる」 ▶ 活用：forbid - forbade [fərbǽd] - forbidden forbídden **形** 禁じられた
136 **sensible** [sénsəbl]	**形** 賢明な；分別のある It is sensible of 〜 to *do*「〜 (人) が…するのは賢明だ」

♀ 筆者は，本当はどのような仕事をしたいと思っているか。

①I would like to find a regular full-time job. ②I've been working part-time, so I thought my boss would be a good person to ask for help. ③He said he would help me get a job as a salesperson by introducing me to the chief manager of a clothing store. ④Although I'm certain that this would be a good place to work, fashion doesn't interest me enough. ⑤But if I mention that to my boss, I wonder if he will think that I have a bad attitude about getting his help and that I should be more flexible about my future job. ⑥If so, I may lose the opportunity to get a job altogether! ⑦It's essential that I make as much money as I can, because I don't think I can last much longer in this economy. ⑧So, the smart thing to do is to do two things; I'll get my boss' help and at the same time, look for a job that I think has value to me. ⑨I think selling big items like cars or houses is much more exciting. ⑩So, I'll have to contact these other businesses on my own. ⑪It will be hard, but in this way I can still hope to join the best workplace for me!

語法・構文・表現

① full-time job「常勤の仕事；正社員としての仕事」

② work part-time「パートタイムで働く；アルバイトをする」

③ help ~ do「~が…する手助けをする」
　salesperson 图「販売員」
　clothing store「衣料品店」

⑥ altogether 圖「すっかり；完全に」

私の仕事

📁 産業［職業・労働］

　①私は常勤の定職を見つけたいと思っている。②私はずっとパートタイムで働いてきたので，私の上司が，助けを求めるのに適した人物であると思った。③彼は，私を衣料品店の主任管理者に紹介し，そこで私が販売員としての仕事を手に入れるのを手伝うと言ってくれた。④私は，そこは働くのに良い場所であると確信しているが，ファッションにはそれほど興味がわかない。⑤しかしそのことを上司に言ってしまうと，私が彼の助力を得ることに関して良くない態度をとっていて，自分の将来の仕事に対してもっと柔軟になるべきだと彼は考えるのではないだろうか。⑥そうなると職を得る機会を完全に失ってしまうかもしれない！⑦本当に大事なことはできる限り多くのお金を稼ぐことなのだ。なぜなら今の経済状況では，私はあまり長くは持ちこたえることができないと思うからだ。⑧となると，二つのことをするのが賢いやり方だ。つまり上司の助けを得ると同時に，自分にとって価値があると思う仕事を探すのだ。⑨私は車や住宅のような大型商品を売るほうがずっと心躍ると思っている。⑩そうであれば，ほかのこうした会社には自分から連絡を取る必要があるだろう。⑪たいへんだろうが，こうすることで自分にとって最適な職場に入ることが望めるのだ！

⑦ **make as much money as I can**「できるだけ多くのお金を稼ぐ」
　last 動「（ある期間）もつ；続く」

⑧ **a job that I think has value to me**「自分にとって価値があると思う仕事」
　▶that 以下は a job を修飾する関係代名詞節。この関係代名詞節は I think (that) the job has value to me. という文を前提にしている。

⑩ **on *one's* own**「自分で；ひとりで」

⑪ **workplace** 图「職場」

⑪ My Career

📖 単語の意味を確認しよう。

137 **regular** [régjʊlər]	形 定期的な；規則正しい（⇔irrégular 不規則な）；通常の；正規の 名 〔普通〜s〕常連（客）；正選手 régularly 副 規則正しく；定期的に régulate 動 を規制する
138 **chief** [tʃi:f]	形 第1の，主要な 名 (組織の) 長
139 **certain** 発 アク [sə́:rtən]	形 (〜を；…ということを) 確信して (of / about；that 節)；必ず (…する)(to do)；ある程度の；一定の cértainty 名 確かさ cértainly 副 確かに；〔返答で〕いいですとも
140 **interest** アク [íntərəst]	名 (〜に対する) 興味 (in)；利害；〔普通〜s〕利益；利息 ▶ interest rate「利率」 動 に興味を持たせる ínteresting 形 おもしろい ínterested 形 興味のある ▶ be interested in 〜「〜に興味を持っている」
141 **mention** [ménʃən]	動 に言及する ▶ not to mention 〜「〜は言うまでもなく」 名 言及
142 **attitude** アク [ǽtətjù:d]	名 (〜に対する) 態度 (to / toward)；考え方
143 **flexible** [fléksəbl]	形 (〜について) 柔軟な (about)；(物が) 曲げやすい flexibílity 名 柔軟性

149

144
opportunity
[à(:)pərtjúːnəti]

名 (～の；…する) 機会 (for；to *do*)
▶「機会」の意味では，chance のほうが opportunity よりも偶然性が高い場合に多用される。

145
essential
[ɪsénʃəl]

形 (～に) 必要不可欠な (to / for)；本質的な

名〔普通～s〕本質的要素；必須事項
　éssence　名 本質；エキス
　esséntially　副 本質的に (は)

146
economy
⑦ [ɪká(:)nəmi]

名〔しばしば the ～〕(国家などの) 経済；節約
▶ the Ministry of Economy, Trade and Industry「(日本の) 経済産業省」
　económic　形 経済 (上) の
　económical　形 (値段が) 経済的な；(人が) 倹約する
　económics　名 経済学
　ecónomist　名 経済学者

147
value
[vǽljuː]

名 価値 (≒ worth)；〔～s〕価値観；価格

動 を (金銭的に) 評価する；を重んじる
　váluable　形 高価な；貴重な

148
contact
⑦ [ká(:)ntækt]

動 と連絡を取る

名 (～との) 連絡 (with)；接触

149
join
[dʒɔɪn]

動 (会・団体・人) に加わる；(～に) 参加する (in)；をつなぐ
　joint　名 関節；つなぎ目　形 共同の
▶ joint venture「合弁事業」

55

12 Smells Like ...

① One thing I'll never forget is the smell of my son on the day he was born. ② When he was only minutes old, it reminded me of chicken. ③ I know it sounds strange, but I insist it's true. ④ My wife rejected the notion completely. ⑤ "I know you can smell it," I said, but she denied it. ⑥ It was plain to me that any rational person would agree with me. ⑦ I suspected that she had thought it was not proper to compare an infant to a farm animal. ⑧ When I saw the look on her face, I felt an immediate sense of regret. ⑨ I wanted to make that important day pleasant, so I replied to her that I was just kidding. ⑩ I learned an important lesson that day, and I advise you to learn the same. ⑪ Never tell a mother that her baby smells strange.

語法・構文・表現

① **One thing I'll never forget**「私が決して忘れることはないだろうと思われること」 ▶I'll の前に目的格の関係代名詞 that や which が省略されていると考える。

④ **completely** 圖「完全に」

⑤ **deny** 圓「〜を否定する」

⑥ **It was plain to me that ...**「…は私には明白であった」 ▶It は that 節の内容を指す形式主語。

56

…のようなにおい

英文レベル ☆ 144 words

📁 日常生活［家庭・家族］

① 私が決して忘れることはないだろうと思われることは，息子が生まれた日の彼の<u>におい</u>である。② 生まれてたった数分しか経っていないときの彼のにおいが，私に鶏肉を<u>思い起こさせた</u>のだ。③ 奇妙な話に聞こえるかもしれないが，それは本当の話であると<u>強く言っておく</u>。④ 妻はその考えをまったく<u>受け入れなかった</u>が。⑤「本当はそのにおいを感じるんだろう？」と私は言ったが，彼女は否定した。⑥ 理性的な人なら誰でも同意してくれるだろうことは，私には<u>明白</u>であった。⑦ 妻は，<u>赤ん坊を家畜にたとえる</u>のは<u>適切</u>なことではないと考えたのだと私は思った。⑧ 私は妻の表情を見たとき，<u>即座に後悔の念</u>を抱いた。⑨ 私はその重要な日を<u>心地よい</u>日にしたかったので，冗談を言っただけだと彼女に<u>返答した</u>。⑩ 私はその日，重要な教訓を得た。あなたにも同じことを学ぶよう勧める。⑪ 赤ん坊から不思議なにおいがしても，それを母親に向かって言ってはならないのだ。

⑦ suspect that ...「…ではないかと思う」
  compare ~ to ...「～を…にたとえる」
  farm animal「家畜」
⑩ lesson 图「教訓」

■ 単語の意味を確認しよう。

□□□ 150 **smell** [smel]	動 ~のにおいがする；のにおいをかぐ 名 <u>におい</u>
□□□ 151 **remind** [rɪmáɪnd]	動 に (~を) <u>思い出させる</u> (of) ▶ remind ~ to *do*「~ (人) に…することを気づかせる」 remínder 名 気づかせるもの
□□□ 152 **insist** [ɪnsíst]	動 (~を) <u>断固要求する</u> (on)；(~を) <u>強く主張する</u> (on)；<u>(…ということ) を言い張る</u> (that節) insístence 名 主張 insístent 形 しつこい
□□□ 153 **reject** [rɪdʒékt]	動 <u>を拒絶する</u> (⇔ accépt 受け入れる) rejéction 名 拒絶
□□□ 154 **notion** [nóʊʃən]	名 <u>考え</u>；概念 a notion that ...「…という考え」
□□□ 155 **plain** [pleɪn]	形 平易な；<u>明白な</u>；質素な 名 〔しばしば~s〕平原 pláinly 副 明らかに；はっきりと
□□□ 156 **rational** [rǽʃ(ə)nəl]	形 合理的な；<u>理性のある</u> (⇔ irrátional 不合理 な) ▶ a rational number 有理数 (⇔ an irrational number 無理 数)

162

| 0 | 275 | 550 | 825 | 1100 |

157

proper
[prá(:)pər]

形 (〜に) 適切な (for / to)
próperly 副 適切に

158

infant
[ínfənt]

名 乳児；幼児

形 幼児の
ínfancy 名 幼児期

159

immediate
(発) [ɪmíːdiət]

形 即座の；直接の
immédiately 副 直ちに (≒ at once)

160

sense
[sens]

名 感覚；(…という) 感じ (of : that節)；意味
▶ make sense「意味が通る；道理にかなう」
▶ in a 〜 sense「〜な意味で」

動 を感知する
sénsitive 形 敏感な；感受性の強い
sénsible 形 良識のある；賢明な

161

pleasant
(発)(アク) [plézənt]

形 (物事が) 快い，楽しい；(人が) 感じのよい
▶「私は楽しい」は I am pleased. と言う。
please 動 を喜ばせる
pléasure [plézər] 名 喜び；娯楽

162

reply
[rɪpláɪ]

動 (〜に) 返事を出す (to)

名 返事，答え (≒ ánswer)

13 Saving My Future

金銭管理のできない筆者が払うことになった犠牲とは。

① Throughout most of my life, I have had a hard time **maintaining** a budget. ② During my second year of high school, I got my first job working at a café, but I soon spent everything I earned on going out to eat or getting CDs, magazines, or games. ③ One day, I took my friend out to a restaurant on her birthday. ④ However, when the **bill** came, I realized I could not **pay** the full **amount**. ⑤ I called my parents. ⑥ They helped me pay the bill, but that cost me something else. ⑦ You see, after all that **trouble**, my parents stopped **treating** me like a **responsible** person. ⑧ They often asked me what I had been buying or if I had been going out to eat. ⑨ So, finally, I talked to them about it. ⑩ They just told me they wanted to see me **grow** to be more **independent** and more **serious** about **financial matters**. ⑪ It was difficult for me to hear those words, but I wanted to **change** the way they thought about my **character**.

語法・構文・表現

① **have a hard time** *doing*「…するのに苦労する」
   budget 图「予算；生活費」

② **spend ～ on ...**「～を…に費やす」
   everything I earned「私が稼いだすべて」▶I の前に目的格の関係代名詞 that が省略されていると考える。everything は「すべてのお金」のこと。

④ **realize (that) ...**「…ということに気づく」

60

自分の未来を救済する

英文レベル ☆

173 words

📁 日常生活［家庭・家族］

①私はこれまでの人生の大半で，金銭を<u>維持管理する</u>ことに苦労してきた。②高校 2 年の時，あるカフェで人生初のアルバイトをしたのだが，稼いだお金すべてをすぐに外食や，CD や雑誌，ゲームに使ってしまった。③ある日，友人の誕生日を祝うため，レストランに連れて行った。④しかし<u>勘定書</u>が手元に来たとき，<u>全額</u>を<u>支払う</u>ことができないことに気がついた。⑤私は両親に電話をした。⑥彼らは私の支払いを助けてくれたが，私は何か別のものを犠牲にすることとなった。⑦お察しの通り，こうした一連の<u>問題行動</u>の後，両親は私を<u>責任ある個人として</u><u>扱う</u>ことをしなくなったのである。⑧彼らは私に，何を買ったのか，外食をしてきたかどうかなどをしょっちゅう質問してきた。⑨それでとうとう，私はこの問題について両親と話をした。⑩彼らはただ，私が<u>成長して</u>もっと<u>自立し</u>，金銭的な問題に関してより<u>真剣</u>になるのを見たいだけだと言った。⑪そのような話を聞くのは耳が痛かったが，私は自分の<u>性格</u>についての彼らの考え方を<u>変え</u>たいと思ったのである。

---

⑥ **help ~ _do_**「～が…するのを助ける」
cost O₁ O₂「O₁ に O₂ を犠牲にさせる，失わせる」

⑩ **see ~ _do_**「～が…するのを見る」
grow to be ~「成長して～になる」 ▶to be ~ は結果を表す不定詞句。

⑪ **the way ...**「…するやり方」

13 Saving My Future

単語の意味を確認しよう。

163

maintain
[meɪntéɪn]

動 を維持する；(…ということ) を主張する (that 節)
máintenance [méɪntənəns] 名 維持；整備

164

bill
[bɪl]

名 請求書，英 勘定 (書) (米 check)；米 紙幣
(英 note)；法案
▶ a ten-dollar bill「10ドル紙幣」

165

pay
[peɪ]

動 (金) を支払う；(注意など) を払う；割に合う
pay ~ for ... 「…に~を支払う」
▶ 活用：pay - paid [peɪd] - paid

名 給料
páyment 名 支払い；報酬

166

amount
[əmáʊnt]

名 金額；量
▶ a ~ amount of money「~な額の金」

動 総計 (~に) なる (to)

167

trouble
[trʌ́bl]

名 困難；悩み；(機械などの) 故障
▶ have trouble doing「…するのに苦労する」

動 を悩ます；に迷惑をかける
tróublesome 形 面倒な

168

treat
[tri:t]

動 を扱う；を治療する；におごる
treat A like B 「AをBのように扱う」
▶ treat A as B「AをBと見なす」

名 ごちそう，楽しみ；〔one's ~〕おごり
tréatment 名 取り扱い；(~の) 治療 (for)

169

responsible
[rɪspá(:)nsəbl]

形 責任がある
responsibílity [rɪspà(:)nsəbíləti] 名 責任

176

0 275 550 825 1100

	170	
grow [groʊ]	動 **成長する**；になる；を栽培する	

▶ grow up「成長する，大人になる」
▶ 活用：grow - grew - grown
growth [groʊθ] 图 成長；発達

	171	
independent ⑦ [ìndɪpéndənt]	形 **(人が)(~から) 自立した (of)**；(~から) 独立した (of / from)	

indepéndence 图 独立

	172	
serious [síəriəs]	形 **真剣な**；深刻な；まじめな	

▶ a serious disease「重病」
sériously 副 まじめに：ひどく

	173	
financial [fənǽnʃəl]	形 **財政 (上) の**；金銭的な	

fináncially 副 財政的に (は)
fínance 图 財政：〔~s〕財源

	174	
matter [mǽtər]	名 **問題**；事柄；物質；〔~s〕事態	

▶ What's the matter?「どうしたの？」
▶ no matter what ...「何を [が] …しても」(≒ whatever ...)
▶ to make matters worse「さらに悪いことに [は]」

動 (~にとって) **重要である** (to)
matérial [mətíəriəl] 图 材料，原料 形 物質の

	175	
change [tʃeɪndʒ]	動 **を (~に) 変える (to / into)**；を (~に) 取り換える (for)；変わる	

▶ change for the better「よくなる，改善する」

名 (~の) **変化** (in)；交換；小銭，つり銭
chángeable 形 変わりやすい

	176	
character ⑦ [kǽrəktər]	名 **性格** (≒ personálity)；特徴；登場人物；文字	

▶ Chinese characters「漢字」
characterístic 形 特有の 图 特徴

14 Rock Signals

① Do you know what a cairn is? ② A few years ago, I saw one on a mountain trail while I was hunting for fossils. ③ A cairn consists of a pile of rocks. ④ To make a cairn, you need to place some rocks on top of other rocks.

⑤ For some people, balancing rocks is a form of art. ⑥ It could take them an hour to arrange just one rock on top of another. ⑦ They might even spend a whole day, completely absorbed in the task of making a cairn. ⑧ For others, they may hurry to build one or two just for fun. ⑨ These people usually don't have any special ability. ⑩ It can be a thrill for them just to lift a very heavy rock and place it on another rock. ⑪ If done correctly, even an earthquake can't shake cairns apart.

⑫ Cairns are not always art; they can also convey some meanings. ⑬ They are also used to mark hiking trails or burials. ⑭ A permit is not needed for making cairns; however, you should not dig many rocks out of the ground immoderately because it may affect the plants.

語法・構文・表現

① cairn 图「ケルン；石塚」

② trail 图「山道；踏み分け道」
  hunt for ～「～を求めて（くまなく）探す」

③ consist of ～「～から成る」

④ on top of ～「～の上に」

⑤ balance 動「～のバランスをとる」

64

📁 文化［音楽・芸術・文学］

①ケルンとはどういうものか知っているだろうか。②数年前，私は<u>化石</u>探しの最中に山道でケルンを見た。③ケルンは<u>たくさんの</u>石から成っている。④ケルンを作るには，ほかの石の上にいくつもの石を積んでいく必要があるのだ。

⑤石のバランスをとることが一種の芸術であると見なす人もいる。⑥彼らは別の石の上にただ一つの石を<u>配置する</u>のに1時間かけるかもしれない。⑦ケルンを作るという作業に完全に<u>没頭し</u>，丸1日費やしてしまうことさえあるかもしれない。⑧一つか二つ，ただ楽しみのために<u>急いで</u>積むだけの人もいるだろう。⑨こういった人々は普通特別な能力は持っていない。⑩非常に重い石を<u>持ち上げて</u>別の石の上に置くのは興奮することもあるだろう。⑪うまくできれば，<u>地震</u>でさえケルンを<u>揺るがして</u>崩すことができないのだ。

⑫ケルンは芸術とは限らない。意味を<u>伝える</u>こともある。⑬ケルンは，ハイキングコースや墓所に印を残したりするのにも用いられる。⑭ケルンを作るのに<u>許可証</u>はいらないが，植物に影響を与えてしまうかもしれないので，むやみに多くの石を<u>地面</u>から<u>掘り出す</u>べきではない。

⑩ **thrill** 图「興奮すること；心躍ること」

⑪ **shake ～ apart**「～を揺すって崩す」

⑬ **mark** 動「～に印をつける」
burial 图「墓所」▶発音注意。[bériəl] と発音する。

⑭ **dig ～ out of ...**「…から～を掘り出す」
immoderately 副「むやみに」
affect 動「～に影響を与える」

▌ 単語の意味を確認しよう。

177

fossil
[fá(:)səl]

名 化石

形 化石の；地中から掘り出した
- ▶ fossil fuel「(石油・石炭などの) 化石燃料」

178

pile
[paɪl]

動 を積み重ねる；積み重なる
- pile up ～ 「～を積み重ねる」

名 (積み上げられた) 山
- ▶ a pile of ～ / piles of ～「たくさんの～」

179

arrange
発 [əréɪndʒ]

動 を (きちんと) 並べる；(の) 手はずを整える；
(を) 取り決める
- arrángement 名 配置；取り決め；手配

180

absorb
[əbzɔ́:rb]

動 (人) を夢中にさせる；を吸収する
- *be* absorbed in ～ 「～に夢中になる」
- absórption 名 熱中；吸収

181

hurry
[hə́:ri]

動 (～へと) 急ぐ (to)；をせき立てる
- ▶ hurry up 急ぐ

名 急ぐこと
- ▶ in a hurry 急いで

182

lift
[lɪft]

動 を持ち上げる

名 英 エレベーター (米 élevator)

183

earthquake
[ə́:rθkwèɪk]

名 地震
- earth 名 〔the ～；(the) E～〕地球；陸地；土
- quake 動 揺れる；震える 名 震動；地震

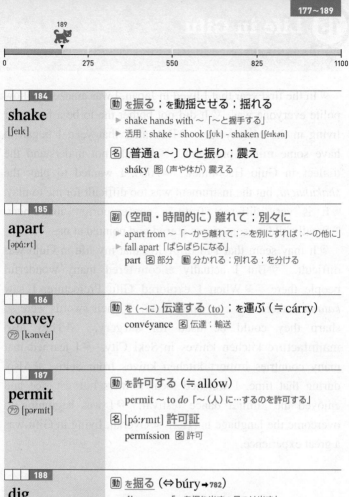

189

0	275	550	825	1100

184

shake
[ʃeɪk]

動 を振る；を動揺させる；揺れる
▶ shake hands with ~「~と握手する」
▶ 活用：shake - shook [ʃʊk] - shaken [ʃéɪkən]

名〔普通a ~〕ひと振り；震え
sháky 形 (声や体が) 震える

185

apart
[əpáːrt]

副 (空間・時間的に) 離れて；別々に
▶ apart from ~「~から離れて；~を別にすれば；~の他に」
▶ fall apart「ばらばらになる」
part 名 部分 動 分かれる；別れる；を分ける

186

convey
⑦ [kənvéɪ]

動 を (~に) 伝達する (to)；を運ぶ (≒ cárry)
convéyance 名 伝達；輸送

187

permit
⑦ [pərmít]

動 を許可する (≒ allów)
permit ~ to do「~ (人) に…するのを許可する」

名 [pə́ːrmɪt] 許可証
permíssion 名 許可

188

dig
[dɪg]

動 を掘る (⇔ búry →782)
dig up ~「~を掘り出す；見つけ出す」
▶ dig a hole「穴を掘る」
▶ 活用：dig - dug [dʌg] - dug

189

ground
[graʊnd]

名 地上；用地；〔普通~s〕根拠
▶ on the grounds that ...「…という理由で」

動〔普通受身形で〕の根拠を (~に) 置く (in / on)

67

📍 筆者が岐阜の生活で直面したささいな問題とは何だろうか。

① In the first year that I lived in Japan, I was amazed by how polite everyone was. ② It did not bother me to be a foreigner living in the countryside. ③ But, after that year, I began to have some **minor** problems. ④ I could not understand the **dialect** in Gujo Hachiman. ⑤ Also, I wanted to play the *shakuhachi*, but the instrument was too difficult for me to play. ⑥ It is very different from a **contemporary** instrument. ⑦ Small children sometimes **stared** and pointed at me.

⑧ It may seem that I'm **implying** that my life in Gujo was difficult. ⑨ But I actually **encountered** many wonderful people there. ⑩ When I **explored** Gifu Prefecture, I saw *katana* makers in a city called Seki. ⑪ Their swords were so sharp they could be used for **surgery**. ⑫ They also **manufacture** kitchen knives in Seki City. ⑬ I learned that many countries **import** kitchen knives from Seki. ⑭ Also, during that time, I watched local farmers **harvest** rice and enjoyed the **annual** dance festival. ⑮ I was beginning to overcome the language **barrier**. ⑯ Overall, living in Gifu was a great experience.

◎ 語法・構文・表現 ◇◇

① **In the first year that I lived in Japan**「私が日本で暮らした最初の年」 ▶ that 以下は the first year を修飾する関係副詞節。

② **It did not bother me to be ~**「~であることは私を悩ませなかった」 ▶ It は to 不定詞句の内容を指す形式主語。
the countryside「田舎」

📁 日常生活［婚姻・交友・人間関係］

① 私が日本で暮らした最初の年，誰もの礼儀正しさに驚いた。② 自分が田舎に住む外国人であるということで悩むことはなかった。③ しかしその年以降，いくつかささいな問題を持つようになった。④ 郡上八幡の方言が理解できなかった。⑤ また，私は尺八が吹けるようになりたかったが，その楽器は私には難しすぎて吹くことができなかった。⑥ 現代の楽器とはずいぶん違うものなのだ。⑦ 小さな子供たちが私を見つめて，指さすこともあった。

⑧ 郡上での生活が困難なものであったと私が暗に言っているように思われるかもしれない。⑨ しかし実際は，私はその地で多くのすばらしい人々と出会った。⑩ 岐阜県をいろいろ探索したとき，関という都市で刀職人と出会った。⑪ 彼らの刃物は非常に切れ味が鋭く，外科手術にも使えるほどだった。⑫ 彼らは関市で包丁も製造している。⑬ 関市から包丁を輸入している国も多くあると知った。⑭ またその間に，私は地元の農家の人たちが米を収穫するのを見たり，年に一度の盆踊りの祭りを楽しんだりもした。⑮ 私は言語の壁を克服し始めていた。⑯ 概して，岐阜での生活はすばらしい経験だった。

⑤ instrument 图「楽器」

⑪ sword 图「刀；刃物」
　so ～ (that) ...「とても～なので…」

⑮ overcome 動「～を克服する」

⑯ overall 副「概して；全体的に見て」

■ 単語の意味を確認しよう。

---

190 **minor** [máɪnər]	形 <u>重要でない</u>；(数量などが) 小さい (⇔májor →925) 名 未成年者 minórity [mənɔ́:rəti] 名 少数 (派)(⇔majórity)
191 **dialect** ⑦ [dáɪəlèkt]	名 <u>方言</u>
192 **contemporary** [kəntémpərèri]	形 <u>現代の</u> (≒módern)；(~と) 同時代の (with) 名 (~と) 同時代の人 (of)
193 **stare** [steər]	動 (~を) <u>じっと見つめる</u> (at)(≒gaze) 名 じっと見つめること
194 **imply** (発)⑦ [ɪmpláɪ]	動 (…と) <u>それとなく言う</u> (that節)；<u>を暗に示す</u> implicátion 名 言外の意味，含意
195 **encounter** [ɪnkáʊntər]	動 に <u>(偶然) 出会う</u>；に直面する 名 (~との)(偶然の) 出会い (with)
196 **explore** [ɪksplɔ́:r]	動 <u>を探検する</u>；を調査する explorátion [èkspləréɪʃən] 名 探検；調査 explórer 名 探検家；調査者

202

197 **surgery** 発 [sə́ːrdʒəri]	名 (外科) 手術 (≒ operátion)；外科 ▶ cosmetic [plastic] surgery 美容整形 súrgeon 名 外科医
198 **manufacture** 発⑦ [mæ̀njufǽktʃər]	動 を (大量に) 製造する 名 製造 (業) manufácturer 名 〔～s〕製造業者 manufácturing 形 製造の
199 **import** ⑦ [ɪmpɔ́ːrt]	動 を (～から) 輸入する (from)(⇔ expórt→505) ▶ im- 中へ＋ port 運ぶ 名 [ímpɔːrt] 輸入；〔普通～s〕輸入品 [額] importátion 名 輸入 (品) impórter 名 輸入業者 [国]
200 **harvest** ⑦ [háːrvɪst]	名 収穫 動 を収穫する
201 **annual** [ǽnjuəl]	形 年1回の；1年間の ▶ an annual budget [income]「年間予算 [年収]」 annivérsary 名 記念日
202 **barrier** ⑦ [bǽriər]	名 障壁 barrier-frée 形 (段差などの) 障害がない

71

16 A Strange Vacation

① This is a story of my friend. ② He sometimes does something odd. ③ He wanted to take a trip to a remote island. ④ So, he said he wanted me to lend him money. ⑤ He said the people who lived on the island had a unique wedding ritual. ⑥ Part of the ritual was to drink a strange substance. ⑦ They only drank it on special occasions. ⑧ He wanted to see the wedding ceremony and try this extraordinary drink. ⑨ I gave him the money, but I worried that the drink might be poison. ⑩ I felt a lot of anxiety about his trip. ⑪ He said there was no dress code and that anyone could visit. ⑫ He reserved an airplane ticket. ⑬ I made him promise that he would only swallow a small amount. ⑭ He thanked me and packed his stuff into a suitcase and left. ⑮ While he was gone, I did not hear from him. ⑯ I was afraid that his airplane had crashed, but he was fine. ⑰ After the trip, he visited me and said the island was so far away that he did not have access to the Internet.

語法・構文・表現

③ **take a trip to ～**「～に旅行に行く」

⑤ **the people who lived on the island**「その島に住む人々」 ▶who 以下は the people を修飾する関係代名詞節。

⑬ **make ～ *do***「～に…させる」
swallow 動「～を飲み込む」
amount 名「量」

奇妙な休暇

📁 日常生活［旅行］

① これは私の友人の話である。② 彼はときどき妙なことをする。③ 彼はある離島に旅行に行きたいと考えていた。④ それで彼は私にお金を貸してほしいと言った。⑤ 彼によると，その島に住む人々は，独特の結婚の儀式を行っている。⑥ その儀式には風変わりな物を飲むことが含まれていた。⑦ 彼らはそれを特別な機会にだけ飲むのだという。⑧ 彼はこの結婚式を見て，この奇妙な飲み物を飲んでみたいと思った。⑨ 私は彼にお金を渡したのだが，その飲み物が体に害を及ぼすものではないかと心配した。⑩ 彼の旅行にはかなり不安を覚えた。⑪ 彼は，服装の規定はないし，誰でも訪ねることができるのだと言った。⑫ 彼は飛行機のチケットを予約した。⑬ 私は彼に少量を飲むだけにしておくことを約束させた。⑭ 彼は私に感謝し，荷物をスーツケースに詰め込んで，出かけて行った。⑮ 彼が不在の間，彼から連絡はなかった。⑯ 私は，彼の乗った飛行機が墜落してしまったのではないかと不安になったが，彼は元気であった。⑰ 旅行後に彼が私を訪ねてきて言ったことには，その島は非常に遠いところにあったので，インターネットがつながらなかったとのことであった。

⑭ pack 〜 into ...「〜を…に詰め込む」
　 one's stuff「〜の所持品，荷物」

⑮ hear from 〜「〜から連絡がある」

⑰ so 〜 that ...「とても〜なので…」

16 A Strange Vacation

📔 単語の意味を確認しよう。

203
odd
[ɑ(:)d]

形 奇妙な；奇数の (⇔éven 偶数の)
▶ odd numbers 奇数
óddly 副 奇妙なことに

204
remote
[rɪmóut]

形 遠く離れた
▶ dístant とは異なり，「不便な場所であること」を暗示する。

205
lend
[lend]

動 (人) に (物) を貸す (⇔bórrow→481)
lend A B / lend B to A 「A (人) にB (物) を貸す」
▶ 活用：lend - lent [lent] - lent

206
ritual
[rítʃuəl]

名 儀式；習慣的行為
形 儀式の

207
substance
㋐ [sʌ́bstəns]

名 物質；実質
substántial 形 実質的な；(数量が) かなりの

208
occasion
[əkéɪʒən]

名 場合，時；機会；行事
occásional 形 ときどきの
occásionally 副 ときどき

209
ceremony
[sérəmòuni]

名 式典，儀式
ceremónial 形 儀式の

74

| 0 | 275 | 550 | 825 | 1100 |

210

extraordinary
発 [ɪkstrɔ́ːrdənèri]

形 並はずれた (⇔órdinary→454)；異常な
▶ extra- (= out of)「～の外の」+ ordinary「普通の」

211

poison
[pɔ́ɪzən]

名 毒；有害なもの

動 に毒を盛る；に有害な影響を与える
póisonous 形 有毒な；有害な

212

code
[koʊd]

名 規範；暗号，コード
decóde 動 (暗号など) を解読する

213

reserve
発 [rɪzɔ́ːrv]

動 を予約する；をとっておく

名 〔しばしば～s〕備蓄；保護区
reservátion 名 〔～s〕予約 (≒bóoking)
▶ make a reservation 予約する

214

stuff
[stʌf]

名 持ち物；材料；(漠然と) 物
▶ 不可算名詞なので a stuff, stuffs としない。

動 を (～に) 詰め込む (in / into)；に詰め物をする
▶ a stuffed animal 〔主に 米〕ぬいぐるみの動物

215

afraid
[əfréɪd]

形 (～を；…ではないかと) 恐れて (of；that節)

216

crash
[kræʃ]

動 (大きな音を立てて) 衝突する；墜落する；(企業などが) 破綻する
crash into ～ 「～に衝突する」

名 衝突 (事故)；墜落；すさまじい音
▶ a plane crash 飛行機の墜落 (事故)

17 An Old Mansion

① Robert loved exploring empty houses when he was a child. ② Walking into a house, he would feel like he was a pioneer. ③ One day, when wandering around the town, he happened to find a dark, empty mansion. ④ There was an old statue placed in front, seemingly neglected for many years. ⑤ Robert wondered why the residents had left. ⑥ Did they go bankrupt? ⑦ Was it robbed, or could they possibly have been murdered? ⑧ Bravely, he entered the house. ⑨ At the end of the hall, there was a large door that was locked. ⑩ He tried to beat it open, but that didn't work. ⑪ He took out his pocket knife and broke the locking mechanism with it. ⑫ The door burst open, and then several bats flew out and began to attack him. ⑬ He had disturbed them. ⑭ He didn't want to be their target and have a battle with them, and started to return to the entrance, but suddenly he felt as if he were a blind man and couldn't see a return route for a moment. ⑮ It might have been a trick the animals played on him. ⑯ Fortunately, he was able to phone his brother to rescue him. ⑰ He decided he would never do such stupid things again.

語法・構文・表現

③ **happen to do**「たまたま…する」
mansion 图「大邸宅」▶日本語の「マンション」とは異なり、「集合住宅」を意味することはない。

④ **an old statue placed in front, seemingly neglected for many years**「正面に据えられた、どうやら何年も放置されている古い彫像」▶placed in front は an old statue を修飾する過去分詞句。seemingly 以下は an old statue を補足説明する過去分詞句。

⑥ **go bankrupt**「破産する」

⑨ **a large door that was locked**「鍵のかかった大きなドア」▶that 以下は a large door を修飾する関係代名詞節。

古い邸宅

英文レベル ☆

204 words

📁 日常生活［趣味・娯楽］

① ロバートは子供の頃，空き家を探索することが大好きだった。② 家に歩いて入っていくと，<u>開拓者</u>のような気分になったものだった。③ ある日，街を<u>ぶらぶらしている</u>と偶然，空き家になっている暗い邸宅を見つけた。④ 正面にはどうやら何年も放置されている古い<u>彫像</u>が据えられてあった。⑤ ロバートはここに住んでいた人はなぜ出て行ってしまったのだろうかと思った。⑥ 破産したのだろうか。⑦ <u>強盗にあった</u>のだろうか，それともひょっとすると<u>殺され</u>てしまったのだろうか。⑧ 勇敢にも彼は家の中に入っていった。⑨ 廊下の突き当たりに，鍵のかかった大きなドアがあった。⑩ 彼はドアを<u>たたいて</u>開けようとしたが，うまくいかなかった。⑪ ポケットナイフを取り出し，それで<u>施錠装置</u>を壊した。⑫ ドアは勢いよく開いたが，そのとき何匹かのコウモリが飛び出してきて彼を襲い始めた。⑬ コウモリたちの<u>平安を乱して</u>しまったのだ。⑭ 彼は<u>標的</u>になり，コウモリと<u>闘うこと</u>などしたくなかったので，玄関のほうに戻り始めた。しかし突然<u>目が見えない</u>人になったように感じ，一瞬帰り道がわからなくなった。⑮ それはこの動物が彼に仕掛けた<u>いたずら</u>だったのかもしれない。⑯ 幸い，彼は兄に電話をして<u>助けて</u>もらうことができた。⑰ 彼は二度とそのような<u>ばかな</u>ことはしないと決めた。

---

⑩ **work** 動「うまくいく；成功する」

⑪ **take out ～**「～を取り出す」
locking mechanism「施錠装置；錠前」

⑫ **The door burst open**「ドアは勢いよく開いた」

⑭ **feel as if ...**「まるで…かのように感じる」

⑮ **might have** *done*「…したのかもしれない」
a trick the animals played on him「この動物が彼に仕掛けたいたずら」 ▶the animals の前に目的格の関係代名詞 that や which が省略されていると考える。

⑯ **fortunately** 副「幸運にも」

🔞 An Old Mansion

🔖 単語の意味を確認しよう。

217 **pioneer** ⑦ [pàiəníər]	名 (~の) 先駆者, パイオニア (of / in); (未開地の) 開拓者 動 (未開地など) を切り開く, を開拓する 形 先駆的な, 草分けの
218 **wander** 発 [wá(:)ndər]	動 ぶらつく, 歩き回る 名 〔a ~〕ぶらつくこと
219 **statue** 発 [stǽtʃu:]	名 像, 彫像 statuésque 形 彫像のような; 均整の取れた
220 **rob** [rɑ(:)b]	動 (人) から奪う (≒ depríve); (銀行など) を襲う rob A of B 「A (人) からB (金品) を奪う」 róbber 名 強盗 róbbery 名 強奪
221 **murder** 発 [mə́:rdər]	動 を殺害する 名 殺人 múrderer 名 殺人者 [犯] (≒ kíller)
222 **beat** [bi:t]	動 を打ち負かす (≒ deféat); (を) (続けざまに) 打つ; を殴る ▶ 活用: beat - beat - beat(en) 名 打つこと; 鼓動; 拍子
223 **mechanism** ⑦ [mékənìzm]	名 仕組み; 機械装置 mechánical [mɪkǽnɪkəl] 形 機械の; 機械的な mechánics 名 力学; 技術

(13) The Monster and the Man

0	275	550	825	1100

224

disturb

[dɪstə́ːrb]

動 を邪魔する；を乱す

distúrbance 名 邪魔；乱すこと
distúrbed 形 精神を病んでいる；不安な
distúrbing 形 迷惑な，心を悩ませる

225

target

[táːrgət]

名 目標；標的

動 を対象にする

226

battle

[bǽtl]

名 (～との) 戦闘 (with / against)；争い

動 戦う

227

blind

[blaɪnd]

形 目が見えない；(～に) 気づかない (to)

動 (の目) を見えなくする；を惑わす

名 ブラインド，目隠し

228

trick

[trɪk]

名 策略；いたずら；秘訣；芸当

▶ play a trick on ～ ～にいたずらをする

動 をだます

229

rescue

[réskjuː]

動 を (～から) 救う (from)

名 (～の) 救助 (of)

230

stupid

[stjúːpəd]

形 愚かな；ばかげた

It is stupid of ～ to *do* 「…するとは～ (人) は愚かだ」
stupídity 名 愚鈍；〔～ties〕愚行

79

The Monster and the Man

① Have you ever heard of Frankenstein's monster? ② The monster was created in a laboratory by a mad scientist. ③ The scientist stole the organs of at least a dozen dead bodies. ④ Then he assembled the body parts to construct a new creature. ⑤ He used lightning to shock his creation, and the creature began to breathe. ⑥ When the monster started walking around, problems began to arise. ⑦ It frightened the nearby villagers, who thought that the monster intended to harm them. ⑧ One day, while he was walking at the edge of a lake, Frankenstein's monster rescued a young girl from drowning. ⑨ But a boy shot the monster and injured him. ⑩ The story is a sad one because the monster can't convince anyone that he wants to be their friend. ⑪ Some people think the story says something about humanity, and how cruel people can be when they are afraid. ⑫ Other people think the story emphasizes the dangers of science. ⑬ Whatever you may think, I recommend that you read Frankenstein's Monster; it's an interesting book.

語法・構文・表現

② **mad scientist**「狂気の科学者；マッドサイエンティスト」

③ **steal** 動「〜を盗む」
dozen 形「12の；1ダースの」

④ **assemble** 動「〜を集める；〜を組み立てる」
creature 图「生き物」▶ 想像上の「生き物」を表す。

⑤ **lightning** 图「稲妻」
creation 图「創造物」

怪物と人間

 英文レベル
☆

 170 words

📁 文化 [音楽・芸術・文学]

① フランケンシュタインの怪物の話を聞いたことがあるだろうか。② その怪物は研究室で狂気の科学者によって作り出された。③ その科学者は少なくとも12体の死体から臓器を盗み出した。④ そして体のさまざまな部分を集めて，新たな生き物を作ったのだ。⑤ 彼が稲妻で彼の創造物に衝撃を与えると，その生き物は呼吸をし始めた。⑥ 怪物があたりを歩き始めると，問題が持ち上がるようになった。⑦ 怪物は近隣の村人たちを怖がらせ，彼らは怪物が自分たちに危害を加えるつもりだと考えたのだ。⑧ ある日，フランケンシュタインの怪物は，湖のほとりを歩いているとき，おぼれかけている少女を救った。⑨ しかし少年が銃を撃ち放ち，怪物にけがを負わせてしまう。⑩ この物語は悲しい物語である。というのも，怪物は皆と友だちになりたいのだということを誰にも納得させることができないからである。⑪ この物語は，人間性についての何かを語り，人は怖い思いをするといかに残酷になりうるかということを語っていると考える人もいる。⑫ 科学の危険性を強調していると考える人もいる。⑬ あなたがどのような感想を持つにせよ，私はフランケンシュタインの怪物の話を読むことをお勧めする。興味深い本である。

⑦ **villager** 图「村人」

⑧ **rescue** 動「〜を救助する」
   drown 動「おぼれ死ぬ」

⑪ **humanity** 图「人間性」
   cruel 形「残酷な」

18 The Monster and the Man

単語の意味を確認しよう。

231

laboratory
⑦ [lǽbərətɔ̀:ri]

名 研究室 [所]，実験室
▶ 口語では lab と略す。

232

organ
発 [ɔ́:rgən]

名 臓器
▶ 楽器の「オルガン」の意味もある。
órganism 名 有機体
orgánic 形 有機 (栽培) の

233

construct
⑦ [kənstrʌ́kt]

動 を建設する (⇔destróy→332)；を組み立てる
constrúction 名 建設
constrúctive 形 建設的な

234

breathe
発 [bri:ð]

動 呼吸する；を吸う
▶ breathe in [out] 息を吸う [吐く]
breath [breθ] 名 呼吸
▶ hold *one's* breath 息を止める；息を殺す

235

arise
[əráɪz]

動 (問題・困難・機会などが) 生じる
▶ rise [raɪz]「上がる」と，つづり・発音を区別。
▶ 活用：arise - arose [əróʊz] - arisen [ərízən]

236

frighten
発 [fráɪtən]

動 を怖がらせる
fríghtened 形 怖がっている
fríghtening 形 恐ろしい
fright 名 (激しい) 恐怖 (≒fear)

237

nearby
⑦ [nìərbáɪ]

形 すぐ近くの

副 すぐ近くに
near 前 ～の近くに

238

intend
[ɪnténd]

動 (…すること) を意図する，(…する) つもりでいる
(to *do*)
inténtion 名 意図
inténtional 形 意図的な

0	275	550	825	1100

239

harm
[hɑːrm]

名 害（⇔ good 利益）
do ~ harm [do harm to ~]「～に害を及ぼす」

動 を傷つける
hármful 形 有害な

240

edge
[edʒ]

名 へり；（刃物の）刃
▶ cutting edge「最先端」

動 を縁取る；を研ぐ

241

shoot
[ʃuːt]

動 （人や動物）を撃つ；（弾丸など）を発射する；
（映像など）を撮影する；（ボールなど）をシュートする
▶ 活用：shoot - shot - shot
shot 名 発射；狙撃

242

injure
[índʒər]

動 を傷つける（≒ wound, hurt）
▶ be injured「けがをしている」
ínjury 名 けが，傷害
ínjured 形 傷ついた

243

convince
[kənvíns]

動 に（～を；…だと）納得［確信］させる（of；that節）
convíction [kənvíkʃən] 名（…という）確信（that節）；説得（力）；有罪判決
convíncing 形 納得のいく

244

emphasize
[émfəsàɪz]

動 （…ということ）を強調する，力説する（that節 / wh-節）
émphasis 名（～の）強調（on）；重点
emphátic [ɪmfǽtɪk] 形 強調された

245

recommend
⑦ [rèkəménd]

動 を勧める
recommend that A (should) do「A（人）に…するよう勧める」
recommendátion 名 推薦（状）

19 Driving Yourself Crazy

① If you live in New York City, owning a car can be a blessing and a burden. ② While it costs a lot to repair, a car gives you the freedom to leave the city. ③ If you get a sudden urge to get away, you can go anywhere. ④ It is so nice to drive to a destination in the countryside, where the air and water are pure. ⑤ Even a brief trip can be very relaxing. ⑥ But New Yorkers are very aggressive drivers. ⑦ They honk their horns, and can be very rude. ⑧ Parking your car can also be difficult. ⑨ Parking garages charge a high monthly fee. ⑩ Street parking is free, but it is necessary to move your car every two days so that street sweepers can clean up the garbage on the streets. ⑪ If you don't move your car, you will get a ticket. ⑫ If you don't pay your ticket, you could wind up in court. ⑬ Many New Yorkers who possess a car make parking part of their weekly routine. ⑭ If you don't want to invest the time and money into owning a car, you can always borrow one.

語法・構文・表現

① **own** 動「～を所有している」
blessing 名「恵まれていること」

③ **an urge to** *do*「…したいという衝動」

④ **pure** ▶「純粋な」の意味だが、ここでは「きれいな、汚れていない」の意味で用いられている。

⑦ **honk** 動「(クラクションなど) を鳴らす」
horn 名「クラクション；ホーン」

⑧ **park** 動「～を駐車する」

⑨ **garage** 名「車庫」
charge 動「(料金など) を請求する」

84

📁 日常生活［趣味・娯楽］

① もしあなたがニューヨーク市に住んでいるなら，車を持つことはありがたいことであると同時に負担にもなりうる。② 車は修理するのにはかなりお金がかかるが，あれば街を離れる自由が得られる。③ 不意に出かけたい衝動が生じても，どこにだって行ける。④ 空気や水がきれいな田舎の目的地まで車を走らせるのは本当に素敵なことだ。⑤ 短期間の旅行でも，十分にリラックスできるだろう。⑥ しかしニューヨーク市民の運転はかなり乱暴だ。⑦ クラクションを鳴らすし，とても無作法なことがある。⑧ 車を駐車するのも難しいことがある。⑨ 車庫を借りるとなると，毎月高い料金を取られる。⑩ 路上駐車は無料だが，道路清掃車が道路上のごみを掃除できるようにするため，1日おきに車を移動する必要がある。⑪ 車を移動しなければ，違反切符を切られる。⑫ 違反金を払わなければ，裁判所に行く羽目になるだろう。⑬ 車を所有している多くのニューヨーク市民には，車をとめることが毎週の慣例の一部となっている。⑭ 車を持つことに時間とお金をつぎ込みたくない場合には，いつだってレンタルすることもできるのだ。

---

⑩ **every two days**「1日おきに；2日ごとに」
so that ～ can *do*「～が…できるように」
street sweeper「道路清掃車」

⑫ **wind up**「終わる；行き着く」

⑬ **Many New Yorkers who possess a car**「車を所有している多くのニューヨーク市民」▶who 以下は Many New Yorkers を修飾する関係代名詞節。

⑭ **invest** 動「～をつぎ込む；～を投資する」

⑲ Driving Yourself Crazy

246

burden
[bə́ːrdən]

名 (精神的) 負担，重荷
a burden on ～ 「～に対する負担，重荷」
動 に負担をかける

247

repair
[rɪpéər]

動 を修理する (≒ fix)
have ～ repaired 「～を修理してもらう」
名 修理

248

sudden
[sʌ́dən]

形 急な (⇔ grádual 徐々の)
súddenly 副 急に (≒ all of a sudden)

249

destination
[dèstɪnéɪʃən]

名 目的地
▶ a tourist destination 観光 (目的) 地
déstiny 名 運命
déstined 形 運命づけられている

250

pure
[pjʊər]

形 純粋な；まったくの
púrify 動 を浄化する；を精製する
púrity 名 清らかさ；純粋
púrely 副 まったく；単に

251

brief
[briːf]

形 短時間の (≒ short)；簡潔な
名 概要
▶ in brief 「要するに」
bríefly 副 少しの間；簡潔に

252

aggressive
[əgrésɪv]

形 攻撃的な；積極的な
aggréssion 名 侵略；侵害 (≒ invásion)

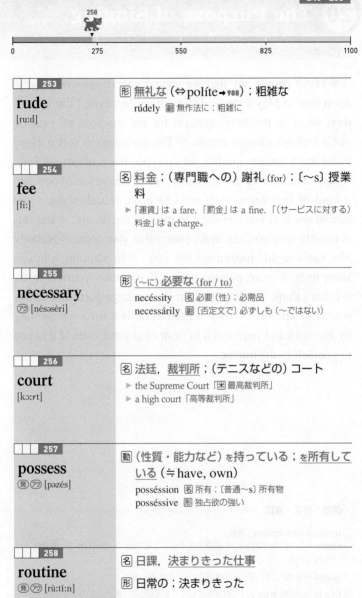

253 **rude** [ruːd]	形 **無礼な** (⇔políte→988)；粗雑な rúdely 副 無作法に；粗雑に
254 **fee** [fiː]	名 **料金**；(専門職への) 謝礼 (for)；〔~s〕授業料 ▶ 「運賃」は a fare，「罰金」は a fine，「(サービスに対する) 料金」は a charge。
255 **necessary** ⑦ [nésəsèri]	形 **(~に) 必要な** (for / to) necéssity 名 必要 (性)；必需品 necessárily 副 〔否定文で〕必ずしも (~ではない)
256 **court** [kɔːrt]	名 **法廷，裁判所**；(テニスなどの) コート ▶ the Supreme Court「困 最高裁判所」 ▶ a high court「高等裁判所」
257 **possess** 発⑦ [pəzés]	動 **(性質・能力など)を持っている**；**を所有している** (≒have, own) posséssion 名 所有；〔普通~s〕所有物 posséssive 形 独占欲の強い
258 **routine** 発⑦ [ruːtíːn]	名 **日課，決まりきった仕事** 形 **日常の**；決まりきった

🔎 筆者の言う声の持つ唯一無二の特質とは何か。

① Many people say that we should encourage everyone to learn how to play a musical instrument; however, I think one's own voice is the best medium for the purpose of sharing one's feelings through music. ② The main reason is that every voice has a unique quality, so everyone has a talent. ③ Sure, it may take a lot of time to learn how to adapt your body into a kind of instrument; you tend to make mistakes since you cannot see it as you can see a trumpet or the drums. ④ But this is exactly why you can make your voice your own. ⑤ Nobody else can use this instrument but you. ⑥ In addition, you can learn to be a more patient person if you train yourself a lot. ⑦ I don't think it is important to be in a large performance for people to attend. ⑧ All you need to do is learn a whole song by memory and perform it in front of anyone, even if it is just to yourself in the mirror.

語法・構文・表現

① musical instrument「楽器」
　share ▶「〜を共同で使う」の意味を表すが，ここでは「〜を共有する」の意味で用いられている。

③ adapt 〜 into ...「〜を…に（適応させて）変える」

④ this is exactly why ...「これがまさしく…する理由だ；まさにこのようなわけで…」

⑤ nobody 〜 but ...「…以外の誰も〜ない」

⑥ train 動「〜を訓練する」

📁 文化〔音楽・芸術・文学〕

①すべての人に楽器の演奏の仕方を学ぶよう<u>勧める</u>べきだと言う人は多い。しかし私は，音楽を通じて感情を<u>共有する目的</u>のためには，その人自身の声こそが最高の<u>伝達手段</u>ではないかと考えている。②すべての声に<u>唯一無二の特質</u>が備わっているのだから誰もが<u>才能</u>を持っているというのがその主たる<u>理由</u>である。③もちろん，自分の体を一種の楽器のように<u>変える</u>方法を身につけるには，相当な時間がかかるかもしれない。トランペットやドラムを見るように自分の体を見ることはできないのだから，間違いも<u>しがちである</u>。④しかし，これがまさしくあなたの声をあなた自身のものにすることができるゆえんである。⑤あなた以外の誰もこの楽器を使うことはできない。⑥さらに，訓練を積めば，より<u>辛抱強い</u>人間になることも学べるのである。⑦人が<u>聴き</u>に来る大きな公演に出ることは重要なことではないと思う。⑧あなたに必要なことは，歌<u>全体</u>を<u>記憶</u>して，人前で<u>歌う</u>ことだけである。たとえそれがただ鏡の前の自分に向かって歌うのだとしても。

---

⑦**a large performance for people to attend**「人が聴きに来る大きな公演」
▶to attend は a large performance を修飾する不定詞句で，for people は不定詞の意味上の主語。

⑧**all you need to do is** *do*「あなたに必要なことは…することだけだ」
learn 〜 by memory「〜を記憶する」
perform ▶「〜を演じる」などの意味を表すが，ここでは「〜を歌う」の意味で用いられている。

20 The Purpose of Singing

259 **encourage** [ɪnkə́:rɪdʒ]	動 を励ます (⇔ discóurage→ 578) encourage ~ to do 「~ (人) を…するよう励ます」 encóuragement 名 激励
260 **medium** 発 [mí:diəm]	名 (伝達などの) 媒体；手段；中間 ▶「媒体」の意味の複数形は，普通 média [mí:diə] を使う。 形 中間の
261 **purpose** 発 [pə́:rpəs]	名 目的 for the purpose of ~ 「~の目的で」 ▶ on purpose 「わざと」
262 **share** [ʃéər]	動 を共同で使う；を分配する share A with B 「AをBと共同利用する」 名 〔普通単数形で〕分け前；割り当て分；シェア
263 **reason** [rí:zən]	名 (~の；…という) 理由 (for；why 節)；理性 ▶ for some reason (or other) 「何らかの理由で」 動 (…だ) と推理する (that 節) réasonable 形 道理にかなった；(値段などが) 手ごろな
264 **unique** 発 [juní:k]	形 (~に) 特有の (to)；唯一の
265 **quality** 発 [kwá(:)ləti]	名 質 (⇔ quántity→ 568)；良質 ▶ quality of life 「生活の質；満足度」(略：QOL) 形 高級な quálify 動 に (~の) 資格を与える (for)
266 **talent** アク [tǽlənt]	名 才能；才能のある人 tálented 形 才能のある

273

| 0 | 275 | 550 | 825 | 1100 |

267
adapt
[ədǽpt]

動 (〜に) 順応する (to)；を (〜に) 適合させる (to)
adaptátion 名 適応

268
tend
[tend]

動 (…する) 傾向がある (to *do*)
▶「傾向がある」の意味では進行形にしない。
téndency 名 (〜への；…する) 傾向 (to / toward；to *do*)

269
patient
発 [péiʃənt]

形 (〜に) 我慢強い (with)
名 患者
impátient 形 我慢できない；いらいらして

270
attend
[əténd]

動 に出席する；(〜の) 世話をする (to)
atténdance 名 出席 (者)
atténdant 名 付添い人；係員
▶ a flight attendant 客室乗務員
atténtion 名 注目；注意
▶ pay attention to 〜 〜に注意を払う

271
whole
[houl]

形 全体の；全部の
名〔the 〜〕全体
▶ on the whole「概して」

272
memory
[méməri]

名 記憶 (力)；思い出
mémorable 形 忘れられない
mémorize 動 を記憶 [暗記] する
memórial 名 記念 (物) 形 記念の

273
perform
[pərfɔ́ːrm]

動 を行う；を果たす；を演じる
perfórmance 名 演技；実行；性能

91

🔍 サボテンが砂漠で生きられるのはなぜだろうか。

① The cactus is a plant that is native to North and South America. ② They are usually green and full of needles. ③ My favorite kind of cactus is the saguaro, which sometimes looks like a person with human arms. ④ The tallest saguaro ever measured, reached 24 meters before it fell down during a storm. ⑤ But what I find even more interesting about it is how it can live in hot, dry climates without many resources. ⑥ Like most plants, its cells require sunlight, so the desert is a great place to receive large amounts. ⑦ But, isn't there a lack of water in the desert? ⑧ Well, the cactus doesn't need a lot of rain because it can store water in its body. ⑨ Therefore, the cactus can stay safe, not only because it has needles, but also because many other animals or birds that would eat the cactus cannot find a water source easily in these regions.

語法・構文・表現 ◇◇◇

① **a plant that is native to North and South America**「南北アメリカ原産の植物」 ▶that 以下は a plant を修飾する関係代名詞節。

② **needle** 图「とげ；針状のもの」

③ **saguaro** [səgwάːrou] 图「ベンケイチュウ」 ▶大型のサボテンの一種。

④ **The tallest saguaro ever measured**「これまでに計測されたベンケイチュウの中で最も背の高いもの」 ▶ever measured は The tallest saguaro を修飾する過去分詞句。

サボテン

📁 自然［動物・植物］

①サボテンは南北アメリカ原産の植物である。②たいていは緑色でとげに覆われている。③私のお気に入りのサボテン種はベンケイチュウだ。これは人間の腕がついた人のように見えることがある。④これまでに計測されたベンケイチュウの中で最も背の高いものは 24 メートルに達していたが，その後それは嵐によって倒れてしまった。⑤しかし私がよりいっそう興味深く思うのは，それが多くの資源なしに，暑く乾燥した気候下でどうやって生きられるのかということである。⑥ほとんどの植物と同じように，サボテンの細胞も日光を必要とするため，砂漠地帯は大量の日光を受け取るのには絶好の場所である。⑦しかし，砂漠で水が不足することはないのだろうか。⑧実は，サボテンは体内に水分を蓄えることができるので，雨を多量には必要としないのである。⑨それゆえ，サボテンが安全に生きられるのは，とげがあるからというだけでなく，サボテンを食べようとする他の多くの動物や鳥が，こうした地域において水源を容易に見つけられないという理由もあるのだ。

⑥ desert 图「砂漠」
a great place to receive large amounts「大量の日光を受け取るのに絶好の場所」
▶ to receive large amounts は a great place を修飾する不定詞句。large amounts は large amounts of sunlight のこと。

⑨ **many other animals or birds that would eat the cactus**「サボテンを食べようとする他の多くの動物や鳥」 ▶ that 以下は many other animals or birds を修飾する関係代名詞節。

㉑ The Cactus

単語の意味を確認しよう。

274

human
[hjú:mən]

形 <u>人間の</u>；人間的な
▶ human being(s)「人間」(≒ húmans)

名 〔しばしば~s〕人間
humánity 名 人類；人間性

275

arm
[ɑːrm]

名 <u>腕</u>；〔普通~s〕武器，兵器

動 を (~で) 武装させる (with)；武装する

276

measure
発 [méʒər]

動 <u>を測る</u>；の寸法がある

名 〔しばしば~s〕措置；寸法；基準
méasurement 名 測定；〔~s〕寸法

277

reach
[riːtʃ]

動 <u>に到着する</u>；(~に) 手を伸ばす (for)；(に) 届
<u>く</u>

名 届く範囲
▶ within reach of ~「~のすぐ近くに」

278

climate
[kláɪmət]

名 <u>(長期的な) 気候</u>；風潮

279

resource
[ríːsɔːrs]

名 〔普通~s〕<u>資源</u>；〔普通~s〕資金
▶ human resources「人材，人的資源」

280

cell
[sel]

名 <u>細胞</u>；小個室
▶ a cell phone 携帯電話
céllular 形 細胞の；小区画の

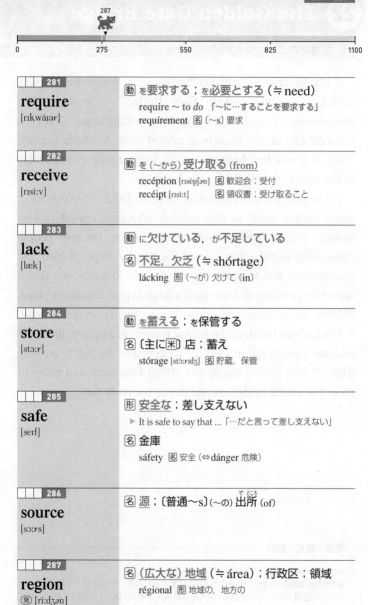

| 0 | 275 | 550 | 825 | 1100 |

281
require
[rɪkwáɪər]

動 を要求する；を必要とする (≒ need)
require ~ to *do* 「〜に…することを要求する」
requírement 名〔〜s〕要求

282
receive
[rɪsíːv]

動 を(〜から)受け取る (from)
recéption [rɪsépʃən] 名 歓迎会；受付
recéipt [rɪsíːt] 名 領収書；受け取ること

283
lack
[læk]

動 に欠けている，が不足している
名 不足，欠乏 (≒ shórtage)
lácking 形 (〜が) 欠けて (in)

284
store
[stɔːr]

動 を蓄える；を保管する
名〔主に米〕店；蓄え
stórage [stɔ́ːrɪdʒ] 名 貯蔵，保管

285
safe
[seɪf]

形 安全な；差し支えない
▶ It is safe to say that ... 「…だと言って差し支えない」
名 金庫
sáfety 名 安全 (⇔ dánger 危険)

286
source
[sɔːrs]

名 源；〔普通〜s〕(〜の) 出所 (of)

287
region
発 [ríːdʒən]

名 (広大な) 地域 (≒ área)；行政区；領域
régional 形 地域の，地方の

---

22 The Golden Gate Bridge

橋の建設プロジェクトの提案から着工まで何年の時を要したのだろう。

① My favorite suspension bridge — a bridge held up by cables — is the Golden Gate Bridge. ② It serves the community of the Greater Bay Area in California. ③ It runs from the city of San Francisco, toward north, to Marin County. ④ When it was first built, it was the longest suspension bridge in the world. ⑤ Let's look at its history!

⑥ The idea for this project came up in 1872. ⑦ At this time, many people, such as ship owners who didn't want to lose money, argued against building the bridge, because people often went to the other side of the bay by ship. ⑧ Also, the government had to study specific figures to make sure that it was even possible to have such a large bridge remain in place. ⑨ After many years, the project was finally made official. ⑩ The task of building the bridge started on January 5th, 1933 and was completed in 1937. ⑪ It opened to the public on May 27th. ⑫ This united the people of San Francisco, and many of them visited the bridge on that day to see its beauty.

◎ **語法・構文・表現** ～～～～～～～～～～～～～～～～～～～～～～～～～～～～～～～～～～～

① suspension bridge「つり橋」
　a bridge held up by cables「ケーブルに支えられた橋」 ▶hold は「～を（手・腕で）持つ」の意味だが，ここでは「～を（ある場所・位置に）保つ」の意味で用いられている。

⑥ come up「（案件などが）出る；上程される」

📁 産業［交通・運輸］

① 私のお気に入りのつり橋 —— ケーブルに支えられた橋のことだ —— はゴールデンゲートブリッジだ。② それはカリフォルニア州の大ベイエリアの<u>地域社会</u>に寄与している。③ サンフランシスコ市と北部に位置するマリン郡を結ぶ。④ 建設された当初は，世界で最も長いつり橋だった。⑤ その歴史を見ることにしよう！

⑥ この<u>事業</u>の案は 1872 年に持ち上がった。⑦ 当時，経済的<u>損失</u>を避けたいと思っていた船の所有者など，多くの人たちが橋の建設に反対する<u>主張</u>をした。というのも，当時の人々は湾の反対側に行くのに頻繁に船を使っていたからである。⑧ また<u>政府</u>は，このような大きな橋をこの先もずっと維持することが<u>可能だ</u>ということを確かなものとして示すため，<u>具体的な数値</u>を調査しなければならなかった。⑨ 長い年月を経て，この事業はついに<u>正式に</u>認可された。⑩ 橋の建設作業は 1933 年 1 月 5 日に始まり，1937 年に<u>完了した</u>。⑪ 5 月 27 日に一般に公開された。⑫ これはサンフランシスコ市民を<u>結束させ</u>，その日，市民の多くがその美しい姿を見るために橋を訪れた。

---

⑦ **ship owners who didn't want to lose money**「経済的損失を避けたいと思っていた船の所有者」▶who 以下は ship owners を修飾する関係代名詞節。

⑧ **make sure that ...**「…ということを確かめる」
have ～ *do*「～を…させる」
remain in place「その場にとどまる；依然としてある」

22 The Golden Gate Bridge

単語の意味を確認しよう。

288

serve
[sə:rv]

動 (の) 役に立つ；に食事を出す；に奉仕する
sérvant 图 使用人
sérvice 图 応対；給仕；奉仕

289

community
[kəmjú:nəti]

图 地域社会；共同体
commúnal 形 共同社会の

290

project
⑦ [prá(:)dʒekt]

图 事業；(規模の大きな) 計画

動 [prədʒékt] を映し出す；を計画する
projéctor 图 映写機

291

lose
発 [lu:z]

動 を失う；(試合など) で負ける (⇔win→516)
▶ lose weight「やせる」
▶ 活用：lose - lost - lost
loss 图 損失；敗北
lost 形 道に迷った；失った

292

argue
[á:rgju:]

動 (…だ)(と) 主張する (that節)；を論じる；(~と)
言い争う (with)
▶ argue for [against] ~ ~に賛成の [反対の] 主張をする
árgument 图 議論；口論

293

government
[gʌ́vərnmənt]

图 〔しばしばthe G~〕政府；政治
góvern 動 を統治する；を運営する

294

specific
⑦ [spəsífik]

形 明確な；具体的な；特定の (⇔géneral
→537)
spécify [spésəfài] 動 を具体的に述べる
specificátion [spèsəfikéiʃən] 图 明記；〔~s〕仕様書

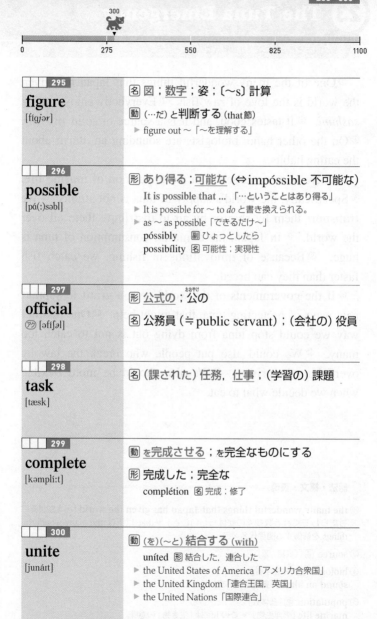

295 **figure** [fígjər]	名 図；数字；姿；〔〜s〕計算
	動 (…だ) と判断する (that節)
	▶ figure out 〜「〜を理解する」

296 **possible** [pá(:)səbl]	形 あり得る；可能な (⇔ impóssible 不可能な)
	It is possible that ... 「…ということはあり得る」
	▶ It is possible for 〜 to *do* と書き換えられる。
	▶ as 〜 as possible 「できるだけ〜」
	póssibly 副 ひょっとしたら
	possibílity 名 可能性；実現性

297 **official** ⑦ [əfíʃəl]	形 公式の；公の
	名 公務員 (≒ public servant)；(会社の) 役員

298 **task** [tæsk]	名 (課された) 任務, 仕事；(学習の) 課題

299 **complete** [kəmplí:t]	動 を完成させる；を完全なものにする
	形 完成した；完全な
	complétion 名 完成；修了

300 **unite** [junáɪt]	動 (を)(〜と) 結合する (with)
	united 形 結合した, 連合した
	▶ the United States of America「アメリカ合衆国」
	▶ the United Kingdom「連合王国, 英国」
	▶ the United Nations「国際連合」

🔎 マグロを守るために筆者が提言していることは何か。

① One of the many wonderful things that Japan has given the world is the love of raw fish. ② Everybody enjoys eating *sashimi*. ③ It tastes good, and it is a source of solid protein. ④ On the other hand, biologists are sounding an alarm about the eating habits.

⑤ There is an emergency in the population of marine life. ⑥ Specifically, the world's supply of tuna is not stable. ⑦ We transport them by ship or by air to distribute them all over the world. ⑧ In Japan, the domestic consumption of tuna is huge. ⑨ Because of innovations in fishing, we catch fish faster than they can breed.

⑩ If the governments of the world gave a grant to support new ways of protecting tuna, that might help. ⑪ One distinct way we could stop tuna from dying out is not to catch too many. ⑫ We could also put people who break the law by overfishing in prison. ⑬ We also should be more flexible when we decide what to eat.

🎯 **語法・構文・表現** 〜〜

① **the many wonderful things that Japan has given the world**「日本が世界にもたらしてくれる数多くのすばらしいこと」▶that 以下は the many wonderful things を修飾する関係代名詞節。

③ **source** 图「(供給) 源」

④ **biologist** 图「生物学者」
   sound an alarm「警鐘を鳴らす」

⑤ **population** 图「個体数」
   marine life「海洋生物」▶この life は「生き物」の意味。

📁 産業〔農業・漁業〕

　①日本が世界にもたらしてくれる数多くのすばらしいことの一つに，<u>生魚</u>を食べることの愛好がある。②皆，刺身を喜んで食べている。③おいしいし，<u>固体タンパク</u>源でもある。④一方で，生物学者はこの食習慣について<u>警鐘</u>を鳴らしている。

　⑤<u>海洋生物</u>の個体数に<u>緊急事態</u>が発生している。⑥とりわけマグロの世界供給量が<u>不安定</u>になっているのである。⑦私たちはそれらを海路や空路で<u>輸送</u>し，世界中に<u>届けている</u>。⑧日本でのマグロの<u>国内消費量</u>は膨大だ。⑨私たちは，漁業の革新により，<u>繁殖</u>速度よりも速い速度で魚を獲ってしまっているのだ。

　⑩世界の各国政府がマグロを保護する新たな方策を支援する<u>助成金</u>を出せば，効果があるかもしれない。⑪マグロの絶滅を食い止める一つの<u>明確な</u>方法は，獲りすぎないことである。⑫乱獲によって法を破る者は，<u>刑務所</u>に送り込むこともできるだろう。⑬また，私たちは何を食べるべきか決める場合に，もっと柔軟な姿勢を取るべきでもある。

─────────────────────────────────────

⑥ **supply** 图「供給（量）」
　tuna 图「マグロ」

⑪ **one way (that / in which) ...**「…する一つの方法」
　stop ～ from *doing*「～が…するのを防ぐ」
　die out「絶滅する」

⑫ **put ～ in prison**「～を収監する」
　people who break the law by overfishing「乱獲によって法を破る者」 ▶who 以下は people を修飾する関係代名詞節。

⑬ **flexible** 图「柔軟な」

🔲 単語の意味を確認しよう。

---

301 **raw** 発 [rɔ:]	形 <u>生の</u>；加工していない ▶ raw material「原料」
302 **solid** [sá(:)ləd]	形 <u>固体の</u>；しっかりした；中身のある 名 固体
303 **protein** 発 アク [próʊti:n]	名 <u>タンパク質</u>
304 **alarm** [əlá:rm]	名 <u>警報（機）</u>；目覚まし時計（＝ alarm clock） ▶ a false alarm「誤警報」 動 をはっとさせる；を心配させる
305 **emergency** [ɪmə́:rdʒənsi]	名 <u>緊急（事態）</u> ▶ an emergency exit 非常口
306 **marine** アク [mərí:n]	形 <u>海洋の</u> 名 〔しばしば M～〕海兵隊（員）
307 **stable** [stéɪbl]	形 <u>安定した</u>（⇔unstáble 不安定な） stabílity [stəbíləti] 名 安定（性）
308 **transport** アク [trænspɔ́:rt]	動 <u>を輸送する</u> ▶ trans- 向こうへ＋ port 運ぶ 名 [trǽnspɔ:rt]〔主に英〕輸送（機関） transportátion 名〔主に米〕輸送（機関）

315

			309

distribute
㋐ [dɪstríbjət]

動 を分配する；を (~に) 配達する (to)
distribútion 图 配達，流通；分配；分布
distríbutor 图 流通業者

			310

domestic
[dəméstɪk]

形 国内の；家庭内の
▶ domestic animals 家畜 (⇔ wild animals 野生動物)
▶ domestic violence 家庭内暴力 (略：DV)
▶ a domestic flight (飛行機の) 国内線
doméstícate 動 を飼いならす

			311

innovation
[ìnəvéɪʃən]

名 革新
ínnovate 動 刷新する；を導入する
ínnovative 形 刷新 [革新] 的な

			312

breed
[bri:d]

動 を繁殖させる，飼育する；(動物が) 子を産む
be bred to *do* 「…するように繁殖される；しつけられる」
▶ 活用：breed - bred [bred] - bred

名 品種
bréeding 图 繁殖；品種改良

			313

grant
[grænt]

動 (人) に (物) を (求めに応じて) 与える；と仮定する
▶ granted [granting] (that) ... 「仮に…だとしても」
▶ take ~ for granted 「~を当然のことと思う」

名 助成金；奨学金

			314

distinct
㋨ [dɪstíŋkt]

形 (~と) まったく異なる (from)；はっきりした
distínction 图 (~の間の) 区別 (between)
distínctly 副 はっきりと
distínguish 動 を区別する；見分ける

			315

prison
[prízən]

名 刑務所 (≒ jail)
▶ *be* in prison 「刑務所に入っている」
prísoner 图 囚人；捕虜

㉔ The Chairman's Mistake

① Have you ever wondered what some of the biggest mistakes in history were? ② One huge mistake happened in China in 1958. ③ The leader, Chairman Mao Zedong, noticed some sparrows eating grain. ④ He tried to calculate how much grain the sparrows were eating. ⑤ He formed a hypothesis that there would be more food for the people if there were no sparrows. ⑥ Mao gave a statement that sparrows were enemies of the people. ⑦ So he ordered the people to concentrate on killing all the sparrows. ⑧ He expected a huge improvement in Chinese agriculture. ⑨ The fact of the matter, however, is that the sparrows ate more insects than grain. ⑩ The insects began to spread out throughout the landscape. ⑪ With all the sparrows gone, the insects ate all the grain and there was a shortage of food. ⑫ The amount of hunger in China grew. ⑬ When he realized his mistake, Mao told the people to stop killing the birds in a national broadcast. ⑭ The length of the famine was four years. ⑮ Millions of people died and China went through an economic depression. ⑯ The Chinese people were the ultimate victims of this terrible mistake.

語法・構文・表現 ◇◇

② **huge** 形「非常に大きな」

③ **Chairman Mao Zedong**「毛沢東主席」
　sparrow 图「スズメ」

⑤ **a hypothesis that ...**「…という仮説」　▶that 以下は a hypothesis の内容を説明する同格節。

⑦ **order ~ to** *do*「~に…するように命じる」

⑧ **improvement** 图「向上；改善」

主席の過ち

英文レベル ☆☆ **188 words**

📁 社会 [政治]

① 歴史上最も大きな過ちにはどんなものがあるかこれまでに考えたことはあるだろうか。② 一つの大きな過ちが，1958 年に中国で起きた。③ 毛沢東主席は，スズメが穀物を食べているのに気がついた。④ 彼は，スズメがどれくらいの量の穀物を食べているのか計算しようとした。⑤ 彼は，スズメがいなければ国民にもっと食糧が行き渡るのではないかという仮説を立てた。⑥ 毛主席は，スズメは人間の敵であるという声明を出した。⑦ そこで彼は国民に，すべてのスズメを駆除することに集中するよう命じた。⑧ 彼は中国の農業が大きく発展することを予期していた。⑨ しかし実のところ，スズメは穀物よりも虫を多く食べていたのである。⑩ 虫たちが風景の至るところに現れ始めた。⑪ すべてのスズメがいなくなったことで，虫たちが全穀物を食い荒らし，食糧が不足することになった。⑫ 中国における飢餓人口が増加した。⑬ 毛主席は自分の過ちに気づき，国営放送で国民にスズメの駆除をやめるように言った。⑭ 飢饉の期間は 4 年に及んだ。⑮ 数百万の人々が亡くなり，中国は経済不況に苦しんだ。⑯ 中国人こそがこのひどい過ちの究極的被害者であった。

⑪ **With all the sparrows gone**「すべてのスズメがいなくなったため」▶ この with は「…なので」という理由を表す。

⑬ **national broadcast**「国営放送」

⑭ **famine** 图「飢饉」

⑮ **go through ～**「(苦難など) を経験する」
   economic depression「経済不況；不景気」

⑯ **ultimate** 厖「究極の；最終的な」

105

24 The Chairman's Mistake

■ 単語の意味を確認しよう。

316 **grain** [greɪn]	名 穀物；(砂などの) 粒 ▶ wheat「小麦」, rice「米」など。
317 **calculate** ⑦ [kǽlkjulèɪt]	動 を計算する calculátion 名 計算；予測 cálculator 名 計算機
318 **hypothesis** ⑥ [haɪpá(:)θəsɪs]	名 仮説 ▶ 複数形は hypótheses [haɪpá(:)θəsìːz]。 hypothétical [hàɪpəθétɪkəl] 形 仮説の
319 **statement** [stéɪtmənt]	名 陳述；声明 state 動 とはっきり述べる 　　　名 状態；国家；州
320 **enemy** [énəmi]	名 敵 (⇔ friend 味方) ▶ a common enemy「共通の敵」
321 **concentrate** ⑦ [ká(:)nsəntrèɪt]	動 (~に) 精神を集中する (on)；を (~に) 集中させる (on) concentrátion 名 集中 (力)，専念
322 **agriculture** ⑦ [ǽgrɪkÀltʃər]	名 農業 agricúltural 形 農業の

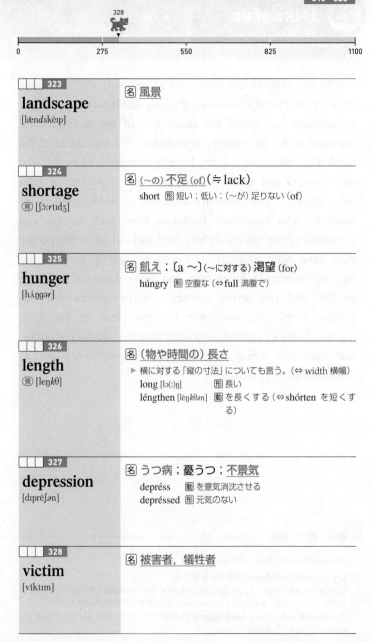

328

| 0 | 275 | 550 | 825 | 1100 |

323
landscape
[lǽndskèɪp]

名 風景

324
shortage
発 [ʃɔ́ːrtɪdʒ]

名 (〜の) 不足 (of) (≒lack)
short 形 短い；低い；(〜が) 足りない (of)

325
hunger
[hʌ́ŋɡər]

名 飢え；〔a 〜〕(〜に対する) 渇望 (for)
húngry 形 空腹な (⇔full 満腹で)

326
length
発 [leŋkθ]

名 (物や時間の) 長さ
▶ 横に対する「縦の寸法」についても言う。(⇔ width 横幅)
long [lɔ(ː)ŋ] 形 長い
léngthen [léŋkθən] 動 を長くする (⇔shórten を短くする)

327
depression
[dɪpréʃn]

名 うつ病；憂うつ；不景気
depréss 動 を意気消沈させる
depréssed 形 元気のない

328
victim
[víktɪm]

名 被害者，犠牲者

㉕ Disaster

① Storm Matilda has continued to seriously damage large areas of the country with strong winds and heavy rain. ② The government has called the storm one of the worst natural disasters to hit the country in decades. ③ Large areas of the north and east of the country have been destroyed by the rain and floods, and parts of the area are a scene of total devastation. ④ The government has set up public shelters for residents who have been forced to leave their homes, and volunteers have arrived to help feed and aid all of the people who have been affected. ⑤ Local emergency services are fighting to remove fallen trees and repair damaged buildings so that aid can arrive quickly. ⑥ The government has promised military assistance to help clear up the area. ⑦ Police services are still busy searching the site for casualties, and they are trying to make sure all survivors are as comfortable as possible.

◎語法・構文・表現

③ devastation 图「廃墟；荒廃状態」

④ set up public shelters「避難所を設置する」
residents who have been forced to leave their homes「家を離れることを余儀なくされた住民」▶who 以下は residents を修飾する関係代名詞節。
the people who have been affected「影響を受けた人々」▶who 以下は the people を修飾する関係代名詞節。

108

📁 自然［災害・天変地異］

　①マチルダと名づけられた嵐は，強風と大雨によって，国の広範囲にわたる地域に深刻な被害をもたらし続けている。②政府はこの嵐を，この数十年間にこの国を襲った中で，最悪の自然災害の１つであるとみなした。③国の北部および東部の広い地域が雨と洪水で破壊されており，この地域のいくつかの場所は完全に廃墟のような状況である。④政府は家を離れることを余儀なくされた住民のために避難所を設置し，嵐の影響を受けたすべての人々に食事の提供の手助けをし，援助するために，ボランティアたちが到着している。⑤地元の救急隊は，救援物資がすぐに届けられるように，倒木を除去し，損傷を受けた建物を修復しようと努力している。⑥政府は，そうした地域の惨状を一掃する支援をするために，軍による援助を約束した。⑦警察は，死傷者がいないかと現場を捜索するのに今も力を尽くしており，生存者が皆確実に，できる限り快適でいられるよう努力している。

⑤ fight to *do*「…するよう奮闘［努力］する」
　so that S can *do*「Sが…できるように」
　aid ▶︎④では動詞として，ここでは「援助物資」という意味の名詞として用いられている。

⑦ casualty 图「死傷者，犠牲者」
　make sure (that) ...「確実に…する」

■ 単語の意味を確認しよう。

329 **damage** ⑦ [dǽmɪdʒ]	動 (物・体の一部)に損害を与える 名 損害
330 **disaster** [dɪzǽstər]	名 災害；災難 disástrous [dɪzǽstrəs] 形 悲惨な
331 **decade** [dékeɪd]	名 10年間 (= ten years)
332 **destroy** ⑦ [dɪstrɔ́ɪ]	動 を破壊する (⇔constrúct→233) destrúction 名 破壊 destrúctive 形 破壊的な
333 **flood** 発 [flʌd]	名 洪水；(~の) 殺到 (of) 動 を氾濫させる；に殺到する；(川が) 氾濫する
334 **scene** 発 [si:n]	名 場面；(事件などのあった) 場所；風景 scénery 名 (その地域全体の) 風景 scénic [sí:nɪk] 形 風景の；景色のよい
335 **volunteer** ⑦ [vɑ̀(:)ləntíər]	名 (~の；…する) ボランティア (for；to do)；志願者 動 (~を；…することを) 進んで引き受ける (for；to do) vóluntary 形 自発的な；無償の
336 **feed** [fi:d]	動 に食べ物を与える；物を食べる；(~を) えさとして食べる (on) ▶ 活用：feed - fed [fed] - fed ▶ be fed up with ~ ~にうんざりしている [する] food [fu:d] 名 食物；えさ

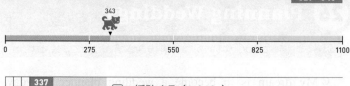

0	275	550	825	1100

337
aid
[eɪd]

動 を援助する（≒help）

名 援助；救援
▶ first aid 応急手当

338
remove
[rɪmúːv]

動 を（～から）取り去る（from）
remóval 名 除去

339
promise
[prá(ː)məs]

動（…すること；…ということ）を約束する（to *do*；that節）

名 約束；将来性

340
military
[mílətèri]

形 軍（隊）の，軍事の
▶ military service「軍務，兵役」

341
search
発 [səːrtʃ]

動（場所など）を（～を求めて）探す，捜索する（for）；
を検索する
▶「search ＋場所」，「search for ＋探し求める物」となる。

名 検索；捜索

342
site
[saɪt]

名 場所，用地；遺跡
▶ on site「現場で」
wébsite 名 ウェブサイト

343
comfortable
発 アク [kÁmfərtəbl]

形（家具・衣服などが）心地よい，快適な；（人
が）心地よく感じる（⇔uncómfortable 不
快に感じる）
cómfort 名 快適さ；慰め 動 を慰める

---

(26) Planning Weddings

① My dream is to become a wedding planner one day. ② When two people are about to get married, I want to be the person who listens to and follows whatever they wish for. ③ For example, I could help them pick the best items for their wedding or help them practice what to do on their wedding day. ④ Even if all they want is to sign their names onto the blank space of a marriage form, I will still be there for them!

⑤ On the other hand, when I regard it as a business, I have to be aware of whether I can make money. ⑥ If the weddings aren't expensive enough, then the business that I so want to establish may take a loss. ⑦ Of course, I will never stop thinking of the romantic nature of weddings whenever I'm approached by a happy couple looking to get married. ⑧ But, in the end, even though they may not seem like customers to me, I will have to remember that they are.

◉語法・構文・表現

①**wedding planner**「ウェディングプランナー」▶結婚式に関わる事柄全般をサポートする人。

②*be* about to *do*「(今にも) …するところだ」
the person who listens to and follows whatever they wish for「彼らが望むことは何でもそれに耳を傾け, それを理解してあげる人」▶who 以下は the person を修飾する関係代名詞節。follow は「(方針・望みなど) に従う」の意味だが, ここでは「(人の言うことなど) を理解する, ～についていく」の意味で用いられている。

④**all ～ want is to *do***「～の望むことは…することだけだ」
sign 動「～を署名する」
marriage form「婚姻届」

結婚式のプランニング

📁 産業［職業・労働］

①私の夢はいつの日かウェディングプランナーになることだ。②2人が結婚を控えているとき，彼らが望むことは何でもそれに耳を傾け，それを理解してあげる人になりたいのだ。③たとえば，2人の結婚式に最適なアイテムを選んだり，結婚式当日に彼らがやるべきことを練習する手伝いだってできるかもしれない。④たとえ彼らの望むことが婚姻届の空欄に署名することだけだとしても，それでも私は2人のためにそばにいてあげたいのだ！

⑤一方でそれをビジネスととらえたとき，お金が稼げるのかどうかは知っておかねばならない。⑥もし結婚式がそれほどお金のかかるものでないのなら，私がぜひとも起こしたいビジネスは損失を被るかもしれない。⑦もちろん，結婚しようとしている幸せなカップルが私のもとに近づいてくるときにはいつも，結婚式のもつロマンティックな姿に心奪われずにはいられない。⑧しかし結局のところ，彼らが私には客のように思われなくとも，客であるということを忘れてはならないのだろう。

⑥ **the business that I so want to establish**「私がぜひとも起こしたいビジネス」
▶that 以下は the business を修飾する関係代名詞節。
take a loss「損失を被る」

⑦ **nature** ▶ 通例 the nature で「性質；本質」という意味を表す。the romantic nature of weddings は「結婚式のロマンティックな特質」という意味。
look to *do*「もうすぐ…する」

⑧ **in the end**「結局；最後には」
seem like 〜「〜のように思われる」▶like の後ろは名詞。
I will have to remember that they are「彼らが客であるということを忘れてはならないのだろう」▶they are のあとに customers to me を補って考えることができる。

■ 単語の意味を確認しよう。

344

marry
[mǽri]

動 と結婚する (≒ get married to)
▶ be married to ~ ~と結婚している
▶ marry with ~(人), marry to ~(人) のどちらも言わない。
márriage 图 結婚

345

follow
[fá(:)lou]

動 (の) 次に続く；に従う；(の) 後を追う
be followed by ~ 「後に~が続く」
▶ It follows that ... (結果的に)…ということになる
fóllowing 形 次に続く 图 次に続くもの
▶ the following day 翌日 (⇔ the previous day 前日)

346

whatever
⑦ [hwʌtévər]

代 たとえ何を…しても，たとえ何が…であろ
うと；…するものは何でも

副 〔no を伴う名詞などの後に置かれて〕少しも，
まったく (≒ at all)

347

wish
[wɪʃ]

動 (…であればいいのに) と思う (that 節)；(できたら)
(…し) たいと思う (to *do*)；願う
▶ that 節内は仮定法を使う。

图 願い

348

pick
[pɪk]

動 を選び取る；を摘む
▶ pick up ~ 「~を拾い上げる；(人) を車に乗せる」
▶ pick out ~ 「~を選び出す」
píckpocket 图 すり

349

practice
[prǽktɪs]

图 練習；(意識的な) 習慣；実践 (⇔ théory
→863)
▶ in practice 「実際 (に) は」

動 (を) 練習する；(を) 実践する
práctical 形 実際的な；実用的な

350

blank
[blæŋk]

形 空白の；うつろな

图 空白
▶ fill in a blank 「空所を埋める」

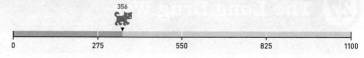

0	275	550	825	1100

351

aware
[əwéər]

形 (〜に；…ということに) 気づいて (of；that 節)
unaware 形 気づかないで
awáreness 名 自覚

352

expensive
[ıkspénsıv]

形 高価な (⇔inexpénsive, cheap 安い)
expénse 名 費用；〔〜s〕経費；犠牲
▶ at the expense of 〜「〜の費用で；〜を犠牲にして」

353

establish
[ıstǽblıʃ]

動 を設立する；(理論・地位) を確立する
estáblished 形 確立した
estáblishment 名 設立；確立；組織

354

nature
[néıtʃər]

名 自然；性質
▶ human nature「人間の本性」
nátural 形 自然の；当然の；生まれつきの
náturally 副 自然に；当然；生まれつき (≒ by nature)

355

approach
発 [əpróʊtʃ]

動 (に) 近づく；に取り組む
▶ approach to 〜 とは言わない。
名 取り組み方；接近

356

customer
[kʌ́stəmər]

名 顧客

115

① Colombia **celebrated** the end of a long civil war. ② The Colombian **Army** will no longer have to fight a rebel group called FARC. ③ For the first time in years, there is no official war in all of North and South Americas. ④ Of course, people will still break the law, but there won't be **widespread** conflicts.

⑤ **Unfortunately**, in Mexico there are fights between drug gangs. ⑥ These fights are not **conventional** wars, but they are a form of **virtual** war. ⑦ The fighting can become very **intense**. ⑧ **Moreover**, there have been **numerous** deaths among civilians. ⑨ The Mexican military and police are not able to **cope** with the level of violence. ⑩ **Nonetheless**, it is reasonable to hope for a peaceful future in both continents of the Americas. ⑪ The Mexican government recently **captured** a drug lord known as "El Chapo." ⑫ If more drug lords stand trial for their crimes, Mexicans will live without being frightened of **evil** gangsters.

◎ 語法・構文・表現 ◇◇◇

① **civil war**「内戦」

② **rebel** 图「反逆者；（形容詞的に）反逆者の」
　　FARC「コロンビア革命軍」(= Fuerzas Armadas Revolucionarias de Colombia)

③ **For the first time in years**「何年かぶりに；長い年月を経てようやく」

④ **conflict** 图「紛争」

⑤ **drug gang**「麻薬密売組織」▶gang は「ギャングの一団；暴力集団」を意味する。

⑥ **a form of ~**「~の一形態；ある種の~」

116

長き麻薬戦争

🗂 社会［事件・犯罪・事故］

① コロンビアは長い内戦の終結を祝った。② コロンビア陸軍は FARC と呼ばれる反政府組織ともはや戦う必要はない。③ 何年かぶりに，南北アメリカすべての地域で，公式に発表された戦争状態がすべて収まったのである。④ もちろん，それでも人々は違法行為に走ることはあるだろうが，広範囲にわたる紛争には至らないだろう。

⑤ 残念なことに，メキシコでは麻薬密売組織の間で抗争が起きている。⑥ これらの抗争は従来の戦争ではないが，事実上戦争の様相を呈している。⑦ この戦いは非常に激烈になることもある。⑧ しかも，これまで民間人に多数の死者が出ている。⑨ メキシコ軍と警察は，現在達している暴力レベルに対処しきれていない。⑩ それでもなお，アメリカの南北両大陸に平和な未来が来ることを望むのは，もっともなことである。⑪ メキシコ政府は最近，「エル・チャポ」として知られる麻薬王を捕らえた。⑫ 麻薬密売組織のボスが彼らの罪で裁かれることが増えてくれば，メキシコ人は，凶悪なギャングたちにおびえないで暮らせるようになるだろう。

⑧ **civilian** 图「民間人；一般市民」

⑨ **military** 图「軍」
　violence 图「暴力」

⑩ **reasonable** 厖「理にかなっている」

⑪ **drug lord**「麻薬王；麻薬密売組織のボス」

⑫ **stand trial for ～**「～の罪で裁判にかけられる」
　crime 图「犯罪」
　gangster 图「ギャングの一員」

㉗ The Long Drug War

357
celebrate
⑦ [séləbrèit]

動 (行事など) を祝う
▶ 人を祝う場合は congrátulate を使う。
célebrated 形 有名な
celebrátion 名 祝賀 (会)
celébrity [səlébrəti] 名 有名人

358
army
[áːrmi]

名 〔普通the 〜〕陸軍;軍隊
▶ 「空軍」は air force. 「海軍」は navy。

359
widespread
[wáidsprèd]

形 広範囲にわたる
wide 形 (幅の) 広い;広大な

360
unfortunately
[ʌnfɔ́ːrtʃənətli]

副 残念なことに
unfórtunate 形 不幸な

361
conventional
[kənvénʃənəl]

形 従来の;ありきたりの
▶ conventional wisdom 社会通念
convéntion 名 慣習;(定期) 大会

362
virtual
[vɔ́ːrtʃuəl]

形 仮想の;事実上の
▶ virtual reality 「バーチャルリアリティー, 仮想現実」
vírtually 副 事実上;ほぼ

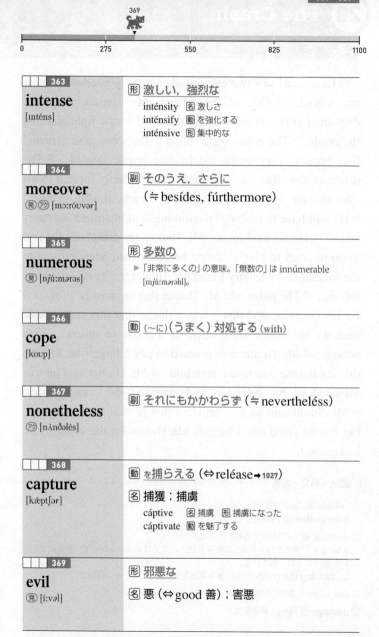

369

0   275   550   825   1100

363

intense
[ɪnténs]

形 激しい，強烈な

inténsity 名 激しさ
inténsify 動 を強化する
inténsive 形 集中的な

364

moreover
発 ア [mɔːróuvər]

副 そのうえ，さらに
(≒ besídes, fúrthermore)

365

numerous
発 [njúːmərəs]

形 多数の

▶ 「非常に多くの」の意味。「無数の」は innúmerable
[ɪnjúːmərəbl]。

366

cope
[koup]

動 (~に) (うまく) 対処する (with)

367

nonetheless
ア [nʌnðəlés]

副 それにもかかわらず (≒ nevertheléss)

368

capture
[kǽptʃər]

動 を捕らえる (⇔ reléase→1027)

名 捕獲；捕虜

cáptive 名 捕虜 形 捕虜になった
cáptivate 動 を魅了する

369

evil
発 [íːvəl]

形 邪悪な

名 悪 (⇔ good 善)；害悪

119

28 The Crash

① Last year I saw two cars collide at a busy intersection near my school. ② One of the drivers, Mr. Hunter, had been distracted at the wheel and ignored a red traffic light, causing the crash. ③ The police were called to the scene, and arrested him because they suspected he had drunk alcohol. ④ The driver of the other car, Mr. Smith, was so badly injured in his eyes that he lost his sight, and he became unable to work. ⑤ He will have to undergo painful medical treatment for many years. ⑥ He decided to sue Mr. Hunter for damages. ⑦ I had to go to court to give evidence because I had been witness to the incident. ⑧ The jury found Mr. Hunter guilty of dangerous driving. ⑨ The judge told Mr. Hunter that he must be punished for his behavior, and that it was a shame that innocent people such as Mr. Smith must suffer as a result of others' selfish actions. ⑩ Mr. Hunter was ordered to pay a large fine, and his driving license was taken from him. ⑪ Mr. Hunter said he was ashamed of his behavior, and accepted the consequences. ⑫ Mr. Smith said he was satisfied that justice had been done, but that he could never forgive Mr. Hunter for the suffering he had caused.

語法・構文・表現

① collide 動「衝突する」≒ crash
   intersection 图「交差点」

② distract 動「〜の気をそらす」
   wheel ▶「(車の) ハンドル」の意味だが，ここでは at the wheel で「運転席で」という意味で用いられている。
   ..., causing the crash「…し，衝突事故を引き起こした」▶分詞構文。

③ the scene「(事故の) 現場」

⑥ damage 图「(〜s) 損害賠償」

衝突事故

📁 社会 ［事件・犯罪・事故］

①昨年私は，学校の近くの交通量の多い交差点で，2台の車が衝突するのを目撃した。②一方の運転手，ハンター氏は<u>運転席</u>で気を取られて赤信号を無視し，事故は起こった。③警察は通報を受けて現場に駆けつけ，ハンター氏が酒を飲んでいた<u>のではないかと疑い</u>，彼を逮捕した。④もう1台のほうの運転手，スミス氏は目に大けがを負って<u>視力</u>を失ってしまい，仕事ができなくなった。⑤彼は何年にもわたって苦しい治療を<u>受け</u>なくてはならないだろう。⑥彼は損害賠償を求めてハンター氏を<u>訴える</u>ことに決めた。⑦私はこの<u>事件</u>の<u>目撃者</u>だったことで，証言するために出廷しなくてはならなかった。⑧陪審はハンター氏を危険運転のかどで<u>有罪</u>と評決した。⑨判事はハンター氏に自らの行為のために<u>罰せ</u>られねばならないと伝え，スミス氏のような<u>無実の</u>人が他人の自己中心的な行動の結果，苦しまねばならないのは残念なことだと言った。⑩ハンター氏は多額の罰金を支払うよう命じられ，運転免許証は取り上げられた。⑪ハンター氏は自分のした行為を恥ずかしく思っていると述べ，結果を受け入れた。⑫スミス氏は<u>公正な判断</u>が下されたことに満足する一方，ハンター氏によって引き起こされた苦痛に関してはハンター氏を決して<u>許す</u>ことはできないと語った。

---

⑦ court 图「法廷」
　give evidence「証言する」

⑧ jury 图「陪審」
　find ~ guilty「~を有罪と評決する」

⑩ a large fine「多額の罰金」

⑪ consequence 图「結果；成り行き」= result

⑫ justice is done「正義がなされる；公正な判断が下される」
　the suffering he had caused「彼が引き起こした苦痛」▶he had caused の前に目的格の関係代名詞 that や which が省略されていると考える。

121

📝 単語の意味を確認しよう。

370
wheel
[hwíːl]

名 〔the ~〕(自動車の) ハンドル (= steering wheel);車輪;歯車
▶ 自動車のハンドルを handle とは言わない。自転車やオートバイのハンドルは handlebars。
▶ behind [at] the wheel「(自動車などを) 運転して」

動 (車輪の付いた乗り物)を動かす,押す
wheeled 形 車輪の付いた
▶ a wheeled cart 車輪付き荷台
whéelchair 名 車いす

371
arrest
[ərést]

動 を (~の理由で) 逮捕する (for)
名 逮捕
▶ You're under arrest. おまえを逮捕する。

372
suspect
⑦ [səspékt]

動 (…) ではないかと思う (that 節)
名 [sʌ́spekt] 容疑者
▶ arrest a suspect 容疑者を逮捕する
suspícion [səspíʃən] 名 疑い
suspícious 形 疑わしい

373
sight
⑨ [saɪt]

名 見えること;光景;視力
▶ at first sight「一目見て;一見したところ」
▶ catch [lose] sight of ~「~を見つける [見失う]」

動 を見つける;じっと見る
síghtseeing 名 観光

374
undergo
⑦ [ʌ̀ndərgóu]

動 (変化・試練など)を経験する;(試験・検査
など)を受ける
▶ 活用:undergo - underwent - undergone

375
sue
[sjuː]

動 を (~のかどで／~を求めて)(法的に) 訴える (for)
suit [suːt] 名 訴訟 (≒ láwsuit)

382

| 0 | 275 | 550 | 825 | 1100 |

376

witness
[wítnəs]

名 (~の) 目撃者 (to / of)；証人；証言
▶ bear witness to ~　~の証言をする

動 を目撃する；(法廷で) 証言する

377

incident
⑦ [ínsɪdənt]

名 出来事；事件
incidéntal [ìnsɪdéntəl] 形 付随的な
incidéntally 副 ところで (≒ by the way)

378

guilty
⑨ [gílti]

形 (~について) 罪悪感のある (about)；有罪の
(⇔ ínnocent→380)
guilt [gɪlt] 名 罪悪感；有罪

379

punish
[pʌ́nɪʃ]

動 を (~のことで) 罰する (for)
púnishment 名 処罰；刑罰

380

innocent
[ínəsənt]

形 無罪の (⇔ guílty→378)；無邪気な
ínnocence 名 無罪 (⇔ guilt)；無邪気

381

justice
[dʒʌ́stɪs]

名 正義；公正 (⇔ injústice 不正)；司法
just 形 正しい；正当な
jústify 動 を正当化する
justificátion 名 正当化

382

forgive
[fərgív]

動 (人の罪など) を許す
forgive A for B 「BのことでAを許す」
▶ 活用：forgive - forgave - forgiven
forgíveness 名 許し

ⓟ トランプ，クリントンの両陣営は互いのことをどのように言っていたか。

①The 2016 presidential election in America was a strange one in the country's politics. ②When Donald J. Trump **announced** that he was running for president, many people thought he was telling a joke. ③But there were others who were **inspired** by his business success. ④His supporters were not even **embarrassed** by the things that Trump said about women. ⑤In fact, they said it was every American's **duty** to **vote** for their candidate. ⑥Supporters of Hillary Clinton said that she had the wisdom required to be president and that she **opposed** Trump's ideas about **immigration**. ⑦They also said that Trump had several **traits** that made him a bad candidate. ⑧But Trump supporters said that Democrats cared too much about **gender** issues. ⑨They did not have **confidence** that Hillary Clinton could **distinguish** which problems were big and which were small. ⑩America seemed to be in **crisis**, with its politics dividing its people into two **tribes**.

◎ 語法・構文・表現 ∞∞

① **presidential election**「大統領選挙」
politics 图「政治」

② **run for ～**「～に立候補する」
tell a joke「冗談を言う」

③ **others who were inspired by his business success**「彼の実業界での成功に奮い立っていたほかの人々」▶who 以下は others を修飾する関係代名詞節。

📁 社会［政治］

　① 2016 年のアメリカ大統領選挙は，同国の政治において奇妙な選挙だった。② ドナルド・J・トランプが大統領選に立候補すると<u>発表した</u>とき，多くの人は彼が冗談を言っているのかと思った。③ しかし彼の実業界での成功に<u>奮い立っている</u>人もいた。④ 彼の支持者は，トランプが女性について発言したことを<u>恥ずかしい</u>とも思わなかった。⑤ それどころか，彼らは自分の支持する候補者に<u>投票する</u>ことが全アメリカ人の<u>義務</u>であると言ったのだ。⑥ ヒラリー・クリントンの支持者は，彼女には大統領になるのに求められる見識があり，また彼女はトランプの<u>移民</u>に対する考えに<u>反対している</u>と言った。⑦ 彼らは，トランプがひどい候補者であることを示すいくつかの<u>特質</u>を持っているとも言った。⑧ しかしトランプの支持者によれば，民主党支持者は<u>性差</u>の問題を気にしすぎているという。⑨ 彼らからすれば，どの問題が大きな問題で，どの問題が小さな問題なのか，ヒラリー・クリントンに<u>区別がつけられる</u>という<u>確信</u>が持てなかった。⑩ アメリカは，政治が国民を 2 つの<u>集団</u>に分断してしまったために，<u>危機的状況</u>にあるように思えた。

---

④ **supporter** 图「支持者」
　the things that Trump said about women「トランプが女性について話したこと」▶that 以下は the things を修飾する関係代名詞節。

⑤ **candidate** 图「候補者」

⑧ **Democrat** 图「（アメリカの）民主党支持者；民主党員」

⑩ **divide ～ into ...**「～を…に分ける」
　tribe ▶「部族」の意味だが，ここでは「（関心や興味が共通した）集団」の意味で用いられている。

■ 単語の意味を確認しよう。

383

announce
[ənáuns]

動 (…ということ) を発表する (that節)
announcement 图 発表
announcer 图 アナウンサー

384

inspire
⑦ [ɪnspáɪər]

動 を (…するように) 奮起させる (to *do*)
inspíring 形 奮い立たせる
inspirátion [ìnspəréɪʃən] 图 鼓舞；霊感

385

embarrass
⑦ [ɪmbǽrəs]

動 を当惑させる，に恥ずかしい思いをさせる
embárrassment 图 当惑
embárrassed 形 恥ずかしい，きまりが悪い
embárrassing 形 (人を) 当惑させるような

386

duty
[djú:ti]

图 義務；〔しばしば~ties〕職務；関税
▶ on [off] duty 勤務時間中 [外] で
duty-frée 形 免税の 图〔~s〕免税品

387

vote
[vout]

图 投票；〔普通the ~〕選挙権
動 投票する；を投票で決める
▶ vote for ~「~に (賛成の) 票を投じる」
vóter 图 有権者
vóting 图形 投票 (の)，選挙 (の)
▶ voting age 選挙権取得年齢

388

oppose
[əpóuz]

動 に反対する (≒ object to ~)(⇔ suppórt
→845)
oppósed 形 (~に) 反対して (to)
▶ as opposed to ~ ~に対して，~とは対照的に
opposítion 图 (~への) 反対 (to)；抵抗

395

389

immigration
[ìmɪɡréɪʃən]

名 (外国からの) 移住
▶ 「外国への移住」は emigrátion [èmɪɡréɪʃən]。
ímmigrant 名 (外国からの) 移民
ímmigrate 動 (外国から) 移住する

390

trait
[treɪt]

名 (人の性格などの) 特性, 特徴

391

gender
[dʒéndər]

名 (男女の) 性 (≒ sex)
▶ 社会的・文化的観点から見た「性」。

392

confidence
⑦ [ká(:)nfɪdəns]

名 (~に対する) 自信 (in); 信頼
cónfident 形 (~を) 確信して (of); 自信に満ちた
self-cónfident 形 自信のある

393

distinguish
発 [dɪstíŋɡwɪʃ]

動 を (~と) 区別する (from); (~の間の) 違いを見分ける (between)
distínguished 形 (~で) 著名な (for)

394

crisis
[kráɪsɪs]

名 危機
▶ 複数形は críses [kráɪsiːz]。
crítical [krítɪkəl] 形 危機的な; 批判的な

395

tribe
[traɪb]

名 部族
tríbal 形 部族の

フォニックスを通じて子供は何を学ぶのだろう。

① It is not easy for young children to learn how to read and write in the English language. ② The writing system of English can be too complex for them. ③ They first learn how to speak, so they know the sound of a word. ④ However, when it comes to the spelling, they often don't understand the form. ⑤ Phonics is the way many parents and schools choose for teaching how to read and write because it is designed to help children understand, for example, that the words "zone," "bone" and "phone" have a similar spelling and thus a similar sound. ⑥ Through this way, children learn what is the usual form and what sound to expect. ⑦ However, the sound of the word "one" being nothing like "bone" should not surprise children. ⑧ They are expected to realize that some words may include or not include the same form, and there is still a range of various sounds they may have. ⑨ The letters of the word "own" is included in "down" or "brown," but they don't have the same sound. ⑩ Over time, children can read and understand the sentence: "There is one brown bone, down by the phone, in my own zone."

語法・構文・表現

② **the writing system of ～**「～の筆記法」

④ **when it comes to ～**「～ということになると；～にかけては」

⑤ **phonics** 图「フォニックス」▶綴り字と発音の基本的な関係を教える教授法。
  the way ...「…する方法」
  help ～ *do*「～が…するのを手助けする」

フォニックス

📁 文化〔教育・学校・学問〕

①幼い子供にとって英語での読み書きの仕方を覚えるのは容易なことではない。②英語の筆記法は彼らには複雑すぎることがある。③彼らはまず話し方を学ぶので，単語の発音については知っている。④しかし綴りとなると，その形をわかっていない場合が多い。⑤フォニックスは，読み書きの仕方を教えるのに多くの親や学校が選択する方法である。というのもフォニックスは，たとえば zone, bone, phone は似た綴りを持ち，それゆえ似た発音になるといったことを，子供が理解するのを手助けするよう設計されているからである。⑥この方法を通じて，子供は普段使われる単語の形がどのようなものか，またどのような発音が予期されるかを学ぶのである。⑦しかし，one という単語の発音は bone の発音とまったく似てはいないが，それが子供を驚かせることはないはずだ。⑧単語の中には同じ形を含むことも，含まないこともあるかもしれず，なおかつ単語が持つかもしれない多様な発音にはある一定の幅があるのだと，子供は気づくはずである。⑨own という単語の文字は down や brown にも含まれるが，同じ発音ではない。⑩やがて子供は There is one brown bone, down by the phone, in my own zone.（私の所属区域には，電話のすぐ下に茶色の骨が一つある）という文を読んで理解できるようになるのだ。

〜〜〜

⑦ **the sound of the word "one" being nothing like "bone"**「one という単語の発音が bone の発音とまったく似ていないこと」▶the sound of the word "one" は動名詞句 being nothing like "bone" の意味上の主語。また the sound ... "bone" が文の主語になっている。

⑧ **a range of various sounds they may have**「単語が持つかもしれない多様な発音の幅」▶they の前に目的格の関係代名詞 that や which が省略されていると考える。

⑨ **letter** 图「文字」

⑩ **over time**「やがて；時が経つと」

📕 単語の意味を確認しよう。

396
language
発 [lǽŋgwɪdʒ]

名 言語；言葉（遣い）
▶ spoken language 話し言葉
▶ written language 書き言葉

397
complex
[kɑ̀(:)mpléks]

形 複雑な（⇔símple 簡単な）；複合の
名 [kɑ́(:)mplèks] 複合体

398
sound
[saʊnd]

名 音；音響
動 に聞こえる；の音がする；響く
形 健全な；しっかりした
副 （眠りについて）ぐっすりと

399
form
[fɔːrm]

名 形状；形態；（記入）用紙；（生物・病気などの）種類
動 を作る；を構成する
fórmal 形 正規の；格式ばった

400
design
[dɪzáɪn]

動 を設計する
be designed to *do* 「…するように設計されている」
名 デザイン；設計（図）

401
similar
[sɪ́mələr]

形 （～と；～の点で）似ている（to；in）
sɪ́milarly 副 同じように
similárity [sɪ̀məlǽrəti] 名 類似（点）

402
thus
発 [ðʌs]

副 したがって（≒thérefore）；このように（≒in this way）；たとえば（≒for example）
▶ thus far これまでのところ（≒until now, so far）

408

| 0 | 275 | 550 | 825 | 1100 |

403
expect
[ɪkspékt]

動 を予期する，と思う；を期待する
▶ expect されるものは，よいものとは限らない。
expect ~ to *do* 「〜が…する（のは当然）と思う」
expectátion 图 見込み；期待

404
realize
[ríːəlàɪz]

動 （…ということ；…か）を（はっきりと）理解する
(that 節；wh- 節)；を実現する
réal 形 現実の；本当の
réally 副 本当に；実は
reálity 图 現実（性）；現実のもの
realizátion 图 理解；実現

405
include
[ɪnklúːd]

動 を含む（⇔exclúde を（〜から）除外する）
inclúsion 图 含むこと；包括
inclúding 前 を含めて
inclúsive 形 包括的な；（〜を）含めて（of）

406
range
発 [reɪndʒ]

名 範囲；並び；（同種のものの）集まり
▶ a mountain range「山脈」
動 （AからBの）範囲にわたる（from *A* to *B*）

407
various
発 アク [véəriəs]

形 さまざまな
varíety [vəráɪəti] 图 多様（性）；種類
váry [véəri] 動 異なる（≒díffer）；変わる
variátion [vèəriéɪʃən] 图 変化（したもの）

408
sentence
[séntəns]

名 文；（宣告された）刑；判決
動 に判決を下す

🔍 筆者の宝物を盗んだ犯人は？

① My grandfather's watch is not worth a **fortune**, but it's **precious** to me. ② I was heartbroken when it went missing from my jewelry box. ③ I was **puzzled**, because nothing else was missing, and many of the rings and bracelets are more valuable than the watch. ④ I was convinced someone had stolen it, but was **reluctant** to **accuse** my roommates until I was **sure**, so I decided to set a **trap** to catch the thief. ⑤ I attached a **digital** alarm to the box so that if it were to be opened, there would be a loud siren noise. ⑥ Some days later, I was watching TV, when I was **interrupted** by the sound of the siren. ⑦ I leapt out of my chair and rushed to my room. ⑧ As I opened the door, I saw a black and white cat jumping out of the window. ⑨ Something in its mouth was **shining** in the sunlight. ⑩ I didn't stop to think. ⑪ I jumped out of the window too, and **chased** the cat … to the house next door. ⑫ My neighbor apologized and returned my belongings, which we found under the cat's cushion, along with several other **treasures**! ⑬ Since then I always keep my window **shut**.

◎語法・構文・表現

① *be* worth ~「~の価値がある」

② *be* heartbroken「悲嘆にくれている」
　jewelry box「宝石箱」

④ *be* convinced (that) ...「…という確信がある」
　thief 图「泥棒」

⑤ attach ~ to ...「~を…に取りつける」

⑥ ~, when ...「~すると、そのとき…」

⑦ leap out of ~「~から跳び上がる」(＝ jump out of ~)

ありえない泥棒

英文レベル ☆☆ **200 words**

📁 日常生活 [家庭・家族]

① 祖父からもらった腕時計は一<u>財産</u>に値するとは言えないが，私にとっては<u>貴重</u>な品である。② それが宝石箱からなくなったとき私は悲嘆にくれた。③ 私は<u>困惑した</u>。というのもほかには何一つなくなっていなかったし，そこにあった指輪やブレスレットの多くは，その時計よりも価値のあるものだったからだ。④ 誰かがそれを盗んだという確信をもっていたが，<u>確実</u>だと言えるまではルームメイトを<u>非難</u>するようなことは<u>したくなかった</u>ので，泥棒を捕まえるために<u>わな</u>を仕掛けることにした。⑤ 私は箱に<u>デジタル</u>アラームを取りつけて，万一それが開けられたら警笛が大きな音で響き渡るようにした。⑥ 数日後，テレビを見ていると，警笛の音がそれを<u>さえぎった</u>。⑦ 私は椅子から跳び上がり，自分の部屋に急いで向かった。⑧ ドアを開けると，白黒の猫が窓から飛び出していくのが見えた。⑨ 猫が口にくわえている何かが，日の光で<u>きらめいて</u>いた。⑩ じっくり考えるまでもなかった。⑪ 私も窓から飛び出し，猫の<u>後を追った</u>…そこは隣の家だった。⑫ 隣人は謝罪し，私の持ち物を返してくれた。それらは猫用クッションの下に，ほかのいくつかの<u>宝物</u>と一緒に見つかった！⑬ それ以来，私は常に窓を<u>閉めたまま</u>にしている。

⑩ **stop to think**「立ち止まって考える；じっくり考える」

⑫ **apologize** 動「謝罪する」
  ***one's* belongings**「所持品」
  ~, which we found under ...「それは…の下で見つかった」▶which 以下は直前の my belongings を補足説明する関係代名詞節。
  along with ~「~と共に；~に加えて」

⑬ **keep my window shut**「窓を閉めたままにする」▶keep O C という文型で「O を C の状態にしておく」という意味。

🔖 単語の意味を確認しよう。

---

409 **fortune** [fɔ́:rtʃən]	名 <u>財産；幸運</u> (⇔misfórtune 不運)；運勢 ▶ make a fortune「一財産を築く」 fórtunate [fɔ́:rtʃənət] 形 幸運な fórtunately 副 幸運にも (≒lúckily) 　　　　　　　　　(⇔unfórtunately → 360)
410 **precious** [préʃəs]	形 <u>貴重な</u> préciously 副 大切に
411 **puzzle** [pʌ́zl]	動 <u>を当惑させる</u> 名 なぞ，難問；(ジグソー) パズル púzzled 形 当惑した púzzling 形 人を当惑させる
412 **reluctant** [rɪlʌ́ktənt]	形 <u>気が進まない</u> (≒unwílling) *be* reluctant to *do*「…することに気が進まない」 relúctance 名 気乗りしないこと relúctantly 副 渋々
413 **accuse** [əkjú:z]	動 <u>を非難する</u>；を告訴する accuse A of B「A (人) をBのことで非難する」 ▶ accuse A of B は「告訴する，起訴する」の意味でも使う。 accusátion [ækjuzéɪʃən] 名 非難；告訴
414 **sure** [ʃʊər]	形 (〜を；…ということを) <u>確信して</u> (of；that節)； **きっと** (…する)(to *do*)；確実な ▶ make sure (〜を) 確かめる；(〜を；…ということを) 確実にする (of；that 節) 副 〔返答で〕はい，もちろん ▶ sure enough 案の定
415 **trap** [træp]	名 <u>わな</u> ▶ set a trap for 〜 〜にわなを仕掛ける 動 を陥れる；をわなで捕らえる

416 **digital** [dídʒətəl]	形 デジタル（方式）の（⇔ánalog アナログ式の） dígit 图（0から9までの）数字；（数の）桁
417 **interrupt** (発)(ア) [ìntərʌ́pt]	動 を (〜で) さえぎる (with)；を中断させる interrúption 图 邪魔（物）；中断
418 **shine** [ʃaɪn]	動 輝く；を磨いて光らせる（≒pólish） ▶ 活用：「輝く」shine - shone [ʃoʊn] - shone 「磨いて光らせる」shine - shined - shined 名 輝き
419 **chase** [tʃeɪs]	動 を追いかける（≒run after） 名 追跡
420 **treasure** (発) [tréʒər]	名 宝物；〔普通〜s〕大切なもの 動 を大切にする
421 **shut** [ʃʌt]	動 を閉める（≒close）；閉まる ▶ 活用：shut - shut - shut ▶ shut down（工場などが）休業する；（工場など）を閉鎖する 形 閉まった ▶ with one's eyes shut 目を閉じて shútter 图〔〜s〕（窓・店などの）シャッター

135

10代の窃盗集団について警察が懸念していることは何か。

①Police are looking for a group of teenagers who attacked some empty vehicles and stole valuables, including music players and GPS navigational systems. ②The incident occurred on Adams Street at around 2 o'clock in the night. ③Police arrived at the scene quickly and nearly caught the youths. ④However, they disappeared into neighboring narrow streets. ⑤The authorities are also examining some CCTV images from the site in the hope of identifying the youths. ⑥However, they admit that the images are not clear and doubt that they will be able to find the teens quickly. ⑦A police spokesperson said that it is obvious that the teens are from the area because they have knowledge of the local streets. ⑧They are probably responsible for previous robberies in the same area, so the police fear that they may repeat the crimes again soon. ⑨They are now appealing for any actual information that leads to catching the group.

語法・構文・表現 ◇◇

①**a group of teenagers who attacked ~ and stole ...**「~を襲撃し、…を盗んだ 10代の集団」 ▶who 以下は a group of teenagers を修飾する関係代名詞節。
GPS navigational system「GPSナビゲーションシステム」 ▶GPS = Global Positioning System（全地球測位システム）

②**incident** 图「事件；出来事」

⑤**CCTV** ▶closed-circuit television「有線テレビ」。防犯用の監視テレビなどのこと。
in the hope of *doing*「…することを願って」

📁 社会［事件・犯罪・事故］

① 警察は，何台かの無人の車を襲撃し，音楽プレーヤーと GPS ナビゲーションシステムなどの貴重品を盗んだ 10 代の集団を捜査している。② 事件は夜中の 2 時ごろにアダムズ通りで発生した。③ 警察は現場にすぐに駆けつけ，その若者たちをもう少しで捕まえるところだった。④ しかし彼らは近隣の狭い通りに消えた。⑤ 当局は，若者の身元を突き止めようと，現場の CCTV の画像も調べている。⑥ しかし当局は，画像が鮮明でないことを認め，その 10 代の若者をすぐには捜し出せないのではないかと思っている。⑦ 警察の広報担当は，その若者たちは地元の道路に精通しているので彼らがこの地域の出身であることは明らかであると語った。⑧ 彼らはおそらくこの同じ地域での以前の強盗にも絡んでおり，警察は再びすぐに彼らが犯罪を繰り返すのではないかと懸念している。⑨ 警察は現在，その集団の逮捕につながる実際のどんな情報も求めている。

---

⑦ **spokesperson** 图「広報担当；代弁者」

⑧ **robbery** 图「強盗」
　fear that ...「…ではないかと懸念する」

⑨ **appeal for ～**「～を（求めて）懇願する」
　any actual information that leads to catching the group「その集団の逮捕につながる実際のどんな情報も」 ▶that leads to catching the group は any actual information を修飾する関係代名詞節。

■ 単語の意味を確認しよう。

□□□ **422** **attack** [ətǽk]	動 を襲う，攻撃する；を非難する 名 攻撃；非難；発作 ▶ a heart attack「心臓発作」
□□□ **423** **steal** 発 [stiːl]	動 を盗む have ~ stolen「~を盗まれる」 ▶ 活用：steal - stole [stoul] - stólen [stóulən]
□□□ **424** **nearly** [níərli]	副 もう少しで；ほとんど（≒ álmost） near 前 の近くに 副 (時間・場所的に) 近くに nearbý 形 すぐ近くの 副 すぐ近くに
□□□ **425** **disappear** [dìsəpíər]	動 姿を消す（⇔appéar 姿を見せる） disappéarance 名 見えなくなること；失踪
□□□ **426** **narrow** [nǽrou]	形 (幅が)狭い(⇔broad→550, wide 広い)；やっとの ▶「(面積が) 狭い部屋」は a small room。 動 を狭くする；狭くなる
□□□ **427** **examine** [ɪgzǽmɪn]	動 を調べる；を検査する；を診察する examinátion 名 調査；試験；診察
□□□ **428** **identify** [aɪdéntəfàɪ]	動 を (~だと) 特定する (as)；を (~と) 同一のものと見なす (with) idéntity 名 同一性；身元 identificátion 名 同一 (人) 物であることの確認 idéntical 形 同一の (≒same)；非常によく似た

435

429

admit
[ədmít]

動 (…ということ) を (事実と) 認める (that節)
(⇔ dený →484)；(入場・入学) を認める

admíssion 图 容認；入学 [入会] 許可
▶ an admission fee 入場料

430

doubt
発 [daut]

動 を疑わしいと思う；(…) ではないと思う (that
節)

doubt if [whether] ... 「…かどうか疑わしい」

图 疑い

▶ no doubt たぶん，おそらく
dóubtful 形 疑わしく思う；疑わしい
dóubtless 副 疑いなく

431

obvious
発 [á(:)bviəs]

形 明らかな (≒ clear)

It is obvious that ... 「…だということは明らかだ」
óbviously 副 言うまでもなく；明らかに

432

previous
発 [prí:viəs]

形 前の (⇔ fóllowing 次の)

préviously 副 前に

433

repeat
アク [rɪpí:t]

動 を繰り返す

repetítion [rèpətíʃən] 图 繰り返し，反復

434

appeal
[əpí:l]

動 (〜の) 心に訴える (to)；(人に；〜を求めて；〜する
よう) 懇願する (to；for；to do)；(力・手段に) 訴
える (to)

图 訴え

appéaling 形 魅力的な；哀願的な

435

actual
[ǽktʃuəl]

形 実際の

áctually 副 実は；本当に

139

(33) Penicillin

ペニシリンはどういった過程で今日のように利用できるようになったのだろう。

① For thousands of years, penicillium, a kind of mold, was regarded by some cultures as a kind of treatment, though it was not exactly known how it helped the sick. ② Over time, scientists noticed that penicillium caused the death of bacteria in a few cases. ③ Many years had passed, and it was not until the 20th century that penicillin became the common medicine that we know of today. ④ In 1928 in the UK, Alexander Fleming discovered the antibacterial species of penicillium notatum, and called it "Penicillin G." ⑤ Then, in 1930, Cecil George Paine became the first doctor to cure his patients of eye disease with it. ⑥ Later, in 1957 in the US, the chemist John C. Sheehan advanced penicillin further by achieving the first chemical synthesis of penicillin. ⑦ Soon after that, the medicine was produced and made available for patients.

語法・構文・表現

① **penicillium, a kind of mold**「かびの一種であるペニシリウム」▶a kind of mold は penicillium の同格的説明。
treatment 图「治療薬」
the sick「病人」▶the＋形容詞は「～な人々」という意味を表す。

② **over time**「やがて；時間が経つと」

③ **it is not until ～ that ...**「～になって初めて［ようやく］…」▶not until the 20th century を強調した強調構文。
the common medicine that we know of today「今日知られているような一般的な薬剤」▶that 以下は the common medicine を修飾する関係代名詞節。

ペニシリン

英文レベル ☆☆

140 words

📁 科学・技術 [化学・金属]

　①何千年もの間，かびの一種であるペニシリウムは，文化によっては一種の治療薬と見なされることもあった。もっともそれがどのように病人を助けるのか正確にはわかっていなかったが。②やがて科学者は，いくつかの事例でペニシリウムがバクテリアを死滅させることに気がついた。③何年も経ち，20世紀になってようやく，ペニシリンは今日知られているような一般的な薬剤となった。④1928年イギリスで，アレキサンダー・フレミングがペニシリウム・ノターツムという抗菌性の種を発見し，それを「ペニシリンG」と呼んだ。⑤そして，1930年に，セシル・ジョージ・ペインが目に病気を患った患者をそれを使って初めて治療した医師となった。⑥その後，1957年アメリカで，化学者のジョン・C・シーハンが初めてペニシリンの化学的全合成を達成することによって，ペニシリンをさらに進歩させた。⑦その後まもなく薬剤が生産されて患者が利用できるようになったのである。

---

④ **antibacterial** 形「抗菌性の」
　penicillium notatum 「アオカビ；ペニシリウム・ノターツム」

⑤ **the first ～ to** *do* 「最初に…した～」
　cure 動「～を治療する」

⑥ **chemist** 名「化学者」
　further 副「さらに」
　synthesis 名「合成；統合」

単語の意味を確認しよう。

436

regard
[rɪɡáːrd]

動 を (〜と) 見なす (as)
► regard 〜 to be ... は不可。

名 配慮；敬意
► with [in] regard to 〜「〜に関して」
► in this regard「この点については」
　regárding 前 に関しては
　regárdless 形 (〜に) 注意を払わない (of)
► regardless of 〜「〜に (も) かかわらず」

437

culture
[kʌ́ltʃər]

名 文化
　cúltural 形 文化の；教養の

438

notice
[nóutəs]

動 (に) 気づく；(に) 注目する
► notice 〜 do [doing] 〜が…する [している] のに気づく

名 注目；通知；掲示
► take notice 気づく；気にかける
　nóticeable [nóutəsəbl] 形 人目を引く

439

death
[deθ]

名 死
　die [daɪ] 動 死ぬ
► 現在分詞形は dying。
　dead 形 死んだ

440

common
[ká(:)mən]

形 共通の；一般的な；よくある
► common sense 常識, 良識
► have 〜 in common (with) (…と) 共通して〜を持つ
　cómmonly 副 一般的に

441

medicine
[médsən]

名 薬；医学
► take (a) medicine「薬を飲む」(drink を用いない)
　médical [médɪkəl] 形 医学の

442

discover
[dɪskʌ́vər]

動 を発見する；に気づく
　discóvery 名 発見

0	275	550	825	1100

443

species
(発) [spíːʃiːz]

名 **(生物の) 種**(しゅ)**；**〔the / our ～〕**人類**
▶ 単数形も複数形も species。

444

disease
(発) [dizíːz]

名 **病気**(≒ íllness, síckness)
▶ dis-「～でない」+ ease「安楽な状態」=「体に苦痛がある
こと」

445

advance
[ədvǽns]

動 **前進する；を進める**

名 **前進；進歩**
▶ in advance「前もって」(≒ befórehand)
  advánced 形 進歩した；上級の
▶ an advanced technology「先進技術」

446

achieve
[ətʃíːv]

動 **を達成する；を成し遂げる**
  achíevement 名 達成；業績

447

chemical
(発) [kémikəl]

形 **化学 (上) の**

名 **化学製品 [薬品]**
  chémistry 名 化学
  chémist 名 化学者

448

produce
(アク) [prədjúːs]

動 **を生産する；を製造する；を産出する**

名 [próudjuːs] **(農) 産物；生産高**
  prodúction 名 製造；生産 (高)

449

available
(発) [əvéiləbl]

形 **(～にとって) 利用できる，入手できる** (for /
to)**；(人の) 手が空いている**
  availabílity 名 利用できること；有用性

143

34 The Unsolved Crime of D.B. Cooper

♀ D.B. クーパーが伝説になった理由とは？

① A crime is usually thought of as a bad thing, yet there are times when an unsolved crime becomes a legend that people remember for generations. ② The case of D.B. Cooper was one such story that proved to be unlike others. ③ On November 24th, 1971, Cooper, dressed as an ordinary gentleman in a suit, got onto a plane in Portland and held the passengers hostage for ransom by giving the flight attendant a note. ④ He ordered the airline to give him $200,000 and four parachutes in Seattle, where the plane was due to land. ⑤ After landing, the airplane was filled with gas and the hostages were led off the plane, free to go. ⑥ Then, the plane turned back, and went into the air. ⑦ After a few hours, Cooper jumped off the plane with the money and a parachute, and was never seen again! ⑧ Some people believed that Cooper took a big risk and died without ever spending the money, but in 1980, $5,880 of the money was found near a river. ⑨ Because of this strange evidence, and the question of whether he survived the jump, the account of D.B. Cooper has become a legend.

◎ 語法・構文・表現

① there are times when ... 「時に…する場合がある」
  unsolved 形「未解決の」
  a legend that people remember for generations 「人々が何世代も忘れずにいる伝説」 ▶that 以下は a legend を修飾する関係代名詞節。

② one such story that proved to be unlike others 「ほかの事件とは異なることが明らかになったそのような話の一つ」 ▶that 以下は one such story を修飾する関係代名詞節。

③ be dressed as 〜 in ... 「…を着て〜の服装をする」
  hold 〜 for ransom 「身代金目的で〜を監禁する」

未解決の D.B. クーパー事件

英文レベル ☆☆

194 words

 社会［事件・犯罪・事故］

①犯罪はたいてい悪いことと見なされるが，未解決の犯罪が，人々が何世代も忘れずにいる伝説となる場合もある。②D.B. クーパー事件は，ほかの事件とは異なることが明らかになった，そのような話の一つである。③1971 年 11 月 24 日，クーパーは，スーツ姿で普通の紳士のいでたちをし，ポートランドで飛行機に乗り，乗客を人質にとって，客室乗務員にメモを渡して身代金を要求した。④彼は航空会社に，飛行機が着陸する予定のシアトルで，現金 20 万ドルとパラシュート 4 つを彼に渡すよう命じた。⑤着陸後，飛行機の燃料を満タンにし，人質は飛行機から降りるよう誘導され，解放された。⑥そして飛行機は引き返し，空へと舞い戻った。⑦数時間後，クーパーは現金とパラシュートを身につけて飛行機から飛び降り，それ以降再び彼の姿を見たものはいない！⑧なかにはクーパーが大きな危険を冒し，お金を使うことなく死んだのだと考える者もいたが，1980 年，彼が持っていった現金のうち 5,880 ドルがある川辺で発見された。⑨この奇妙な証拠と，彼が飛行機から飛び降りて生き延びたのかどうかという疑問によって，D.B. クーパーの話は伝説となったのである。

---

passenger 图「乗客」
hostage 图「人質」
flight attendant「客室乗務員」

④ **order ~ to *do***「~に…するよう命じる」
airline 图「航空会社」
parachute 图「パラシュート」

⑨ **account** ▶「（書かれたり話されたりした）説明」のことだが，本文では「（人々の口にのぼった）話」という意味で用いられている。

■ 単語の意味を確認しよう。

450
crime
[kraɪm]

名 犯罪
críminal 名 犯罪者；犯人　形 犯罪の

451
generation
[dʒènəréɪʃən]

名 世代；発生；生産
génerate 動 を生み出す；を発生させる
génerator 名 発電機

452
prove
発 [pru:v]

動 (…ということ) を証明する (that節)；(…だと) わかる (to be)(≒ turn out)
proof [pru:f] 名 証明；証拠

453
unlike
[ʌnláɪk]

前 ~と違って
▶ 否定文の場合，unlike は否定語よりも前に置く。
like 前 ~のような [に]，~に似て

454
ordinary
アク [ɔ́:rdənèri]

形 普通の；並の (⇔extraórdinary→210)
▶ 「正常な；標準の」の意味では normal を使う。
ordinárily 副 普通は

455
order
[ɔ́:rdər]

動 を (~に) 注文する (from)；を (人) に命令する

名 注文；命令；順序；正常な状態
▶ out of order 故障して
▶ in order to do …するために

456
fill
[fɪl]

動 を満たす (⇔émpty→807)；いっぱいになる
fill A with B 「AをBで満たす」
full 形 (~で) いっぱいの (of)

146

462

457

lead
[li:d]

動 を (〜に) 導く (to)；を (…するよう) 仕向ける (to do)；(〜に) 至る (to)
▶ 活用：lead - led [led] - led

名 先頭；主導
léading 形 先頭に立つ；第一級の

458

free
[fri:]

形 自由な；暇な；無料の
be free to *do* 「自由に…できる」
fréedom 名 自由

459

turn
発 [tə:rn]

動 の向きを変える；を (〜に) 変える (into)；(の方を) 向く (to)；曲がる；(に) なる
turn on [off] 〜 「(スイッチなど) を入れる [消す, 切る]」
▶ turn out (to be) 〜 「〜であることが判明する」

名 順番；方向転換
▶ in turn 「(結果として) 今度は；順番に」

460

risk
[rɪsk]

名 危険 (性)
▶ take [run] a risk [risks] 「危険を冒す」

動 を危険にさらす
rísky 形 危険な

461

evidence
[évɪdəns]

名 証拠 (≒ proof)；根拠
évident 形 明白な

462

survive
ア [sərváɪv]

動 (を) (切り抜けて) 生き残る；より長生きする
survíval 名 生き残る [延びる] こと
survívor 名 生存者

147

(35) Clinical Therapy

⚲ 臨床治療においてセラピストが患者に対して行うことは何か。

① In 1879, the first laboratory for psychology was opened at the University of Leipzig by Wilhelm Wundt, a German psychologist. ② Many students from all over the world came to study the **mind** and how it worked. ③ As the field of psychology **developed** over time, clinical **therapy**, also known as psychotherapy, became a way to help patients **deal** with their **mental** problems. ④ In this kind of therapy, the patient **expresses** his or her **private thoughts** to a therapist. ⑤ After listening, the therapist **determines** whether or not the patient has a psychological illness. ⑥ If there is a **significant** problem in the **brain**, the patient may need help from a psychiatrist, a special kind of psychologist who is also a doctor. ⑦ If it is smaller, the therapist may only need to **suggest** to the patient some ideas on how to **improve** his or her **condition**. ⑧ Sometimes, a patient **believes** there is something very wrong with them. ⑨ However, the therapist thinks that the patient only needs, for example, to relax or exercise more often to handle stress.

語法・構文・表現

① **laboratory** 图「研究所」
② **student** 图「研究者」
③ **over time**「やがて；時が経つと」
  clinical 厖「臨床の」
④ **therapist** 图「セラピスト；心理療法の専門家」
⑤ **psychological** 厖「心の；心理の」

📁 日常生活 [健康・医療]

　① 1879 年，最初の心理学研究所がドイツの心理学者ヴィルヘルム・ヴント によって，ライプツィヒ大学に開設された。② 心の研究および心がどのように 機能するかについての研究をするために，世界中から多くの研究者がやって来 た。③ やがて心理学の分野が発達するにつれ，臨床治療 —— 心理療法としても 知られる —— が，患者が自らの心の問題に対処するのを助ける一つの方法と なった。④ この種の診療においては，患者が（胸の内にある）私的な思いをセラ ピストに言い表すことになる。⑤ セラピストは，患者の話に耳を傾けた後，患 者が心の病を患っているかどうかを判断する。⑥ 脳に重大な問題が見つかった 場合には，その患者は精神科医，すなわち医師でもある特殊な心理学者の助け を必要とするかもしれない。⑦ 問題が小さければ，セラピストは，状態を改善 する方法について患者にいくつか考えを提案するだけでいいかもしれない。 ⑧ ときに患者は，自分はどこかが非常に具合が悪いのではないかと考えてしま う。⑨ しかしセラピストは，その患者には，たとえばストレスに対処するため にもっとリラックスしたり，運動をしたりすることだけが必要だと考えるので ある。

---

⑥ **a psychiatrist, a special kind of psychologist who is also a doctor**「精神科 医，すなわち医師でもある特殊な心理学者」▶a special kind ... also a doctor は a psychiatrist の同格的説明。who 以下は a special kind of psychologist を修飾する 関係代名詞節。

⑦ **suggest to the patient some ideas on ...**「患者に…についてのいくつかの考え を提示する」▶some ideas 以下は suggest の目的語である名詞句。

⑧ **there is something wrong with ~**「~はどこか調子が悪い」▶with に続く them は a patient を指している。them は him or her の代用として用いられることがある。

35 Clinical Therapy

📙 単語の意味を確認しよう。

463

mind
[maɪnd]

名 心, 精神 (⇔ bódy 肉体);知性
bear [keep] ~ in mind 「~を心に留める」
▶ make up *one's* mind (to *do*)「(…しようと)決心する」

動 (…すること)を嫌だと思う (*doing*)

464

develop
⑦ [dɪvéləp]

動 を開発する;を発達させる;発達する
devélopment 名 発達;開発
devéloping 形 発展途上の
▶ developing countries 開発途上国
devéloped 形 高度に発展した
▶ developed countries 先進諸国

465

therapy
[θérəpi]

名 (心理)療法;治療
therapéutic [θèrəpjúːtɪk] 形 治療の
thérapist [θérəpɪst] 名 治療士, セラピスト

466

deal
[diːl]

動 〔deal with で〕に対処する, を扱う
▶ 活用:deal - dealt [delt] - dealt

名 取引
déaler 名 (取扱)業者

467

mental
[méntəl]

形 精神の (⇔ phýsical→111);知能の
méntally 副 精神的に

468

express
[ɪksprés]

動 を表現する

形 急行の;急ぎの

名 急行列車 [バス]
expréssion 名 表現
expréssive 形 表現 [表情] に富む

469

private
⑨⑦ [práɪvət]

形 個人的な (⇔ públic 公の);私有の;私立の
▶ a private school「私立学校」
prívacy 名 私生活

477

| 0 | 275 | 550 | 825 | 1100 |

470
thought
発 [θɔːt]

名 (…という) 考え (of (*doing*) / that節)；思考
▶ have second thought(s) 考え直す
thóughtful 形 思慮深い

471
determine
発 [dɪtə́ːrmɪn]

動 を決定する；を突き止める
detérmined 形 決意した
▶ be determined to *do*「…することを決意している」

472
significant
アク [sɪɡnífɪkənt]

形 重要な；意義深い
signíficance 名 重要性 (≒ impórtance)；意義

473
brain
[breɪn]

名 脳；〔しばしば~s〕頭脳
▶ brain death「脳死」

474
suggest
[səɡdʒést]

動 (…ということ；…すること) を提案する (that節；
doing)；を示唆する
suggéstion 名 提案；示唆
suggéstive 形 示唆に富む

475
improve
発 [ɪmprúːv]

動 を改善する；よくなる
▶ improve on ~「~をよりよいものにする」
impróvement 名 (~の点での) 改善 (in)

476
condition
[kəndíʃən]

名 〔~s〕状況；状態；条件
▶ on (the) condition that ...「…という条件で」
動 の調子を整える；を条件づける
condítional 形 条件つきの

477
believe
[bɪlíːv]

動 (…ということ) を信じる，(…だ) と思う (that節)；
信じる
▶ believe in ~「~の存在を信じる」
belíef 名 信じること；信念

151

36 *The Night Of*

① How would you **react** if you were accused of a crime you did not **commit**? ② A television show, *The Night Of*, tells the story of Naz, a young man who is accused of murder. ③ It begins when he makes a decision that he will later **regret**. ④ He **borrows** his father's taxi without permission. ⑤ He meets a woman who is later killed, and Naz is blamed. ⑥ The police think he is guilty because they find a **weapon** in his coat pocket. ⑦ He took a knife when he **rushed** away from the woman's home. ⑧ Naz **denies** committing the crime. ⑨ The police **gather** evidence that makes Naz look very guilty. ⑩ Some of the things the police learn about Naz **disappoint** his strict parents. ⑪ For example, the police **ban** phones in jail, but Naz uses one anyway. ⑫ Naz hires a lawyer, who **informs** him that he might be able to prove that Naz did not hurt anyone. ⑬ The lawyer costs a lot of money, but he works for free because there is no money in Naz's **budget**. ⑭ Eventually, the case goes to **trial**.

語法・構文・表現

① accuse ～ of ... 「～を…のことで告訴する」
a crime you did not commit 「あなたが犯していない罪」 ▶you の前に目的格の関係代名詞 that や which が省略されていると考える。

② a young man who is accused of murder 「殺人の罪に問われた若者」
▶who 以下は a young man を修飾する関係代名詞節。

③ a decision that he will later regret 「彼がのちに後悔することになるとある決断」
▶that 以下は a decision を修飾する関係代名詞節。

④ permission 图「許可」

⑤ a woman who is later killed 「のちに殺される女性」 ▶who 以下は a woman を修飾する関係代名詞節。
blame 動「～のせいにする」

⑥ guilty 形「有罪の」

152

『ザ・ナイト・オブ』

📁 社会 [事件・犯罪・事故]

①犯していない罪で訴えられたら，あなたはどう対応するだろうか。②テレビドラマ『ザ・ナイト・オブ』は，殺人の罪に問われた若者ナズの話を描いている。③それは，彼がのちに後悔することになるとある決断を下すところから始まる。④彼は許可を得ることなく父親のタクシーを借りる。⑤ナズはある女性と出会うが，彼女はのちに殺され，彼のせいだとされる。⑥警察は，彼の上着のポケットに武器を見つけ，彼が有罪だと考える。⑦彼は女性の家から急いで出ていくとき，ナイフを持っていたのだ。⑧ナズは罪を犯したことを否定する。⑨警察はナズがまぎれもなく有罪だと思わせる証拠を集める。⑩警察が知ることになるナズについての事実のいくつかが，彼の厳格な両親を失望させる。⑪たとえば，拘留中に警察から電話の使用を禁じられているにもかかわらず，彼はそれをどうにか使ってしまう。⑫ナズは弁護士を雇うと，彼は，ナズが誰も傷つけていないことを証明できるかもしれないと彼に告げる。⑬この弁護士には大金がかかるが，ナズには使えるお金がないので，弁護士はただ働きになってしまう。⑭最終的に，この事件は裁判にかけられるのだ。

---

⑨ **evidence that makes Naz look very guilty**「ナズがまぎれもなく有罪だと思わせる証拠」 ▶that 以下は evidence を修飾する関係代名詞節。

⑩ **Some of the things the police learn about Naz**「警察が知ることになるナズについての事実のいくつか」 ▶the police の前に目的格の関係代名詞 that や which が省略されていると考える。

⑪ **jail** 名「拘置所；刑務所」

⑫ **hire** 動「〜を雇う」
prove that ...「…ということを証明する」
hurt 動「〜を傷つける」

⑬ **for free**「無料で」

⑭ **eventually** 副「最終的に」

■ 単語の意味を確認しよう。

478
react
[riækt]

動 (刺激・出来事などに) **反応する** (to)

reáction 图 反応；反動

479
commit
[kəmít]

動 (罪・過失など) **を犯す**；(金・人・時間など) **を** (~に) **投入する** (to)；(~に) **深く関わる** (to)

▶ *be* committed to ~ 「~に専心する，~を約束する」
▶ commit suicide 自殺する

commítment 图 関わり；約束
commíssion 图 委員会；委任；任務；手数料

480
regret
[rɪgrét]

動 (…したこと；…ということ) **を後悔する** (*doing*；that 節)；(…すること) **を残念に思う** (to *do*)

名 **後悔，残念**

▶ to *one's* regret 「残念なことに」

regréttable 厖 (出来事などが) 残念な
regrétful 厖 (人が) 後悔している

481
borrow
[bɔ́(ː)rou]

動 **を (無料で) 借りる** (⇔lend→205)

▶ borrow は「移動できるもの (金銭など) を無料で借りる」，use は「移動できないもの (トイレなど) を無料で借りる」の意味。

482
weapon
発 [wépən]

名 **兵器；武器**

▶ 比喩的に「強み」の意味でも使われる。

483
rush
[rʌʃ]

動 (~に) **急いで行く** (to)

▶ hurry よりも大慌てで行動することを意味する。

名 **突進；混雑**

▶ (the) rush hour(s) 混雑時，ラッシュアワー

484
deny
発 [dɪnáɪ]

動 **を否定する** (⇔admit→429)；**を拒む**

deny *doing* 「…する [した] ことを否定する，…していないと言う」

deníal [dɪnáɪəl] 图 否定；拒否

154

490

| 0 | 275 | 550 | 825 | 1100 |

485
gather
[gǽðər]

動 を集める (≒colléct), 拾い集める；集まる
▶ gather は「集める」の一般的な語。collect は目的を持って「集める」。
gáthering 图 集まる [集める] こと；集会

486
disappoint
[dìsəpóint]

動 を失望させる
disappóintment 图 失望
disappóinted 形 がっかりした
disappóinting 形 がっかりさせる (ような)

487
ban
[bæn]

動 を (公式に) 禁止する (≒prohíbit, forbíd)
图 (法律による)(~の) 禁止 (on)
▶ 禁止の度合いは ban, prohibit, forbid の順に弱くなる。

488
inform
[infɔ́ːrm]

動 に (~を；…だと) 知らせる (of / about；that 節)
▶ keep ~ informed of ... 「~ (人) に…を逐一知らせる」
informátion 图 情報
infórmed 形 情報に基づく
▶ informed consent「インフォームド・コンセント」(医師による十分な説明を受けた上での同意)

489
budget
[bʌ́dʒət]

图 予算 (案)；経費
▶ a family budget「家計」

490
trial
[tráiəl]

图 裁判；(品質などの) 試験
▶ on trial「裁判にかけられて；試しに」
▶ trial and error「試行錯誤」
try 動 (を) 試みる

155

ヘンリーの店にある商品の特徴とは。

① There is a popular antique shop in my town which is run by a **neighbor** of mine, Henry. ② The shop, which his father originally **founded** by **renting** a small garage, is now **composed** of **multiple sections** filled with treasures and curiosities. ③ Every kind of object can be seen in his shop: books, toys, furniture, jewelry, tools, ornaments, paintings, and artworks. ④ Last week, when I found a unique **ape** sculpture carved out of stone and asked him how much it was just to satisfy my curiosity, I was surprised because he said it was $50,000. ⑤ He explained that sculpture had been owned by a famous movie star to commemorate an appearance in a well-known ape movie. ⑥ Although I've never seen the movie, I knew the story because I was a big fan of its novel **version**. ⑦ Henry also showed me a bronze shield which, according to legend, was used by the King of Pontus as he **defended** himself against its enemy. ⑧ Most of Henry's antiques are **linked** to interesting stories. ⑨ All his items are covered by **insurance** in case the store was deprived of any of the valuable items. ⑩ Henry has now earned a **reputation** and **credit** for having rare and interesting items for sale, and has gained some fame **overseas** for his expertise. ⑪ He even **exports** antiques all around the globe.

◎語法・構文・表現 〰〰〰〰〰〰〰〰〰〰〰〰〰〰〰〰〰〰〰〰〰〰〰〰〰〰〰〰〰〰〰〰〰〰〰

② **section** ▶「区分」の意味だが, ここでは「店の中の区分」から転じて「売り場」という意味で用いられている。
curiosity 图「珍品；好奇心」

③ **ornament** 图「装飾品」

⑤ **commemorate** 勵「～を記念する」
appearance 图「出演」

📁 産業〔商業・貿易・商取引〕

① 私の町に，ヘンリーという私の隣人が経営している人気のある骨董品店がある。② もともと彼の父が小さなガレージを借りて設立したその店は，今ではお宝と珍品でいっぱいの多数の売り場から成る。③ 彼の店には，本，玩具，家具，宝飾品，道具，装飾品，絵画，美術作品など，あらゆる種類のものが見られる。④ 先週，石を彫って作られた変わったサルの彫刻を見つけて，好奇心を満たしたいがためにそれがいくらなのか彼に尋ねたところ，5万ドルだと言われて驚いてしまった。⑤ 彼の説明によれば，その彫刻は有名な映画俳優がよく知られたサルの映画に出演したのを記念して手に入れたものだという。⑥ 私はその映画を見たことはないが，その小説版の大ファンなので物語は知っていた。⑦ ヘンリーは青銅製の盾も見せてくれた。言い伝えによると，それはポントス王が敵から身を守るときに使われたものだそうだ。⑧ ヘンリーの店にある骨董品のほとんどは興味深い物語と結びついている。⑨ 彼の商品はすべて，店から何であれ価値ある品物が奪われた場合に備えて，保険がかけられている。⑩ ヘンリーは今や珍しく興味深い商品を扱っていることで，評判と信用を得ており，彼の専門知識は海外でも一定の名声を獲得している。⑪ 彼は骨董品を世界中に輸出してもいる。

⑦ a bronze shield which, according to legend, was used by ... 「言い伝えによると…によって使われた青銅製の盾」▶which 以下は a bronze shield を修飾する関係代名詞節。according to legend の部分は挿入句。

⑨ in case ... 「…の場合に備えて」

⑩ expertise 图「専門知識」

37 An Antique Merchant

単語の意味を確認しよう。

491 **neighbor** [néɪbər]	名 隣人，近所の人 néighborhood 名 近所（の人々）；周辺地域 néighboring 形 隣の，近隣の
492 **found** [faʊnd]	動 を設立する（≒estáblish）；の基礎を作る foundátion 名 基礎；設立 fóunder 名 創設者
493 **rent** [rent]	動〔主に 米〕を賃借りする；を賃貸しする 名 家賃；使用料 ▶ The rent is too high. 「家賃が高すぎる。」 réntal 名 賃貸し[賃借り]すること；使用料 形 賃貸の
494 **compose** [kəmpóʊz]	動 を構成する；(曲など)を創作する *be* composed of ~ 「~で構成されている」 ▶ 進行形では使わない。 composítion 名 構成；作曲；作文 compóser 名 作曲家
495 **multiple** [mʌ́ltɪpl]	形 多くの(部分から成る)；さまざまな múltiply [mʌ́ltɪplàɪ] 動 (数)を掛ける；増殖する ▶ multiply 3 by 7 3に7を掛ける
496 **section** [sékʃən]	名 部分；(文書などの)節；(会社などの)部門
497 **ape** [eɪp]	名 類人猿 ▶ チンパンジー，ゴリラ，オランウータンなど。

505

```
0          275         550         825         1100
```

498 **version** [vɔ́ːrʒən]	名 (製品などの) …版 (of)；(作品・事件などの) 解釈
499 **defend** [dɪfénd]	動 を (～から) 守る (against / from) defénse 名 防御 (⇔offénse 攻撃) defénder 名 防御者 defénsive 形 防御 (側) の
500 **link** [lɪŋk]	名 (～との；～間の) 関連，つながり (to / with；between) 動 を (～に) つなぐ (to / with)；を (～に) 関連づける (to / with)
501 **insurance** [ɪnʃʊ́ərəns]	名 保険；保険料 have insurance on ～「～に保険をかけている」 insúre 動 に保険をかける
502 **reputation** [rèpjutéɪʃən]	名 評判；名声 have a ～ reputation「～な評判だ」 ▶ a person of good [bad] reputation 評判のよい [悪い] 人
503 **credit** [krédət]	名 信用；名誉；信用貸し 動 には (～の) 功績があると思う (with)；(功績など) を (～に) 帰する (to)
504 **overseas** [òuvərsíːz]	副 海外へ [に，で] 形 海外の
505 **export** [ɪkspɔ́ːrt]	動 を (～へ) 輸出する (to)(⇔impórt→199) ▶ ex- 外へ＋ port 運ぶ 名 [ékspɔːrt] 輸出；〔普通～s〕輸出品 [額] exportátion 名 輸出 (品) expórter 名 輸出業者 [国]

159

38 A Newspaper Strike

新聞販売員がストライキをして変わったこととは？

① Toward the end of the 19th century, *the World* and *the Journal* were two of the largest newspaper companies in New York City. ② They challenged each other to spread their newspapers to the most readers in the local area. ③ At this time, their newspapers were mostly sold by newsies, who were mostly young, male children from the poor working class. ④ The policy was that the newsies first had to buy the papers from the companies. ⑤ The newsies' wages from the newspaper trade were often too low because they could not always sell every paper they bought. ⑥ One day, the companies raised the cost of the newspapers for the newsies by ten cents per paper, which made the situation worse. ⑦ On July 21, 1899, the newsies held a strike. ⑧ After two weeks, they didn't get exactly what they demanded, but they won in another way. ⑨ Because of the strike, the newspaper industry was changed; all the newspapers that were not sold could be brought back to the companies. ⑩ This meant that they never again had to be deprived of money from being a newsie! ⑪ They ended the strike and disbanded the union on August 2, 1899.

語法・構文・表現

① toward 前「〜頃に；〜近くに」

② spread ▶「〜を広げる」の意味だが，ここでは「（新聞）を広く行きわたらせる」の意味で用いられている。

③ mostly 副「たいてい（の場合）」
newsie / newsy 图「新聞販売員；新聞配達人」
male ▶「男性の」という意味だが，全文訳では male children を「少年」としている。
working class「労働者階級」

⑤ trade ▶「貿易」の意味だが，ここでは「商売」の意味で用いられている。

⑥ per 前「〜につき」

📁 産業［商業・貿易・商取引］

　① 19 世紀末ごろ，ワールド紙とジャーナル紙はどちらもニューヨーク市における最大手新聞<u>社</u>の一つであった。② 彼らは<u>地元</u>の地域で自分たちの新聞を<u>広く行きわたらせて</u>，購読者数を最も多く獲得しようと，互いに<u>競い合っていた</u>。③ 当時，彼らの新聞はほとんど，新聞販売員によって売られていた。販売員はたいていの場合，貧しい労働者階級出身の幼い少年だった。④ 会社の<u>方針</u>として，販売員はまず新聞社から新聞を買い取らなければならなかった。⑤ 買い取った新聞をいつもすべて売り切ることができるわけではなかったため，販売員が新聞<u>販売業</u>で得られる<u>賃金</u>はあまりにも低いということが多々あった。⑥ ある日，新聞社が販売員に売る新聞価格を 1 部につき 10 セント<u>値上げし</u>，このことで<u>事態</u>がさらに悪化した。⑦ 1899 年 7 月 21 日，販売員たちはストライキを行った。⑧ 2 週間後，彼らは，まさに<u>要求した</u>通りのものを手に入れたわけではなかったが，別の形で<u>勝利を手に入れた</u>。⑨ ストライキによって，新聞業界に変化が起こった。売れ残った新聞は新聞社にすべて戻すことができるようになったのである。⑩ これによって販売員が販売員であることでお金を<u>奪われる</u>必然性は二度となくなったのである！⑪ 彼らは 1899 年 8 月 2 日にストライキをやめ，<u>組合</u>を解散した。

..., which made the situation worse「…，このことで事態がさらに悪化した」
▶which の先行詞は前の文全体で，which 以下の関係代名詞節で前文の内容に説明を加えている。make O C は「O を C にする；（S によって）O が C になる」という意味。

⑦ **strike** 图「ストライキ」

⑨ **all the newspapers that were not sold**「売れ残った新聞すべて」▶このひとかたまりが文の主語。that 以下は all the newspapers を修飾する関係代名詞節。

⑪ **disband the union**「組合を解散する」▶ここでの union は newsie たちがストライキをするために組んだ集団のこと。

📔 単語の意味を確認しよう。

506

company

[kámpəni]

名 会社；仲間；付き合い

accómpany 動 に同伴する

compánion [kəmpænjən] 名 連れ；付き添い

507

challenge

⑦ [tʃælɪndʒ]

動 に異議を唱える；に挑戦する

名 挑戦；課題

chállenging 形 やりがいのある

508

spread

⑰ [spred]

動 広がる；を広げる

▶ 活用：spread - spread - spread

名 広まり

wídespread 形 広範囲にわたる

509

local

[lóʊkəl]

形 その土地の，地元の；局所の

▶「田舎の」という意味ではない。

名 米(各駅停車の) 列車 [バス]

510

policy

[pá(:)ləsi]

名 政策，方針

511

wage

[weɪdʒ]

名 〔しばしば～s〕賃金

▶ 主に肉体労働に支払われる時給・日給・週給などの「賃金」のこと。

512

trade

[treɪd]

名 貿易；取引；職業

動 (~と) 取引する (with)；(~を) 商う (in)；(人と) を交換する (with)

▶ trade A for B「AをBと交換する」

tráder 名 貿易業者；株の仲買人

519

0	275 550 825 1100

513
raise
(発) [reɪz]

動 を上げる；〔主に 米〕(子供) を育てる (≒ bring up)；(資金など) を集める

名 上げること；米 昇給 (英 rise)

514
situation
[sìtʃuéɪʃən]

名 状況；立場；位置
sítuated 形 (ある場所に) 位置している

515
demand
[dɪmǽnd]

動 を要求する；を必要とする
demand that ～ (should) do 「～が…することを要求する」

名 要求；需要 (⇔ supplý 供給)
demánding 形 骨の折れる，手間のかかる

516
win
[wɪn]

動 (に) 勝つ (⇔ lose→291)；を獲得する
▶ 活用：win - won [wʌn] - won
wínner 名 勝者 (⇔ lóser 敗者)

517
industry
(ア) [índəstri]

名 産業；勤勉
indústrial 形 産業の
indústrious 形 勤勉な (≒ díligent)

518
deprive
[dɪpráɪv]

動 (人) から奪う (≒ rob)
▶ 「(権利や自由などのような) 大切なものを奪う」こと。
deprive A of B 「A (人) から B (物) を奪う」

519
union
[júːnjən]

名 組合；連合
▶ the European Union 欧州連合

163

39 NY Public Schools

① Stories of how hard it is to get into a good school often scare parents living in New York. ② For elementary education, students go to a school in their district. ③ Apartments in a good school district are very expensive. ④ In middle school, some smart kids can test into better school. ⑤ For high school, students must compete with each other to test into the best schools. ⑥ Many parents hire a tutor to help their children prepare for tests.

⑦ Some parents have launched a campaign to get rid of the tests. ⑧ They think that they are too stressful for students. ⑨ They propose that children have more talents than a test can measure. ⑩ Opponents of the tests ask how a test that consists mostly of math and English exposes a talent for music or art. ⑪ They also say there is no guarantee that doing well on a test means that a student is ready to learn. ⑫ Or they may have done poorly because they were sick with a virus. ⑬ They even worry that great schools will be dominated by children whose parents hired tutors, and there will not be a diversity of different types of children.

語法・構文・表現

④ middle school「中等学校」 ▶小学校の高学年から中学校に至る5～8学年。

⑤ compete 動「競争する」

⑥ tutor 名「家庭教師」

⑦ campaign 名「(社会的) 運動」

⑧ stressful 形「ストレスがかかっている」

⑨ talent 名「才能」

⑩ a test that consists mostly of math and English「主に数学や英語から成るテスト」 ▶that 以下は a test を修飾する関係代名詞節。

ニューヨークの公立学校

📁 文化 [教育・学校・学問]

① 良い学校に入ることがいかに難しいかという話は，しばしばニューヨークに住む親たちを<u>おびえさせる</u>。② 初等教育を受けるために，生徒は自分の<u>地区</u>にある学校に通うことになる。③ 良い学校の学区内にあるアパートは，非常に高価である。④ 中等学校になると，<u>賢い</u>子供はより良い学校に入るテストを受けることもできる。⑤ 高等学校に入るには，最良の学校に入るテストを受けるために，生徒はお互い<u>競争し合わ</u>なければならない。⑥ 多くの親は，子供のテストの準備を手助けするため，家庭教師を<u>雇う</u>。

⑦ テストを<u>廃止する</u>ための運動を<u>始める</u>親も出てきている。⑧ 彼らは，テストは子供にとって負担が重すぎると考えている。⑨ 子供たちにはテストで測れるより多くの才能があるのだと<u>訴えている</u>。⑩ テストに<u>反対する人たち</u>は，主に数学や英語から<u>成る</u>テストで，どのようにして音楽や美術の才能を<u>明らかにする</u>のかと問うている。⑪ 彼らは，テストで良い成績がとれるからと言って，生徒が進んで学ぶようになっていることを意味する<u>保証</u>はないとも言う。⑫ あるいは，<u>ウイルス</u>に感染して具合が悪かったためにテストで悪い成績をとってしまった可能性もあるかもしれない。⑬ 優れた学校が，親が家庭教師を雇った子供で<u>占められ</u>，異なるタイプの子供から成る<u>多様性</u>がなくなるのではないかとさえ，彼らは懸念している。

---

⑪ **guarantee that doing well on a test means that ...**「テストで良い成績がとれることが…ということを意味する保証」▶that doing 以下は guarantee の内容を説明する同格節。

⑬ **dominate** ▶「～を支配する」の意味だが，ここでは「～で多数を占める」の意味で用いられている。
children whose parents hired tutors「親が家庭教師を雇った子供」▶whose 以下は children を修飾する関係代名詞節。

単語の意味を確認しよう。

520 **scare** [skeər]	動 を怖がらせる（≒fríghten） scáry 形 恐ろしい scared 形 怖がっている，おびえた ▶ *be* scared of 〜「〜が怖い」
521 **elementary** [èlıméntəri]	形 米 初等（教育）の；初歩の；基本の ▶ elementary school「米 小学校」（英 primary school）
522 **district** [dístrıkt]	名 (行政などの) 地区；地域，地方 ▶ région より狭い。 ▶ a district court (アメリカの) 地方裁判所 ▶ a school district 学区
523 **smart** [smɑːrt]	形 頭のよい（≒cléver）；(装いが) 洗練された ▶「やせている」という意味はない。
524 **hire** [háıər]	動 を雇う（≒emplóy）(⇔fíre, dismíss を解雇する)；〔主に 英〕を賃借りする（米 rent） 名 賃借り [貸し]
525 **launch** (発) [lɔːntʃ]	動 を始める；(ロケットなど) を発射する 名 開始；(ロケットなどの) 発射
526 **rid** [rıd]	動 から (〜を) 取り除く (of) get rid of 〜「〜を取り除く，〜を処分する」 ▶ 活用：rid - rid - rid
527 **propose** [prəpóuz]	動 を提案する；(〜に) 結婚を申し込む (to) propose (to A) that B (should) *do*「Bは…したほうがよいと (Aに) 提案する」 propósal 名 提案；(結婚の) 申し込み proposítion 名 主張；提案

534

| 0 | 275 | 550 | 825 | 1100 |

528
opponent
発 ア [əpóunənt]

名 (試合などの) 相手，敵；(~への) 反対 [敵対] 者 (of)

形 敵対する；反対の

529
consist
ア [kənsíst]

動 (~から) 成る (of)；(~に)(本質が) ある (in)
▶ 普通，進行形にはしない。
consístent 形 首尾一貫した

530
expose
[ıkspóuz]

動 を (~に) さらす (to)；をあばく
expose *oneself* to ~ 「~に身をさらす」
expósure 名 さらされること；暴露

531
guarantee
発 ア [gæ̀rəntíː]

動 (…ということ) を保証する，確約する (that節)

名 保証；保証書
▶ There is no guarantee that ... 「…という保証はない」

532
virus
発 [váɪərəs]

名 ウイルス
▶ a computer virus コンピューターウイルス

533
dominate
[dá(:)mɪnèɪt]

動 を支配する，統治する
dóminant 形 支配的な
dóminance 名 優勢

534
diversity
[dəvə́ːrsəti]

名 多様性；差異
▶ biodivérsity 名 生物多様性 (= biological diversity)
divért 動 をそらす
divérsion 名 そらす [それる] こと
divérse 形 多様な (≒ várious)

---

40 The Scientific Method for Cooking

筆者は何の作り方を例に挙げ，料理の科学的方法を紹介しているか。

① Have you ever tried using the scientific method for an experiment? ② Even by the time most students finish elementary school, they will have become capable of using it. ③ This is because the method is really a general way of thinking that you can use every day in your life, such as in cooking. ④ Let's talk about how it can be done.

⑤ First, before you start an experiment, you need to think of what you are concerned about, for example, "Why doesn't anyone like my pancakes?" ⑥ Once you decide the subject of the experiment worth doing, you need to do some research on it. ⑦ You may get some hints that have been already offered like recipes written by people who are familiar with making pancakes. ⑧ Next, try to suggest a hypothesis — for example, "If I try adding more sugar, it will be better," or, "If I try to make a better shape, it will also influence the taste," — and start the experiment. ⑨ Afterward, when you continue with the experiment, you can have your delicious results.

語法・構文・表現

② **by the time ...** 「…するまでに」

③ **a general way of thinking that you can use every day in your life**「生活の中で毎日使うことのできる一般的思考法」 ▶that 以下は a general way of thinking を修飾する関係代名詞節。

⑥ **the subject of the experiment worth doing**「する価値のある実験の主題」 ▶worth doing は the experiment を修飾する形容詞句。

料理の科学的方法

📁 日常生活 [料理・食事]

　①あなたはこれまでに何らかの実験を，科学的方法を使って試みたことはあるだろうか。②たいていの学生は小学校を卒業する頃までには，科学的方法を使う能力を持つようになる。③というのも，実のところその方法は，料理においてのように，生活の中で毎日使うことのできる一般的な思考法だからである。④どのようにそれが使われるのか話していこう。

　⑤まず，実験を始める前に，自分が心配していることについて考える必要がある。たとえば，「どうして私が作ったパンケーキをみんな好きでないのか」といったように。⑥する価値のある実験の主題を決めたら，それについてある程度調査をする必要がある。⑦パンケーキを作ることに手慣れた人が書いたレシピのような，すでに提示されたヒントが手に入るかもしれない。⑧次に，たとえば「もう少し多めに砂糖を加えたらおいしくなるだろう」とか「もう少し形を整えたら，味にも影響が出るだろう」といったように仮説を立て，実験を始めてみよう。⑨その後，実験を続けることで，あなたはおいしい成果を得られるのだ。

---

⑦ **recipes written by people who are familiar with making pancakes**「パンケーキを作ることに手慣れた人が書いたレシピ」　▶written by people who ... は recipes を修飾する過去分詞句。who 以下は people を修飾する関係代名詞節。

⑧ **hypothesis** 图「仮説」

📖 単語の意味を確認しよう。

535
experiment
[ikspérimənt]

名 実験

動 [ikspérimènt] (〜の) 実験をする (on / with / in)
experiméntal 形 実験的な

536
capable
発 [kéipəbl]

形 (…する) 能力がある (of doing) (⇔incápable 能力がない)；有能な
(⇔incómpetent 無能な)
capácity 名 能力；収容力

537
general
[dʒénərəl]

形 一般的な (⇔specífic →294)；全体の

名 将軍；大将
génerally 副 概して (≒in general)

538
concern
[kənsə́:rn]

動 に関係する；を心配させる
▶ be concerned about 〜「〜を心配している」
▶ as far as I am concerned「私に関する限り」

名 関心 (事)；心配；気遣い
concérning 前 に関して (≒abóut)

539
decide
[dısáid]

動 (を) 決める
decide to do「…しようと [することに] 決める」
decísion [dısíʒən] 名 決定；判決
decísive [dısáisiv] 形 決定的な；決断力のある

540
subject
[sʌ́bdʒekt]

名 (研究・話などの) 主題；科目；被験者

形 (〜を) 受けやすい (to)

動 [səbdʒékt] にさらす；を従属させる
subjéctive 形 主観的な (⇔objéctive 客観的な)

547

0	275	550	825	1100

541
worth
発 [wə:rθ]

形 価値のある
be worth *doing* 「…する価値がある」
▶ worth the cost コストに見合う

名 価値
wórthy [wə́:rði] 形 (〜に) 値する (of)

542
research
[rí:sə:rtʃ]

名 〔しばしば〜es〕(〜に関する) 研究, 調査 (into / on)

動 (を) 研究する, 調査する
reséarcher 名 研究者, 調査員

543
offer
ア [ɔ́(:)fər]

動 (人) に (物・事) を提供する；(…しよう) と申し出る (to *do*)
▶ offer A B / offer B to A 「A (人) に B (物・事) を提供する」

名 提供, 申し出

544
familiar
[fəmíljər]

形 (〜を) よく知っている (with)；(〜に) よく知られている (to)
familiárity [fəmìljǽrəti] 名 よく知っていること；親しさ

545
shape
[ʃeɪp]

名 形；体調

動 を形作る

546
afterward
[ǽftərwərd]

副 後で

547
result
発 [rɪzʌ́lt]

名 結果；〔普通〜s〕(試験の) 成績
▶ as a result 「その結果 (として)」

動 (〜の) 結果として生じる (from)；(〜という) 結果になる (in)

171

世論調査は政治家にとってどんな役に立つのだろうか。

① Politicians often have **difficulty guessing** what the general public's attitudes are on a **broad** range of important issues of public **debate**. ② One way in which politicians can keep **track** of people's actual opinions is to **conduct** an opinion poll. ③ An opinion poll is a survey that contains a series of short questions, given to a sample of the general public to answer. ④ The aims of the poll are to **assess** the attitude of the public toward certain **topics** and **predict** their reactions to the actions and ideas of politicians. ⑤ The survey collects the answers people give to the contents of the survey and counts them. ⑥ Politicians **estimate** the share of the public who agree or **disagree** with them from the survey results. ⑦ If the polls are conducted on a regular **basis**, they can present the fairly **accurate** picture of the changing attitudes of the public. ⑧ The results **indicate** some hints to politicians when they need to make **tough** decisions and change their policies in order to maintain popular support.

◎ 語法・構文・表現 ～～～～～～～～～～～～～～～～～～～～～～～～～～～～～～～～～～～～～～

② **one way in which ...**「…する一つの方法」
  opinion poll「世論調査」

③ **a survey that contains a series of short questions**「一連の短い質問から成る調査」 ▶that contains a series of short questions は a survey を修飾する関係代名詞節。
  sample 图「抽出標本、調査対象者」

⑤ **the answers people give to the contents of the survey**「調査内容に人々が与える回答」 ▶people の前に目的格の関係代名詞 that や which が省略されていると考える。

172

📁 社会 [政治]

①政治家はしばしば，世間で議論になっている幅広い領域にわたる重要問題について，一般の人々がどのような態度をとっているか推測するのに苦労する。②政治家が人々の実際の意見を見失わずにいるようにする一つの方法が，世論調査を行うことである。③世論調査とは一連の短い質問から成る調査で，回答してもらうべき一般大衆のうちの一部を調査対象としている。④調査の目的は，ある特定の話題に対する大衆の態度を見極め，政治家の行動や考えに対する彼らの反応を予測することである。⑤調査は，調査内容に人々が与える回答を収集してその数値を算出する。⑥政治家たちは調査結果から，彼らに賛成または反対している大衆の占める割合を推定するのである。⑦世論調査が定期的に実施されれば，それらは大衆の変わりゆく態度をかなり正確にとらえた実態を表すことが可能である。⑧その結果は，政治家たちが大衆の支持を得続けるために難しい決定を下し，政策の変更をする必要がある時に，彼らにヒントを示すのである。

---

⑥ **share** 名「占める割合」
the public who agree or disagree with ～「～に賛成または反対している大衆」
▶who 以下は the public を修飾する関係代名詞節。

⑦ **fairly** 副「かなり」
picture 名「実態；全体像」

単語の意味を確認しよう。

548
difficulty
[dífɪkəlti]

名 困難，苦労
　have difficulty *doing* 「…するのに苦労する」
▶ **without difficulty** 「苦もなく」
　dífficult 形 困難な（≒ hard）（⇔ éasy 容易な）

549
guess
発 [ges]

動 （…だ）と思う（that 節）；を推測する
名 推測

550
broad
発 [brɔːd]

形 広範囲な；広い（⇔ nárrow → 426）；大ざっぱ
な
　bróadly 副 大ざっぱに；広く
　bróaden 動 を広げる；広くなる
　breadth [bredθ] 名 広さ；幅

551
debate
[dɪbéɪt]

名 （～についての）論争（over / on / about）
動 （を）討論する

552
track
[træk]

名 〔普通～s〕（車などが通った）跡；走路；線路
▶ **keep track of** ～ ～の跡をたどる；～を見失わないように
する
動 ～の跡をたどる

553
conduct
アク [kəndʌ́kt]

動 を行う；を導く；案内する
名 [kɑ́(ː)ndʌ̀kt] 行動；指導
　condúctor 名 （楽団の）指揮者；車掌

554
assess
[əsés]

動 を評価する（≒ eváluate）；を査定する
　asséssment 名 評価；査定

555
topic
[tɑ́(ː)pɪk]

名 論題，話題

562

0　　　　　　275　　　　　　550　　　　　　825　　　　　　1100

556

predict
発 [prɪdíkt]

動 (…ということ；…か) を予測する (that節；wh-節)；
を予言する
▶ be predicted to *do*「…すると予測されている」
▶ pre-「前もって」+ dict「言う」
predíction 名 予測
predíctable 形 予測できる

557

estimate
発 [éstɪmèɪt]

動 (…である) と推定する (that節)；を見積もる；
を評価する

名 [éstɪmət] 概算
éstimated 形 概算の
estimátion 名 評価

558

disagree
発 [dìsəgríː]

動 (~と；~について) 意見が合わない (with；on /
about / over)；(記述などが)(~と) 食い違う
(with)
disagréeable 形 不愉快な
disagréement 名 意見の相違

559

basis
[béɪsɪs]

名 基準；基礎
▶ 複数形は bases [béɪsiːz]。
▶ on a regular basis 定期的に
básic 形 基本的な
base [beɪs] 名 土台 (複数形は bases [béɪsɪz])

560

accurate
発 [ǽkjərət]

形 正確な (≒ exáct, corréct)
áccuracy 名 正確さ
áccurately 副 正確に (≒ with accuracy)

561

indicate
[índɪkèɪt]

動 (…ということ) を示す (that節)；を指摘する
indicátion 名 指摘；兆候
índicator 名 表示計器

562

tough
発 [tʌf]

形 困難な；頑丈な；厳しい

🔍 筆者は故郷のアメリカ先住民に対してどのような気持ちを抱いているだろうか。

① Michigan is my home state in the USA. ② My hometown of Kalamazoo is in a valley. ③ Both my state and hometown were once in a territory that belonged to the Potawatomi, a Native American people. ④ When the mail carrier delivers letters in Michigan, there are a lot of Native American names for the cities.

⑤ The first Europeans who came to the area had a vision for land. ⑥ They liked the land that glaciers had left there millions of years ago. ⑦ They saw that they could make a lot of money if they grew a large enough quantity of food. ⑧ Those early farmers had a philosophy that allowed them to take the land. ⑨ They believed that Europeans were superior to Native Americans. ⑩ Many Europeans came to Michigan, so that whites became the largest proportion of the population. ⑪ Much later, the farms became part of one big corporation.

⑫ I feel sad about the history of my state. ⑬ I know that it is not my fault that Native Americans were treated badly. ⑭ Besides, I wasn't even alive back then. ⑮ But I can't turn a deaf ear and pretend the story never happened. ⑯ There needs to be a meaningful way to apologize to Native Americans for everything that happened.

◎ 語法・構文・表現 〰〰〰〰〰〰〰〰〰〰〰〰〰〰〰〰〰〰〰〰〰〰〰〰〰〰〰〰〰〰〰〰〰〰

② **valley** ▶「谷」の意味だが，ここでは「（谷に似た）低地」の意味で用いられている。

③ **a territory that belonged to the Potawatomi, a Native American people**
「ポタワトミ族というアメリカ先住民の領地」 ▶that 以下は a territory を修飾する
関係代名詞節。belong to ～「～に属する」

⑤ **The first Europeans who came to the area**「この地にやってきた最初のヨーロッ
パ人」 ▶who 以下は The first Europeans を修飾する関係代名詞節。

⑥ **the land that glaciers had left there millions of years ago**「何百万年も前に
氷河が残したその土地」 ▶that 以下は the land を修飾する関係代名詞節。

📁 文化［歴史・人類・文明・風俗］

　① ミシガン州は私のアメリカ合衆国の故郷である。② カラマズーという私の故郷の町は低地にある。③ 私の州と故郷の町はかつて，ポタワトミ族というアメリカ先住民の領地の中にあった。④ ミシガンでは郵便集配人が手紙を配達するとき，ミシガンの都市に宛てたアメリカ先住民の名前を多く見かけるという。

　⑤ この地にやってきた最初のヨーロッパ人は，その地を所有するという未来図を描いた。⑥ 何百万年も前に氷河が残したその土地を気に入ったのだ。⑦ 十分な量の食糧を育てれば，大金が稼げるのが彼らにはわかった。⑧ そうした初期の農場主は，土地を自分のものにできるという考え方を持っていた。⑨ ヨーロッパ人は先住民よりも優れていると思い込んでいたのだ。⑩ 多くのヨーロッパ人がミシガンに移住してきたことで，人口割合で白人が最も多くなった。⑪ そしてずっと後，それらの農場は一つの大きな法人の一部となった。

　⑫ 私は故郷の州の歴史を考えると悲しくなる。⑬ 先住民がひどい扱いを受けたのは，私の責任ではないことはわかっている。⑭ それに，その当時私は生きてすらいなかった。⑮ しかし耳を貸すことなくここでの話がなかったふりをすることはできない。⑯ 起きたことすべてに対し，先住民に謝る有意義な方法があってしかるべきである。

---

⑧ **a philosophy that allowed them to take the land**「土地を自分のものにできるという考え方」▶ that 以下は a philosophy を修飾する関係代名詞節。

⑬ **it is not my fault that ...**「…するのは私の責任ではない」▶ it は that 節の内容を指す形式主語。

⑭ **back then**「その当時」

⑮ **turn a deaf ear**「聞こうとしない」

📔 単語の意味を確認しよう。

563

valley
[vǽli]

图 谷
▶ Silicon Valley シリコンバレー (ハイテク産業の中心地)

564

territory
[térətɔ̀:ri]

图 領土；縄張り

565

deliver
[dɪlívər]

動 (を)(~から；~に) 配達する (from；to)；(意見など) を述べる
delívery 图 配達

566

vision
[víʒən]

图 (将来の) 展望；(将来を) 見通す力；視力 (≒ sight)
vísible 形 (目に) 見える (⇔ invísible 見えない)
vísual 形 視覚の
vìsibílity 图 目に見えること；視野

567

glacier
[gléɪʃər]

图 氷河
glácial 形 氷河 (期) の；氷の

568

quantity
[kwá(:)ntəti]

图 量 (⇔ quálity→265)；(~の) 分量 (of)
▶ quality and quantity「質と量」
▶「多い／少ない」は large / small で表す。

569

philosophy
[fəlá(:)səfi]

图 哲学；(個人の) 人生観
philosóphical 形 哲学的な，哲学 (上) の
philósopher 图 哲学者

570

proportion
[prəpɔ́ːrʃən]

名 (～の；～に対する) **割合** (of；to)；〔普通～s〕均衡

▶ in proportion to ～「～に比例して」
propórtional 形 比例した；釣り合った
propórtionate 動 を (～に) 比例させる (to)
　　　　　　　 形 (～に) 比例した，釣り合った (to)

571

corporation
[kɔ̀ːrpəréiʃən]

名 **(大) 企業**

▶ cooperátion [kouɑ̀(ː)pəréiʃən]「協力」と，つづり・発音を区別。
córporate 形 企業の

572

fault
(発) [fɔːlt]

名 〔普通 the ～, one's ～〕**(過失の) 責任**；**欠点**

▶ find fault with ～「～のあら探しをする」
▶ It is ～'s fault. それは (人) のせいだ。

573

besides
[bisáidz]

副 **そのうえ** (≒ moreóver, fúrthermore)

前 **に加えて**

▶ 前置詞 beside ～「～のそばに」との違いに注意。

574

deaf
(発) [def]

形 **耳が聞こえない**；**(～を) 聞こうとしない** (to)

▶ turn a deaf ear to ～ ～にまったく耳を貸さない

575

pretend
(ア) [priténd]

動 (…する；…という) **ふりをする** (to do；that 節)

préetense [príːtens] 名 〔a ～〕見せかけ；口実

576

apologize
(ア) [əpá(ː)lədʒàiz]

動 **謝る**

apologize to A for B 「A (人) にBのことで謝る」
apólogy 名 謝罪；弁明

179

ウォリアーズが親善試合に出場できた理由は？

① My brother has been playing a lot of rugby lately. ② He has always loved the game. ③ Our mother tried to discourage him from playing because she was afraid he would get injured, but he refused to quit. ④ He is now a successful player, and his team, the Warriors, have been given the honor of playing a demonstration match at the national stadium next month. ⑤ It was not because my brother's team scored the most points in the qualifying tournament that they were given this honor. ⑥ It was because the team exhibit true sportsmanship in every match they play, and each member of the team has a reputation for fair play and integrity. ⑦ The judges are always impressed by their standard of behavior and respect on the pitch. ⑧ The Warriors seldom lose a match, and are optimistic that they will defeat their opponents during their demonstration. ⑨ Of course, I will be in the crowd, accompanied by my brother's friends, screaming with joy when the Warriors delight us by scoring many tries. ⑩ I hope my brother will have another medal to hang on the wall, but regardless of the outcome of the match, I will always be proud of his achievements.

◎ **語法・構文・表現** ∼∼

⑤ **It was not because my brother's team scored the most points in the qualifying tournament that they were given this honor.** 「弟のチームにこの栄誉が与えられたのは，予選トーナメントで最高得点を獲得したからではなかった」
▶It is ～ that ... の強調構文。⑤⑥で，It is not because ～ that .... It is because ～.「…するのは～だからではない。～だからだ」という形になっている。

⑥ integrity 图「誠実さ」

📁 日常生活 [スポーツ]

① 私の弟は<u>最近</u>，さかんにラグビーをしている。② 彼はラグビーが昔からずっと好きだった。③ 母は，弟がけがをするのが怖くてラグビーをするのを<u>思いとどまらせ</u>ようとしたが，彼は<u>やめる</u>のを拒んだ。④ 彼は今や一流のプレーヤーであり，彼のチーム，ウォリアーズには，来月ナショナルスタジアムで公開親善試合を行う<u>栄誉</u>が与えられている。⑤ 弟のチームにこの栄誉が与えられたのは，予選トーナメントで<u>最高得点を獲得した</u>からではなかった。⑥ 彼らがプレーする全試合においてチームは真のスポーツマンシップを<u>発揮</u>し，メンバー一人ひとりがフェアプレーと誠実さに対する評価を得ているからだった。⑦ 審判は，ピッチ上での彼らの行動と敬意の規範に，常に<u>感銘を受けている</u>。⑧ ウォリアーズは試合に負けることは<u>めったにない</u>し，公開試合で対戦相手を<u>負かす</u>のは当たり前のことだと<u>楽観的</u>に構えている。⑨ もちろん私は弟の友人たちと<u>一緒に行き</u>，群衆の一部に加わり，ウォリアーズが多くのトライを決めて私たちを<u>喜ばせる</u>ときに歓喜の大声を<u>上げる</u>つもりでいる。⑩ 私は弟が壁にまた新たなメダルを掛けることを望んでいるが，試合の<u>結果がどうあろうとも</u>，彼の成し遂げたことをこれからもずっと誇りに思い続けるだろう。

⑨ **accompanied by my brother's friends, screaming with joy when ...** 「私は弟の友人たちと一緒に行き，…するときに歓喜の大声を上げるつもりでいる」
  ▶ accompanied by my brother's friends と screaming with when ... はどちらも分詞構文。

⑩ **have another medal to hang on the wall** 「壁に掛けるための新たなメダルをとる」 ▶ to hang on the wall は another medal を修飾する不定詞句。
  achievement 图 「成し遂げたこと；業績」

■ 単語の意味を確認しよう。

577

lately
[léɪtli]

副 最近 (≒ recéntly)
▶ 普通，現在完了 (進行) 形の動詞とともに使う。
late 形 遅れた；遅い；後期の 副 遅く

578

discourage
[dɪskə́:rɪdʒ]

動 に思いとどまらせる；を落胆させる
(⇔ encóurage → 259)
discourage ~ from *doing* 「~ (人) に…するのを思い
とどまらせる」
discóuragement 名 落胆 (させること)
discóuraging 形 がっかりさせる

579

quit
[kwɪt]

動 (を) やめる
▶ 活用：quit - quit - quit

580

honor
発 [á(:)nər]

名 光栄；名誉 (⇔ dishónor 不名誉)；敬意
▶ in honor of ~ ~に敬意を表して
動 に栄誉を与える；に敬意を表す
hónorable 形 尊敬すべき；名誉ある

581

score
[skɔ:r]

動 (試合・テストで) (点) をとる；を採点する
名 得点

582

exhibit
発 ⑦ [ɪgzíbət]

動 を (展覧会などに) 展示する (≒ displáy)；
(感情・兆候など) を示す
名 展示品；米 展覧会
exhibítion [èksɪbíʃən] 名 〔主に 英〕展覧会；展示

583

impress
⑦ [ɪmprés]

動 を感動させる
be impressed by [with] ~ 「~に感動する」
impréssion 名 感銘；印象
impréssive 形 印象的な (≒ móving)

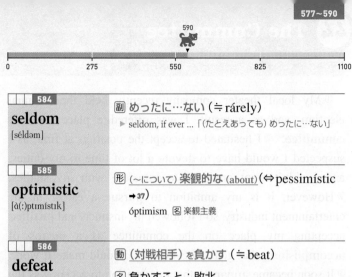

584 **seldom** [séldəm]	副 めったに…ない (≒ rárely) ▶ seldom, if ever ... 「(たとえあっても) めったに…ない」
585 **optimistic** [à(:)ptɪmístɪk]	形 (~について) 楽観的な (about) (⇔ pessimístic →37) óptimism 名 楽観主義
586 **defeat** [dɪfíːt]	動 (対戦相手) を負かす (≒ beat) 名 負かすこと；敗北
587 **accompany** [əkʌ́mpəni]	動 と一緒に行く；に伴って起こる；の伴奏をする *be* accompanied by ~ 「~が同伴する」 accómpaniment 名 伴奏
588 **delight** [dɪláɪt]	動 を (~で) 大喜びさせる (with) 名 大喜び；喜びを与えるもの delíghted 形 (~を) 非常に喜んで (at / by / with) delíghtful 形 (人に) 喜びを与える
589 **regardless** [rɪgáː(r)dləs]	形 気にかけない regardless of ~ 「~に関係なく，~にもかかわらず」 副 (困難・非難・危険などに) 構わず
590 **outcome** ⑦ [áʊtkʌ̀m]	名 結果 (≒ resúlt)

The Committee

① My local theater company recently held their annual election, and as a result, I was offered a place on their committee. ② I hesitated to accept the position at first, as I suspected I would have to devote a lot of time to my duties, and I didn't want anything to interfere with my studies. ③ However, it is my ambition to pursue a career in the entertainment industry, so I followed my instincts and justified accepting my place on the committee as a means of accomplishing that goal. ④ Somehow I could make it work. ⑤ It soon became apparent that my decision to accept was the right one. ⑥ My duties do not take up too much time, and my time spent on committee business complements my studies. ⑦ In addition, I now have the opportunity to work with a wonderful group of people who share my passion for the theater, gaining valuable experience in pursuing my chosen profession.

語法・構文・表現

① **I was offered a place**「私は役職の提示を受けた」 ▶offer O_1 O_2 の受動態。

② **suspect (that) ...**「…ではないかと思う」

④ **make ~ work**「~をうまくやる」

⑤ **the right one** = the right decision

📁 産業〔職業・労働〕

① 私が所属している地元の劇団が最近，年に一度の選挙を行い，その結果私は委員会においてある役職を提示された。② 私は最初その職を引き受けるのをためらった。というのも，多くの時間をその職務に充てなければならないだろうと危惧したし，自分自身の演劇の勉強の妨げになるようなものは何一つ望まなかったからだ。③ しかし，娯楽産業でキャリアを追求することが私の大きな望みなので，私は本能に従い，目標を達成する手段として委員会の役職を引き受けることを正当化した。④ 事態はどうにかうまく進んでいった。⑤ 役職を引き受けるという私の決断は，正しい決断であることがやがて明らかになった。⑥ 私の職務は時間をとりすぎるというものではないし，委員会の仕事に費やされる時間は私の勉強不足を補ってくれる。⑦ それに今私は，演劇に対する情熱を共有するすばらしい集団と仕事をする機会があり，そして私の選んだ職業を追求する価値ある経験を積んでいるのだ。

---

⑥ **take up ～**「(時間)をとる」
　my time spent on committee business complements my studies「委員会の仕事に費やされる時間は私の勉強不足を補ってくれる」
　▶ spent on committee business は my time を修飾する過去分詞句。
　complement 動「～を補う」

⑦ **in addition**「それに加えて：そのうえ」
　..., gaining ～「…，そして～を手に入れている」= ..., and I am gaining ～

44 The Committee

■ 単語の意味を確認しよう。

591

election

[ɪlékʃən]

名 選挙

eléct 動 を選出する

592

committee

⑦ [kəmíti]

名 委員会；(全) 委員

▶「1人の委員」は，a committee member や a member of a committee で表す。

commít 動 〔受身形で〕深く関わる；(罪) を犯す；を委託する

593

position

[pəzíʃən]

名 (所定の) 位置，場所；立場；地位

動 を置く；の位置を定める

594

devote

[dɪvóut]

動 (時間など) を (~に) 充てる (to)
(≒ dédicate)

▶ devote *oneself* to ~「~に専念する」

devóted 形 献身的な

devótion 名 献身；専念

595

interfere

発 ⑦ [ìntərfíər]

動 (~の) 邪魔をする (with)；(~に) 干渉する (in)

interférence 名 邪魔；干渉

596

pursue

⑦ [pərsjúː]

動 を追求する；(仕事など) に従事する；を追跡する

pursúit 名 追求；追跡

597

justify

[dʒʌ́stɪfàɪ]

動 を正当化する

just 形 正しい；正当な

justificátion [dʒʌ̀stɪfɪkéɪʃən] 名 正当化

186

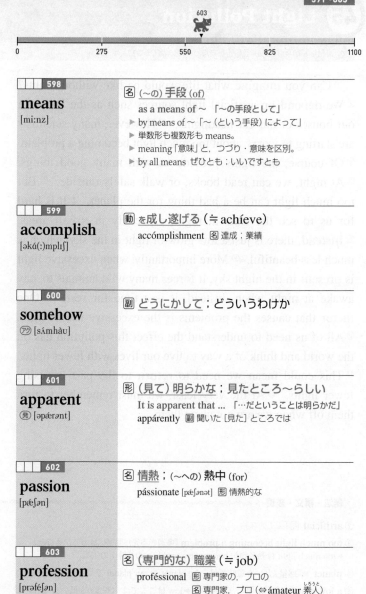

| 0 | 275 | 550 | 825 | 1100 |

598
means
[mi:nz]

名 (〜の) 手段 (of)
as a means of 〜 「〜の手段として」
▶ by means of 〜 「〜 (という手段) によって」
▶ 単数形も複数形も means。
▶ meaning「意味」と,つづり・意味を区別。
▶ by all means ぜひとも;いいですとも

599
accomplish
[əká(:)mplɪʃ]

動 を成し遂げる (≒ achíeve)
accómplishment 名 達成;業績

600
somehow
⑦ [sámhàu]

副 どうにかして;どういうわけか

601
apparent
⑨ [əpǽrənt]

形 (見て) 明らかな;見たところ〜らしい
It is apparent that ... 「…だということは明らかだ」
appárently 副 聞いた [見た] ところでは

602
passion
[pǽʃən]

名 情熱;(〜への) 熱中 (for)
pássionate [pǽʃənət] 形 情熱的な

603
profession
[prəféʃən]

名 (専門的な) 職業 (≒ job)
proféssional 形 専門家の,プロの
名 専門家,プロ (⇔ ámateur 素人)

187

🔎 過剰な明かりはどのような害をもたらしているだろうか。

① Can you imagine what life would be like without lights? ② We depend on artificial light sources such as the lamps in our houses or our car headlights. ③ However, many scientists are starting to worry about too much light becoming a problem. ④ Of course, the lights provide us with many good things. ⑤ At night, we can read books, or walk safely outside. ⑥ But too much light can be a bad thing for the planet. ⑦ It is hard for us to see the stars at night, especially in urban areas. ⑧ Instead, there is just a low glow of light in the sky, which is much less beautiful. ⑨ More importantly, when excessive light is present in the night sky, it forces many wild animals to stay awake at night when, instead, it is a time for rest. ⑩ One factor that causes the problems is the excessive use of light. ⑪ All of us need to understand the effect this pollution has on the world and think of a way to live our lives with fewer lights. ⑫ This could mean we need to return to the past by using fewer lights. ⑬ At the very least, we must remember to turn them off when we are not using them.

語法・構文・表現

② **artificial** 形「人工的な」

③ **too much light becoming a problem**「多過ぎる光が問題になっていること」
▶too much light は動名詞句 becoming a problem の意味上の主語。

⑥ **planet** ▶「惑星」という意味だが，the planet や our planet で「地球」を意味する。

⑧ **a low glow of light**「弱い光の瞬き」 ▶low はここでは「（程度が）低い」，glow は「（光の）輝き」という意味なので，直訳では「低い輝きをもった光」となる。
which is much less beautiful「それは美しさの点でずっと劣る」 ▶主節の内容に説明を加える関係代名詞節。much は比較級を強調する副詞。

光害

英文レベル ☆☆ **203 words**

📁 社会 [社会問題]

① 明かりがなかったらどんな生活になるか想像することができるだろうか。② 私たちは，家の電灯や車のヘッドライトなど人工の光源に依存している。③ しかし多くの科学者が，多過ぎる光が問題になっているのを不安に思い始めている。④ もちろん，明かりは私たちに多くの恩恵をもたらす。⑤ 夜に本を読んだり，外を安全に歩いたりすることができる。⑥ しかし，多過ぎる光は地球にとって害悪になりうる。⑦ 夜，特に都市部では，星を見るのが難しくなっている。⑧ その代わり，空にはただ弱い光の瞬きがあるだけであり，美しさの点でずっと劣る。⑨ もっと重要なのは，夜空がひどく明るいと，野生動物の多くに，本来は休息をとる時間である夜に，眠らずに起きていることを強いる点である。⑩ こういった問題を引き起こす一つの要因は光の使い過ぎだ。⑪ 私たちは皆このような害が世界に及ぼす影響を理解して，明かりの少ない生活を送る方法について考える必要がある。⑫ これは，明かりを今よりも少なく使うことによって，昔の生活に戻る必要があることを意味するのかもしれない。⑬ 少なくとも，明かりを使用していないときは，それを切ることを忘れてはならないのである。

⑨ **excessive light is present in the night sky**「夜空がひどく明るい」▶present は「存在する」という意味なので，直訳では「夜空に過剰な光が存在する」となる。

⑪ **the effect this pollution has on the world**「このような害が世界に及ぼす影響」▶this pollution の前に目的格の関係代名詞 that や which が省略されていると考える。

⑬ **at the very least**「少なくとも；最低限」

■ 単語の意味を確認しよう。

604

imagine
[ɪmædʒɪn]

動 (…ということ；…か) を想像する (that 節；wh-節)
▶ 「…することを想像する」は imagine *doing* で表す。
imaginátion 名 想像；想像力
imáginative 形 想像力に富んだ
imáginary 形 想像上の
imáginable 形 想像し得る (限りの)

605

depend
[dɪpénd]

動 依存する；頼る；(に) 左右される (on)
depend on *A* for *B* 「*B* を *A* に依存する」
depéndent 形 (〜に) 依存している (on)
depéndence 名 依存

606

worry
発 [wɔ́:ri]

動 (〜について) 心配する (about)；を心配させる；
〔受身形で〕心配する

名 心配

607

provide
[prəváɪd]

動 を供給する
provide *A* with *B* 「*A* に *B* を供給する」
provísion [prəvíʒən] 名 供給 (品)
províded 接 もし…ならば (≒ províding, if)

608

urban
[ə́:rbən]

形 都市の (⇔ rúral →969)
úrbanize 動 都市化する
urbanizátion 名 都市化

609

instead
アク [ɪnstéd]

副 その代わりに；そうではなくて
▶ 普通，文頭か文末で使う。
▶ instead of 〜 「〜の代わりに；〜ではなく」

610

low
発 [lou]

形 低い (⇔ high 高い)；(値段が) 安い

副 低く；安く
lówer 動 を低くする 形 低いほうの

616

0　　　　　　　275　　　　　　　550　　　　　　　825　　　　　　　1100

	611
present ⑦ [prézənt]	形 (～に) 出席している (at / in) (⇔ábsent 欠席 の)；現在の；(～に) 存在している (in)
	名 〔しばしばthe ～〕現在；贈り物
	動 [prizént] を提示する；を贈る
	présence 名 存在 (すること)；出席

	612
force [fɔːrs]	動 (人) に無理やり (…) させる (to *do*)；を (～に) 押しつける (on)
	名 力；軍隊；暴力

	613
rest [rest]	名 〔the ～〕残り；〔the ～〕その他の物 [人々]； 休息
	動 休む；を休ませる

	614
factor [fǽktər]	名 要因，要素

	615
effect [ɪfékt]	名 影響，効果；結果
	have an effect on ～ 「～に影響を及ぼす」
	efféctive 形 効果がある

	616
return [rɪtə́ːrn]	動 (～から；～へ) 戻る，帰る (from ; to)；を (～に) 返す (to)
	名 帰還；返却

191

意識の問題を解明するために筆者は何を提案しているか。

① Have you ever wondered what is happening in your brain when you have a thought? ② When we see something in the **external** world, we think about it. ③ When we deal with people, we often have an **instant** reaction. ④ For example, if someone is cruel, they might **upset** us. ⑤ If they **bother** or **annoy** us, we feel it in our minds. ⑥ But what is the **internal** process inside our heads? ⑦ People have been trying to answer the question for thousands of years. ⑧ We still do not understand the **exact** nature of consciousness. ⑨ Some scientists think that we will learn the secrets of consciousness if we create **artificial** intelligence. ⑩ If a computer can become aware, maybe we will understand awareness. ⑪ But human awareness and computer awareness might not be **equivalent**. ⑫ Consciousness might need to be **biological**. ⑬ Maybe only **mammals** are conscious. ⑭ There are many theories about how our minds **work**. ⑮ But we can't **confirm** any of them yet. ⑯ It would be nice if there were a government agency created just to study this issue. ⑰ Imagine a huge department, with all the **facilities** for research. ⑱ If we had that, maybe we could understand our own brains, or **transfer** our minds into computers.

◉ 語法・構文・表現 ∞∞

③ **deal with ～**「(人と) つき合う；～を扱う」

④ **cruel** 厖「残酷な」

⑧ **nature** 图「(the ～) 性質；特質」
   consciousness 图「意識；自覚」＜ **conscious** 厖「意識して，気づいて」

⑨ **artificial intelligence**「人工知能；AI」

文化［教育・学校・学問］

　①何か思考を巡らしているとき，脳の中で何が起きているか考えたことはあるだろうか。②私たちは<u>外の</u>世界で何かを目にすると，それについて考え出す。③人と接すると，<u>即座に</u>反応してしまうことも多い。④たとえば，残忍な人がいれば，私たちは<u>動揺する</u>かもしれない。⑤彼らが私たちを<u>困らせ</u>たり，<u>悩ませ</u>たりすれば，それを頭で感知する。⑥しかし頭の中ではどのような<u>内的</u>処理がなされているのだろうか。⑦人はこの質問に何千年にもわたって答えようとしてきた。⑧私たちは意識に関する<u>正確な</u>特質をいまだに理解していない。⑨<u>人工</u>知能を作れば，意識のなぞがわかるだろうと考える科学者もいる。⑩コンピューターに意識が芽生えれば，意識についてわかるようになるかもしれない。⑪しかし人間の意識とコンピューターの意識は<u>同等</u>ではないかもしれない。⑫意識は必然的に<u>生物が関わる</u>ものなのかもしれない。⑬ひょっとすると哺乳動物しか意識を持っていない可能性もある。⑭私たちの思考がどのように<u>機能</u>しているかについての理論は数多くある。⑮しかしそのどれについてもいまだ<u>確証を得</u>られていない。⑯この問題を調べるためだけに政府機関が設けられたらいいのではないだろうか。⑰研究のためのあらゆる<u>施設</u>がそろった巨大な部門を考えてみるとよい。⑱そのようなものがあれば，脳について理解できるようになるかもしれないし，私たちの思考をコンピューターに<u>移す</u>ことが可能となるかもしれない。

⑩ aware 形「気づいて，意識して」＞awareness 名「意識；認識」

⑭ theory 名「理論」

⑯ issue 名「問題」

⑰ department 名「部門」

🔖 単語の意味を確認しよう。

617 **external** [ɪkstə́ːrnəl]	形 <u>外部の</u> (⇔intérnal→622)；国外の (≒fóreign)
618 **instant** ⑦ [ínstənt]	形 即時の (≒immédiate) 名 瞬間 (≒móment) ínstantly 副 すぐに (≒immédiately)
619 **upset** ⑦ [ʌ̀psét]	動 <u>を動揺させる</u>；をひっくり返す ▶ 活用：upset - upset - upset 形 (~に) うろたえる，腹を立てている (about / over / by) 名 [ʌ́psèt] 動揺；転覆 upsétting 形 人を動揺させる
620 **bother** [bá(ː)ðər]	動 <u>を困らせる</u>；〔普通否定文・疑問文で〕わざ わざ (…する) (to *do* / *doing*) ▶ I'm sorry to bother you, but ... 「(ご面倒をかけて) すみま せんが，…」 名 面倒；〔a ~〕厄介なこと [人]
621 **annoy** [ənɔ́ɪ]	動 <u>をいらいらさせる，悩ます</u> (≒bóther) annóyance 名 いらだち annóying 形 いらだたせる
622 **internal** ⑦ [ɪntə́ːrnəl]	形 <u>内部の</u> (⇔extérnal→617)；国内の (≒doméstic) ▶ internal organs 内臓
623 **exact** [ɪgzǽkt]	形 <u>正確な</u> (≒áccurate, corréct) exáctly 副 正確に；(返答で) まったくそのとおり
624 **artificial** ⑦ [àːrtɪfíʃəl]	形 <u>人工の</u> (⇔nátural 天然の) ▶ artificial intelligence 人工知能 (略：AI)

631

0	275	550	825	1100

625

equivalent
㋐ [ɪkwívələnt]

形 相当する；同等の (≒ équal)
be equivalent to 〜 「〜に相当する」

名 等しいもの
equívalence / equívalency 名 同等, 等価

626

biological
[bàɪəlá(:)dʒɪkəl]

形 生物 (学) の
▶ biological clock 体内時計
biólogy 名 生物学

627

mammal
㋥ [mǽməl]

名 哺乳類, 哺乳動物

628

work
㋥ [wəːrk]

動 機能する (≒ fúnction)；うまくいく；働く
▶ work for a company 「会社に勤務する」

名 職；仕事, 労働
wórking 形 働いている, 仕事を持っている
▶ a working mother 仕事を持っている母親

629

confirm
[kənfə́ːrm]

動 を裏付ける, (本当だと) 確認する
confirmátion 名 確認

630

facility
[fəsíləti]

名 〔しばしば〜ties〕施設；才能
facílitate 動 を容易にする, を促進する
facilitátion 名 促進

631

transfer
㋐ [trænsfə́ːr]

動 を (〜から；〜へ) 移す (from；to)；移る；(電車
などを) 乗り換える

名 [trǽnsfəːr] 移転；乗り換え

📍 SNS が持つ問題点とは？

① The latest **revolution** in the world of personal communication is the Social Networking Service, or SNS. ② There has been a growing **trend** to **connect** with friends and **colleagues** through the Internet in recent years. ③ People who sign up for these services can **exchange** messages and pictures and keep in **constant** touch with their friends. ④ The most popular **feature** in this service is the convenience of being able to use it on various devices which enable users to immediately **respond** to messages.

⑤ Users of an SNS are encouraged to **invite** their friends to join the service. ⑥ The companies **running** these services not only make money from the people using them, but also from companies that **advertise** on them. ⑦ The services provide an ideal opportunity for companies to reach potential customers.

⑧ However, there are some problems with the SNS. ⑨ For example, one is that many people spend an **enormous** amount of time online. ⑩ Another is that many services allow people to **hide** their identities. ⑪ We must remember to acquire good **habits** and **manners** for these services.

語法・構文・表現

① **latest** 形「最新の」
 Social Networking Service (SNS)「ソーシャル・ネットワーキング・サービス」
 ▶フェイスブックなどに代表されるインターネット上の会員制サービス。

③ **sign up for ～**「～に加入登録する」
 keep in touch with ～「～と連絡を取り合う」

⑤ **encourage ～ to do**「～に…するよう促す」

⑥ **The companies running these services**「こうしたサービスを運営している会社」

📁 文化［言語・コミュニケーション］

① パーソナル・コミュニケーションの世界での最新の革命は，ソーシャル・ネットワーキング・サービス，すなわち SNS である。② 近年，インターネット経由で友人や同僚とつながるという傾向が増している。③ こうしたサービスに加入している人々は，メッセージや画像をやりとりし，友人たちと絶えず連絡を取り合うことができる。④ このサービスの最も好まれている特徴は，多様な機器を使って利用することが可能な利便性である。それらの機器では，ユーザーがメッセージに対して即座に返答することができるのだ。

⑤ SNS のユーザーは，友人たちをサービスに加入させるように彼らを招待することを促される。⑥ こうしたサービスを運営している会社は，サービスを使っている人々からお金を得ているだけでなく，サービスに広告を出している企業からもお金を得ている。⑦ このサービスは企業が潜在的顧客にたどりつくのに理想的な機会を提供してくれるのである。

⑧ しかし，SNS にはいくつか問題がある。⑨ たとえば一つには，多くの人々がネット上で莫大な時間を過ごすこと。⑩ もう一つは，多くのサービスが人々に自分の素性を隠すことを認めていることである。⑪ 我々はこういったサービスを使う上で正しい習慣とマナーを忘れずに身につける必要がある。

▶running these services は The companies を修飾する現在分詞句。
companies that advertise on them「サービスに広告を出している企業」 ▶that advertise on them は companies を修飾している関係代名詞節。them = these services

⑦ **an opportunity for ～ to do**「～が…する機会」
potential customer「潜在的顧客」 ▶将来，客になる可能性のある人々のこと。

⑩ **allow ～ to do**「～に…することを許す」

■ 単語の意味を確認しよう。

632 **revolution** [rèvəlúːʃən]	名 <u>革命；回転</u> revolútionary 形 革命的な revólve 動 (〜の周りを) 回る (around / about)； 回転する
633 **trend** [trend]	名 <u>傾向 (≒ téndency)；流行 (≒ fáshion)</u> tréndy 形 流行の先端をいく
634 **connect** [kənékt]	動 <u>を (〜と) つなぐ (to / with)；を関連させる；(〜と)</u> <u>つながる (with)</u> connéction 名 接続；関係
635 **colleague** ⑦ [ká(ː)liːg]	名 <u>同僚 (≒ cóworker)</u>
636 **exchange** ⑱ [ɪkstʃéɪndʒ]	動 <u>(を)(〜と) 交換する (for)</u> 名 <u>交換；両替</u>
637 **constant** [ká(ː)nstənt]	形 <u>絶え間ない；不変の</u> cónstantly 副 絶えず
638 **feature** [fíːtʃər]	名 <u>特徴；〔普通〜s〕顔つき；特集記事 [番組]</u> 動 <u>を呼び物にする；を主演させる；を特集する</u>
639 **respond** [rɪspá(ː)nd]	動 <u>(〜に) 応答する (to)；(〜に) 反応する (to)</u> respónse 名 対応；応答

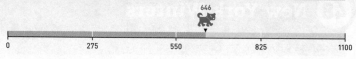

640 **invite** ⑦ [ɪnváɪt]	動 を (〜に) 招待する (to)；に (…するよう) お願いする (to do)；(よくない事態) を引き起こす invitátion 图 招待
641 **run** [rʌn]	動 を経営する；走る；作動する；立候補する ▶ run into 〜「〜にぶつかる；〜に偶然出会う」 ▶ run out of 〜「〜を使い果たす，〜を切らす」 名 走ること，競走；運行 ▶ in the long run「長い目で見れば，結局は」
642 **advertise** ⑦ [ǽdvərtàɪz]	動 (を) 宣伝する advertísement [ædvərtáɪzmənt] 图 広告 ▶ 口語では ad と略す。 ádvertising 图 広告すること
643 **enormous** [ɪnɔ́ːrməs]	形 巨大な，莫大な enórmously 副 大いに，莫大に
644 **hide** [haɪd]	動 を隠す (≒ conceál)；隠れる ▶ 活用：hide - hid [hɪd] - hidden [hídən]
645 **habit** [hǽbɪt]	名 (個人的な) 習慣；癖 habítual [həbítʃuəl] 形 習慣的な；常習的な
646 **manner** [mǽnər]	名 方法 (≒ way)；〔〜s〕行儀，作法；振舞い in a 〜 manner「〜の仕方で」

199

筆者は冬にどんなことを考えるか。

① Nothing **bores** me more than winter. ② Winters in New York City can be very, very cold. ③ The wind **blows** snow sideways across the streets, and dog poop **freezes** onto the sidewalks before the pet owners can pick it up. ④ We can see two or three frozen poops in a public **square**. ⑤ Every year, around mid-January, I often wonder why people chose to **settle** here. ⑥ Other plants and animals may have **evolved** to survive in this environment, but we humans must wear coats, hats, and scarves. ⑦ By March, I begin to dream of **escaping** from winter and moving to a **tropical** island. ⑧ Much as I **hate** the winter, I can only **blame** myself for living here. ⑨ After all, I chose to live here. ⑩ I know it's a terrible thing to say, but I wish global warming would **transform** our winters into a sunny, warm season. ⑪ Or, if it can't do that, I wish we could **extend** summer for another six weeks. ⑫ That would **cure** my winter blues and **melt** my heart.

語法・構文・表現

③ **sideways** 副「横向きに」
　poop 图「ふん」
　sidewalk 图「歩道」
⑥ **scarves** ▶scarf 图「スカーフ」の複数形。
⑦ **dream of** *doing*「～することを夢見る」
⑧ **much as ...**「…だけれども」

200

ニューヨークの冬

英文レベル
☆☆
170 words

📁 自然 [天候・気候]

① 冬ほど私を<u>うんざりさせる</u>ものはない。② ニューヨーク市の冬は本当に，すさまじく寒いことがある。③ 風が通りを横から<u>吹きつけて</u>雪を舞い上げ，ペットの飼い主が犬のふんをつまみ上げる前に，それが<u>凍って</u>歩道に張りつく。④ <u>広場</u>では，凍った犬のふんを2，3個見つけることがある。⑤ 毎年1月半ば頃になると，私は人々がなぜここに<u>住み着こ</u>うと思ったのかと不思議になることがよくある。⑥ ほかの植物や動物はこのような環境で生きていけるように<u>進化した</u>かもしれないが，私たち人間は上着や帽子やスカーフを身に着けなければならない。⑦ 私は，3月になる頃には，冬を<u>抜け出し</u>，<u>熱帯の</u>島に移住することを夢見始める。⑧ 冬は<u>たいへん嫌い</u>だけれども，私はただここに住んでいることで自分を<u>責める</u>ことしかできない。⑨ そもそも私自身がここに住もうと決めたのだ。⑩ ひどいことを口にするとわかっているが，地球の温暖化がこの地の冬を晴れて暖かな季節に<u>変えて</u>くれればいいのにと思う。⑪ それが無理なら，夏があと6週間<u>延びて</u>くれればなあと思う。⑫ そうすれば私の冬の憂鬱は<u>癒され</u>，私の心はなごむだろう。

⑨ **after all** 「そもそも；結局のところ」

⑩ **I know it's a terrible thing to say, but ...** 「ひどいことを口にするとわかっているが…」▶it は but 以下の内容を指す。

⑫ **(the) blues** 图「憂鬱」
melt ▶「～を溶かす」の意味だが，ここでは「(気持ち)をなごませる」の意味で用いられている。

■ 単語の意味を確認しよう。

647 **bore** [bɔːr]	動 を退屈させる bored 形 (〜に) 退屈した (with) bóring 形 退屈な　bóredom 名 退屈
648 **blow** [bloʊ]	動 (風が) 吹く；を吹き飛ばす ▶ blow up「爆発する」 ▶ 活用：blow - blew [bluː] - blown [bloʊn] 名 (風の) 一吹き；強打, 打撃
649 **freeze** [friːz]	動 凍る；を凍らせる ▶ Freeze!「動くな！」 ▶ 活用：freeze - froze [froʊz] - frozen [fróʊzən] 名 (賃金などの) 凍結 fréezer 名 冷凍庫；冷凍室 frózen 形 凍った
650 **square** 発 [skweər]	名 正方形；広場；平方, 2乗 形 正方形の；平方の ▶ 〜 square meters 〜平方メートル 副 公平に；直角に；まともに 動 を2乗する
651 **settle** [sétl]	動 (〜に) 定住する (in)；を決める (≒ decíde)； を解決する ▶ settle down「落ち着く」 séttlement 名 入植 (地)；解決
652 **evolve** [ɪvá(ː)lv]	動 (〜に) 進化する, 発展する (into)；を発展させる evolútion [èvəlúːʃən] 名 進化 evolútionary 形 進化の；発展的な
653 **escape** [ɪskéɪp]	動 (〜から) 逃れる, 脱出する (from)；を免れる ▶ escape from A は「すでに起きているAという事態から逃げる」, escape A は「好ましくないAという事態を未然に免れる」の意味。 名 脱出；逃亡

660

| 0 | 275 | 550 | 825 | 1100 |

654
tropical
[trá(:)pɪkəl]

形 熱帯（地方）の
▶ tropical rain forests「熱帯雨林」

655
hate
[heɪt]

動 (…すること) を**ひどく嫌う** (to *do* / *doing*)，憎む

名 憎悪
hátred [héɪtrɪd] 名 憎しみ

656
blame
[bleɪm]

動 を (〜のことで) **責める** (for)；を (〜の) **せいにする** (on)
▶ *be* to blame（主語に）責任がある

名 責任；非難

657
transform
⑦ [trænsfɔ́ːrm]

動 を (〜に) **変える** (into)
▶ 形や質を変えるときに使う。
transformátion [trænsfərméɪʃən] 名 変化

658
extend
[ɪksténd]

動 を**延長する**；を**広げる**；**広がる，伸びる**
▶ extended family「拡大家族」(祖父母，おじ・おばなどを含む大家族)(⇔ nuclear family「核家族」)
extént 名 〔the 〜〕程度；広さ
▶ to a certain extent ある程度まで
exténsive 形 広大な；広範な
exténsion 名 延長；内線 (番号)

659
cure
[kjʊər]

動 を**治す**
▶ cure *A* of *B*「A(人) のB(病気・けが) を治す」

名 治療 (法)；回復

660
melt
[melt]

動 (熱で) **溶ける**；を**溶かす**
▶ 固体が液体の中に溶ける場合は dissólve を使う。Salt dissolves in water. 塩は水に溶ける。

203

49 The Writing Class

筆者は作文教室で何を教えているか。

① I am a professional playwright and also work as a lecturer at a city college. ② My job at the college is mainly to teach mature students various phases of writing, from the basics of writing to how to write a filmscript. ③ I sometimes even have to teach spelling. ④ They often cannot spell a word even though they can pronounce it very precisely through their native tongue. ⑤ I also give them opportunities to read screenplays, helping them to be able to evaluate the clues as to the differences between a moderate hit and a smash hit. ⑥ I want them to always consider what factors can really amuse the audience. ⑦ While they are doing their task during the class, I lean forward to check their writing. ⑧ Some of them sink themselves so deep into their writing task that they don't notice a pencil rolling off the table or me pouring myself some tea. ⑨ They seem like they would never float up again from the deep concentration unless I say aloud, "Stop writing and submit it please." ⑩ I can sometimes come up with a fresh idea for my next filmscript while teaching them. ⑪ They are not just my students, but my motivation to write.

◎ 語法・構文・表現 ～～～～～～～～～～～～～～～～～～～～～～～～～～～～～～

① **playwright** 图「脚本家」

② **filmscript** 图「映画の脚本」(= screenplay)

④ **native tongue**「母語」

⑤ **smash hit**「大ヒット」

📁 文化〔教育・学校・学問〕

① 私はプロの脚本家であり，市民大学で講師としての仕事もしている。② 大学での私の仕事は，主として大人の生徒に作文の基礎から映画の脚本の書き方まで，さまざまな段階の作文について教えることだ。③ つづり方を教えなければならないことすらある。④ 彼らはある単語を，母語を介して非常に正確に発音することができたとしても，つづることができない場合も多い。⑤ 私はまた，彼らに脚本を読む機会を与え，並みのヒットと大ヒットの違いに関する手がかりを評価することができるように手助けする。⑥ 観客を真に楽しませることができるのはどんな要因なのか，彼らに常に考えてもらいたいのだ。⑦ 授業中に彼らが課題に取り組んでいるとき，私は彼らの作文をチェックするために身を前にかがめる。⑧ 彼らの中には作文の課題に非常に深く入り込む人もいて，鉛筆がテーブルから転がり落ちたり，私が紅茶を注いだりしても気づかないほどだ。⑨ 彼らは私が声に出して「書くのをやめて書いたものを提出してください」と言わない限り，深い集中状態から再び浮揚してくることがないかのようだ。⑩ 教えている間に，次の映画の脚本に関する新たなアイディアを思いつけることもある。⑪ 彼らは単に私の生徒というだけではなく，私がものを書く動機づけにもなっている。

---

⑧ **sink** 動「～を沈める」の意味から転じて，ここでは「（深い集中状態に自分自身）を入り込ませる」という意味で用いられている。
so ～ that ...「とても～なので…」

⑩ **come up with ～**「～を思いつく」

📘 単語の意味を確認しよう。

661 **mature** 発 [mətʊ́ər]	形 <u>大人になった</u>（⇔immatúre 未熟の）；熟した 動 成熟する；を熟させる matúrity 名 成熟（期）；円熟（期）
662 **phase** 発 [feɪz]	名 **(変化などの) 段階**；(問題などの) 面
663 **spell** [spel]	動 **(語) をつづる** 名 呪文<ruby>呪文<rt>じゅもん</rt></ruby>；魔力；しばらくの間 spélling 名 語のつづり (方)
664 **pronounce** 発 アク [prənáʊns]	動 <u>を発音する</u>；を明言する，宣言する pronunciátion [prənʌ̀nsiéɪʃən] 名 発音 pronóunced 形 目立つ；はっきりした
665 **tongue** 発 [tʌŋ]	名 **言語；舌；言葉遣い** ▶ one's native [mother] tongue「母語」 ▶ a slip of the tongue「失言，言い間違い」
666 **evaluate** [ɪvǽljuèɪt]	動 <u>を評価する</u>（≒asséss） evaluátion 名 評価
667 **clue** [klu:]	名 **(〜への) 手がかり** (to / as to)
668 **moderate** 発 アク [mɑ́(:)dərət]	形 適度な；並みの；穏やかな móderately 副 適度に

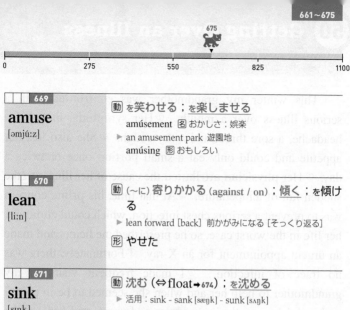

669 **amuse** [əmjúːz]	動 を笑わせる；を楽しませる amúsement 图 おかしさ；娯楽 ▶ an amusement park 遊園地 amúsing 形 おもしろい
670 **lean** [liːn]	動 (〜に) 寄りかかる (against / on)；傾く；を傾ける ▶ lean forward [back] 前かがみになる [そっくり返る] 形 やせた
671 **sink** [sɪŋk]	動 沈む (⇔ float→674)；を沈める ▶ 活用：sink - sank [sæŋk] - sunk [sʌŋk]
672 **roll** [roul]	動 転がる；を転がす ▶ roll up a blanket 毛布を巻く 名 一巻き；名簿 ▶ a roll of wire 針金一巻き
673 **pour** 発 [pɔːr]	動 を (〜に) 注ぐ (into)；流れ出る；(雨が) 激しく降る
674 **float** [flout]	動 浮かぶ (⇔ sink→671)；を浮かべる 名 浮くもの；救命具
675 **submit** アク [səbmít]	動 を (〜に) 提出する (to)；(〜に) 服従する，屈する (to) (≒ give in to) submíssion 图 提出；服従 submíssive 形 従順な

♀ 筆者の祖母がかかった病気の症状とは？

① This winter my grandmother was **confronted** with a serious illness over a month. ② Her **symptoms** included a headache, a sore throat and a dry cough. ③ She also lost her appetite and could only eat a small **portion** once or twice a day. ④ Her **physician attributed** the cause of her illness to the sudden fall of temperature. ⑤ At that time, his **prime** concern was to prevent a serious chest infection, which could **endanger** her life in the worst case, so he prescribed medicine, and made an urgent appointment for an X-ray. ⑥ Fortunately, there was no trace of infection. ⑦ I made **frequent** visits to my grandmother to help her and when she seemed to be in pain, I **embraced** her gently in my arms and comforted her. ⑧ She began to show a **slight** improvement, and finally she got better. ⑨ These days she can even take a walk every morning, which is **strengthening** her body. ⑩ During the winter season, we easily get the flu in the dry and cold weather. ⑪ Although there is no **absolute** way to avoid getting ill, we should be as careful as possible during the winter. ⑫ **Elderly** people are especially prone to catching the virus, so maintaining good health should be their **priority** in daily life.

◎ **語法・構文・表現**

② **sore throat**「のどの痛み」

③ **appetite** 名「食欲」

⑤ **prevent** 動「～を防ぐ；～を妨げる」
  a serious chest infection, which could endanger her life in the worst case「最悪の場合生命を危険な状態にさらす可能性のある重篤な肺感染症」 ▶which 以下は a serious chest infection を補足説明する関係代名詞節。
  prescribe 動「(薬) を処方する」
  make an appointment「(面会などの) 予約を入れる」

病気に打ち勝つ

📁 日常生活 [健康・医療]

　① この冬，私の祖母は 1 か月の間重い病気と向き合うことになった。② 症状には頭痛，のどの痛み，乾いた咳が含まれていた。③ 食欲も失い，1 日に 1，2 回少ない分量の食事を摂れるだけだった。④ 担当の医師は，病気の原因は気温の急激な低下にあるとした。⑤ そのとき医師の主な関心事は，最悪の場合生命を危険な状態にさらす可能性のある重篤な肺感染症を防ぐことにあったので，薬を処方し，X 線検査の予約を急遽入れた。⑥ 幸運にも，感染の形跡はなかった。⑦ 私は手伝いのために祖母のもとを頻繁に訪れ，痛みで苦しんでいるように見えるときは，腕の中に優しく抱いて，慰めた。⑧ 祖母はわずかな回復を見せ始め，ついにはよくなった。⑨ 近頃では毎朝散歩することさえできており，それが祖母の身体を強くしている。⑩ 冬季には，乾燥した冷たい天候で私たちは流感にかかりやすい。⑪ 病気を避ける絶対的な方法はないが，冬の間はできる限り注意するべきだ。⑫ 高齢者は特にウイルスに感染しやすいので，日々の生活では健康を維持することを最優先にしたほうがよい。

　　X-ray 名「エックス線：レントゲン検査」
⑥ trace 名「形跡」
⑩ flu 名「流感；インフルエンザ」
⑪ as 〜 as possible 「できる限り〜」
⑫ *be* prone to 〜「〜の傾向にある」
　　virus 名「ウイルス」
　　maintain 動「〜を維持する」

📒 単語の意味を確認しよう。

676 **confront** [kənfránt]	動 (問題などが) に立ちはだかる；(問題など) に立ち向かう *be* confronted with ～「～に直面する」 confrontátion [kà(:)nfrʌntéɪʃən] 名 対決
677 **symptom** [símptəm]	名 症状；(よくないことの) 兆候
678 **portion** [pɔ́ːrʃən]	名 部分；(食べ物の) 1人前；分け前 (≒ share) 動 を分割する
679 **physician** [fɪzíʃən]	名 内科医，医師 (≒ dóctor) ▶「外科医」は súrgeon [sɔ́ːrdʒən]。
680 **attribute** ⑦ [ətríbjùːt]	動 (結果) を (～の) せい [おかげ] と考える (to) ▶ よいことにも悪いことにも使う。 名 [ǽtrɪbjùːt] 特質
681 **prime** [praɪm]	形 最も重要な，第1の ▶ Prime Minister「首相」 名 〔普通 the [*one's*] ～〕全盛期 prímary 形 最も重要な；最初の；初等の
682 **endanger** [ɪndéɪndʒər]	動 を (滅亡の) 危険にさらす endángered 形 絶滅の危機にある ▶ endangered species 絶滅危惧種

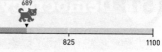

689

| 0 | 275 | 550 | 825 | 1100 |

683

frequent
⑦ [fríːkwənt]

形 頻繁な

fréquently 副 しばしば（≒óften），頻繁に
fréquency 名 しばしば起こること；頻度

684

embrace
[ɪmbréɪs]

動 を抱き締める（≒hug）；（申し出など）を受け入れる；を含む

名 抱擁

685

slight
[slaɪt]

形 わずかな，少しの

slíghtly 副 わずかに

686

strengthen
⑨ [stréŋkθən]

動 を強くする（⇔wéaken→53）；強くなる

stróng 形 強い
strength [stréŋkθ] 名 強さ，力

687

absolute
[ǽbsəljùːt]

形 絶対的な（⇔rélative 相対的な）；まったくの

▶ an absolute majority「絶対多数」
ábsolutely 副 （返事で）まったくそのとおり

688

elderly
[éldərli]

形 年配の

▶ old の遠回しな表現。
élder 形 年長の（⇔yóunger 年少の）

689

priority
[praɪɔ́(ː)rəti]

名 優先事項；優先

～'s first priority「～の最優先事項」
príor [práɪər] 形 （～より）前の（to）；より重要な

現代の民主体制とアテネの民主体制の違いは何か。

① People tend to regard the idea of democracy as a 20th-century phenomenon. ② However, the origins of democracy go back to the era of Greek civilization in the 4th and 5th century B.C. with the most famous example being the city-state of Athens. ③ The original concept came from the Greek poet and intellectual statesman Solon, who attempted to introduce changes to Greek civil society but failed. ④ One hundred years later, Cleisthenes used the ideas of Solon to lead a political movement against the tyrant Peisistratus, which led to the first democracy in Athens. ⑤ Cleisthenes's ideas were based on the ideal political structure where all members of a society were equal. ⑥ This became the foundation of Western thought.

⑦ There are fundamental differences between the modern democracies and the one in Athens. ⑧ First, there is the difference in relative size. ⑨ Athens only had 250,000 citizens, of which only 30,000 could vote. ⑩ Second, in modern democracies, citizens have the choice of choosing intelligent politicians to represent them and make important decisions. ⑪ Finally, there was a difference in who could actually vote. ⑫ In Athens, only males born within the city could vote, whereas in modern democracies all people over a certain age have the right to vote.

語法・構文・表現

① regard ~ as ... 「~を…と見なす」

② with the most famous example being the city-state of Athens 「最も有名な事例がアテネという都市国家で」 ▶with ~ being ... 「~が…の状態で」は付帯状況を表す。

③ statesman 图「政治家」

④ tyrant 图「僭主;専制君主」

民主主義

📁 社会 [政治]

① 人々は民主主義の概念を 20 世紀に生まれた現象だと見なす傾向にある。② しかし，民主主義の起源は紀元前 4 世紀から 5 世紀のギリシャ文明の時代にさかのぼり，その中で最も有名な事例がアテネという都市国家である。③ 大元の概念は，ギリシャ人の詩人であり理知的な政治家でもあったソロンが唱えた。彼はギリシャの市民社会に変化をもたらすことを試みたが失敗に終わった。④ 100 年後，クレイステネスがソロンの考えを用いて，僭主ペイシストラトスに対抗する政治運動を率い，これがアテネで最初の民主体制をもたらした。⑤ クレイステネスの概念は，社会に属するすべての構成員は平等であるという理想的な政治構造に基づいていた。⑥ これが西洋思想の基礎となった。

⑦ 現代における民主体制とアテネの民主体制との間には根本的な違いがある。⑧ 第一に，相対的な規模に違いがある。⑨ アテネには 25 万人の市民しかおらず，さらにそのうちの 3 万人のみが投票できたにすぎなかった。⑩ 第二に，現代の民主体制においては，自分たちを代表し，重要な決定を下す必要から，市民は知的レベルの高い政治家を選ぶ権利を持つ。⑪ 最後に，実際に投票できるのは誰であるかという点で違いがあった。⑫ アテネにおいては，アテネ市内で生まれた男性市民しか投票できなかったが，現代の民主体制においては，ある一定の年齢以上の国民は誰もが投票権を有している。

---

⑤ **the ideal political structure where all members of a society were equal**「社会に属するすべての構成員は平等であるという理想的な政治構造」▶where 以下は the ideal political structure を修飾する関係副詞節。

⑥ **Western thought**「西洋思想」

⑩ **represent** 動「〜を代表する」

⑫ **whereas** 接「ところが，…であるのに」

📗 単語の意味を確認しよう。

690 **democracy** ⑦ [dımá(:)krəsi]	名 <u>民主主義；民主政治</u> democrátic [dèməkrǽtɪk] 形 民主主義の ▶ the Democratic Party（アメリカの）民主党
691 **phenomenon** ⑦ [fəná(:)mənà(:)n]	名 <u>現象</u> ▶ 複数形は phenómena [fəná(:)mənə]。
692 **era** 発 [íərə]	名 <u>時代</u>（≒ périod） ▶ 重要な出来事により特徴づけられる「時代」や，歴史上の「〜時代」のこと。 ▶ the Meiji era「明治時代」
693 **civilization** [sìvələzéɪʃən]	名 <u>文明</u> cívilize [sívəlàɪz] 動 を文明化する cívil 形 市民の；民間の
694 **concept** ⑦ [ká(:)nsèpt]	名 <u>（〜の；…という）概念</u>（of；that節）；考え concéive 動 （考えなど）を抱く；受胎する concéption 名 概念，観念；受胎 concéptual 形 概念上の
695 **intellectual** ⑦ [ìntəléktʃuəl]	形 <u>知的な</u>；知性がある ▶ intelligent は「知能が高い」こと，intellectual は思考・教育により裏付けられた「知性がある」こと。 名 <u>知識人</u> íntellect 名 知性
696 **attempt** [ətémpt]	動 <u>（…すること）を試みる</u>（to do） 名 <u>試み，企て</u> ▶ in an attempt to do「…しようとして」

703

697

ideal

発 ア [aɪdíːəl]

形 (～にとって) 理想的な (for)

名 理想

idéally 副 理想的に (は)

698

structure

[strʌ́ktʃər]

名 構造；建築物

strúctural 形 構造 (上) の

699

equal

発 ア [íːkwəl]

形 (～に) 等しい (to)；平等な

動 に等しい；に匹敵する

equálity [ɪkwɑ́(ː)ləti] 名 平等

700

fundamental

発 [fʌ̀ndəméntəl]

形 基本の

名 〔普通～s〕基本

fundaméntally 副 基本的に；根本的に

701

citizen

[sítəzən]

名 国民；市民

cítizenship 名 市民権；国民であること

▶ dual citizenship「二重国籍」

702

intelligent

[ɪntélɪdʒənt]

形 知能の高い，聡明な

intélligence 名 知能

▶ intelligence quotient 知能指数 (略：IQ)

703

age

[eɪdʒ]

名 年齢，年；(特定の) 時代

動 年を取る；を老けさせる

aged 形 〔数詞を後に伴って〕～歳の；老齢の

áging 形 老いつつある；高齢化が進む

(52) Haggis

① Every country has its own traditions and most have their own unique traditional dish, served on a special day of the year. ② Each countries' national dish tastes special to the people living in that country, but may not appeal to people from other countries. ③ One such dish is haggis, the traditional dish of Scotland. ④ The contents of haggis are mostly sheep's pluck mixed with oatmeal and spices. ⑤ This is then pressed into a sheep's stomach, like stuffing a sausage. ⑥ Finally, the firm round pudding is cooked in boiling water.

⑦ Haggis traditionally was the sort of food poor people would eat because they could not afford real meat. ⑧ Now, haggis is the traditional dish that is associated with Burns Night. ⑨ On January 25th, actors read the works of Robert Burns, the famous Scottish poet, while the audience eat Haggis and drink Scottish whisky. ⑩ Contrary to most people's image of a dish made up of sheep's pluck, haggis is an excellent spicy dish, tasty enough to satisfy all hungry Scots on a special night.

語法・構文・表現

② **appeal to ~**「~に訴えかける；~を魅了する」

④ **sheep's pluck mixed with oatmeal and spices**「オート麦や香辛料と混ぜ合わせた羊の内臓」 ▶mixed with oatmeal and spices は sheep's pluck を修飾する過去分詞句。

⑤ **press ~ into ...**「~を…に押しこむ」
stuff 働「~を詰める」

⑥ **pudding** 图「プディング」 ▶ソーセージ状の料理を指す。

ハギス

📁 日常生活［料理・食事］

① どの国にも自国固有の<u>伝統</u>というものがあり，たいていの国は，1 年のうちの特別な日に出される独自の伝統料理をもっている。② それぞれの国の国民的料理はその国に暮らす人々にとっては特別な<u>味である</u>が，外国人の舌に訴えることはないかもしれない。③ そのような料理にスコットランドの伝統料理，ハギスがある。④ ハギスの<u>中身</u>はほとんどの場合，オート麦や香辛料と<u>混ぜ合わせた</u>羊の内臓である。⑤ さらにこれをソーセージを詰めるように羊の胃袋に<u>押し</u>こむ。⑥ 最後に，この<u>堅くて</u>丸いプディングを茹でるのだ。

⑦ ハギスは従来，貧しい人々が本物の肉を<u>金銭的に手に入れる余裕</u>がなかったために習慣的に食べる<u>種類</u>の料理だった。⑧ 現在では，ハギスはバーンズナイトを連想させる伝統料理である。⑨ 1 月 25 日，有名なスコットランドの詩人，ロバート・バーンズの作品を役者が朗読し，その間聴衆はハギスを食し，スコッチウイスキーを飲む。⑩ 羊の内臓でできている料理と聞いてたいていの人が<u>想像</u>するであろうこととは<u>反対</u>に，ハギスはスパイシーで<u>すばらしい</u>料理であり，それは特別な夜におなかをすかせたスコットランド人の誰をも<u>満足させる</u>ほどおいしいのだ。

---

⑦ **the sort of food poor people would eat**「貧しい人々が習慣的に食べる種類の料理」▶poor の前に目的格の関係代名詞 that や which が省略されていると考える。would は過去の習慣を表す助動詞。

⑧ **the traditional dish that is associated with Burns Night**「バーンズナイトを連想させる伝統料理」▶that is associated with Burns Night は the traditional dish を修飾する関係代名詞節。

⑩ **a dish made up of sheep's pluck**「羊の内臓でできている料理」▶made up of sheep's pluck は a dish を修飾する過去分詞句。

52 Haggis

単語の意味を確認しよう。

704 **tradition** ⑦ [trədíʃən]	名 伝統；伝承 tradítional 形 伝統的な
705 **taste** [teɪst]	動 ～の味がする；の味をみる 名 味；〔しばしば the ～〕味覚；(～の) 好み (for) tásty 形 味のよい (≒delícious)
706 **content** ⑦ [ká(:)ntent]	名 〔～s〕中身；(本・手紙などの) 内容；目次 ▶ a table of contents「目次」 形 [kəntént] (～に) 満足して (with) 動 [kəntént] を (～で) 満足させる (with) (≒sátisfy)
707 **mix** [mɪks]	動 を (～と) 混ぜる (with)；混ざる 名 混合 (物)；(水や熱を加えればできあがる) ～の素 mixed 形 混じり合った；雑多な ▶ mixed feelings 複雑な感情 míxture 名 混合物 ▶ a mixture of ～ ～の混合物
708 **press** [pres]	動 を押す；に (～を) 強要する (for) 名 圧縮；印刷 (所)；〔普通 the ～〕報道陣；新聞 préssure [préʃər] 名 圧力
709 **firm** [fəːrm]	形 確固とした；(質が) 堅い 名 (合資の) 会社 fírmly 副 断固として；堅く
710 **sort** [sɔːrt]	名 種類 (≒kind) 動 を分類する ▶ sort out ～「～を整理する」

| 0 | 275 | 550 | 825 | 1100 |

711
afford
[əfɔ́:rd]

動 を持つ余裕がある
▶ 普通 can, be able to を伴って否定文・疑問文で使う。
cannot afford to do 「…する余裕がない」
affórdable 形 入手可能な

712
audience
[ɔ́:diəns]

名 観衆，聴衆；(映画などの) 観客
▶「大観衆」は a large audience とし，many audience とは言わない。

713
contrary
(ア) [ká(:)ntrèri]

形 相反する
contrary to ~ 「~に反して」

名〔the ~〕(正) 反対
▶ on the contrary 「それどころか；まるで反対で」

714
image
(発)(ア) [ímɪdʒ]

名 イメージ，印象；映像

動 を心に描く
ímagery 名 (映) 像；イメージ
▶ image は可算名詞，imagery は不可算名詞。

715
excellent
[éksələnt]

形 (~に) 秀でている (at / in)；すばらしい
éxcellence 名 優秀さ
excél 動 秀でている；勝る

716
satisfy
(ア) [sǽtɪsfàɪ]

動 を満足させる
be satisfied with ~ 「~に満足している」
satisfáction [sæ̀tɪsfǽkʃən] 名 満足
satisfáctory [sæ̀tɪsfǽktəri] 形 満足のいく

🔎 スモッグの発生はどのような問題を引き起こしているのか。

① One of the most dangerous problems of urban living is that of "smog." ② The word "smog" comes from combining the words "smoke" and "fog"; it was first noticed in 17th century London. ③ The smoke coming from wood and coal fires combined with London fog to create smog. ④ Nowadays, in cities such as Beijing and Mexico City, smog is created from the emissions of vehicles and factories, whereas in cities like Delhi, a major element of the smoke comes from the burning of straw in surrounding agricultural land. ⑤ To a large degree, the creation of smog also depends on the weather, as fog is created when a moist air mass rises and cools. ⑥ One of the most extreme cases of smog occurred in Beijing in December 2016, when the local government gave a message to the public that people should stay indoors and schools and companies should be closed. ⑦ Smog is known for marking buildings by changing the color of the stone. ⑧ However, more importantly, it causes many health problems such as breathing problems and even cancer. ⑨ Though solving any of its problems may seem difficult, the authorities cannot just excuse "smog" as inevitable.

🎯 語法・構文・表現 〰〰〰〰〰〰〰〰〰〰〰〰〰〰〰〰〰〰〰〰〰〰〰〰〰〰〰〰〰〰〰〰〰〰

② **notice** 動「〜に気づく；〜に注目する」

③ **The smoke coming from wood and coal fires combined with London fog to create smog**「木材と石炭が燃えてそこから煙が生じ，それがロンドンの霧と結びついて，スモッグになった」▶coming from ... fires は The smoke を修飾する現在分詞句。to 以下は結果を表す不定詞句。

④ **straw** 图「(麦) わら」
surrounding 圈「周囲にある」
agricultural 圈「農業の」

スモッグ

📁 自然［天候・気候］

① 都市生活において最も危険な問題の一つに「スモッグ」の問題がある。② 「スモッグ(smog)」という語は，「煙(smoke)」と「霧(fog)」という語を<u>組み合わせて</u>できたもので，17 世紀のロンドンにおいて初めて注目された。③ 木材と石炭が燃えてそこから煙が生じ，それがロンドンの霧と結びついて，スモッグになった。④ 現在，北京やメキシコシティなどの都市では，<u>車</u>や工場の排出物からスモッグが発生している<u>のに対し</u>，デリーなどの都市では周辺農地で麦わらを<u>燃やすこと</u>が，煙を生み出す主な<u>要因</u>となっている。⑤ スモッグの発生はかなりの<u>程度</u>天候にも左右される。というのも，湿った空気の<u>かたまり</u>が<u>上昇して</u>冷えると，霧が発生するからである。⑥ スモッグの最も<u>極端な</u>事例の一つが 2016 年 12 月に北京で<u>起こった</u>。その時地方政府は，人々は屋内に待機し，学校と企業は閉鎖するようにという<u>メッセージ</u>を市民に発した。⑦ スモッグは，石材を変色させて建物に<u>汚れの跡を残す</u>ことで知られている。⑧ しかし，より重要なことは，それが呼吸困難や場合によっては癌(がん)など，数多くの健康問題を引き起こすことだ。⑨ その問題はどれも<u>解決する</u>ことが難しいように思えるが，当局は「スモッグ」をただ避けられないものとして<u>大目に見て</u>はならないのである。

---

⑤ **to a ~ degree**「～の程度」
  creation 图「発生；生成」
  moist 厖「湿った」

⑥ **gave a message to the public that ...**「…というメッセージを市民に発した」
  ▶that 以下は message の内容を表す同格節。

⑦ ***be* known for ~**「～で知られている」

⑧ **breathing problem**「呼吸困難；呼吸障害」

221

📖 単語の意味を確認しよう。

717 **combine** [kəmbáin]	動 を (〜と) 組み合わせる (and / with) combinátion 名 結合 (体)
718 **vehicle** 発 [víːəkl]	名 車, 乗り物
719 **whereas** ア [hweəræz]	接 …だけれども；その一方で
720 **element** [élɪmənt]	名 要素 ▶ an element of 〜 いくらかの〜 eleméntary [èlɪméntəri] 形 初等 (教育) の；初歩の；基本の
721 **burn** [bəːrn]	動 を燃やす；燃える ▶ burn out 燃え尽きる；(体力・気力など) を使い果たす ▶ 過去形・過去分詞形は burned だが, 英 では burnt も使う。過去分詞の形容詞用法は 英・米 ともに burnt。 名 やけど；日焼け
722 **degree** [dɪgríː]	名 程度 (≒extént)；(温度などの) 度；(大学の) 学位 ▶ by degrees「徐々に」(≒ grádually)
723 **mass** [mæs]	名 〔the 〜es〕大衆；〔the 〜〕(〜の) 大多数 (of)；たくさん；かたまり；質量 ▶ a mass of 〜「たくさんの〜」 形 大量の；大衆の ▶ mass production「大量生産」 ▶ the (mass) media「マスメディア, マスコミ」 mássive 形 大きくて重い；大量の
724 **rise** [raɪz]	動 上がる, 昇る；増す ▶ 活用：rise - rose - risen [rízən] 名 上昇；増加

| 0 | 275 | 550 | 825 | 1100 |

725

extreme
[ɪkstrí:m]

形 極端な

名 極端

▶ go to extremes 極端に走る
extrémely 副 極端に，非常に

726

occur
発 アク [əkə́:r]

動 (事が) 起こる；(考えが) (人の) 心に浮かぶ (to)

▶ It occurred to me that ... 「…という考えが浮かんだ」
occúrrence [əkə́:rəns] 名 出来事

727

message
発 [mésɪdʒ]

名 伝言，メッセージ；〔単数形で〕(本・演説などの) 要点

728

mark
[mɑːrk]

動 (印など) を (～に) つける (on)；に (印などを) つける (with)

名 印；記号；〔主に 英〕(成績などの) 点

729

solve
[sɑ(:)lv]

動 を解決する；を解く

solútion [səlú:ʃən] 名 解決 (法)；解答

730

authority
アク [ə:θɔ́:rəti]

名 〔普通the ～ties〕当局；権威；権限

áuthorize 動 に (…する) 権限を与える (to do)

731

excuse
発 [ɪkskjú:z]

動 を大目に見る；の言い訳をする；(義務など) を免除する

▶ Excuse me. すみません [ちょっと失礼します]。

名 [ɪkskjú:s] 言い訳

223

54 No Pain, No Gain

🔍 体力づくりを始めるにあたって筆者が学んだ教訓とは。

①I used to exercise regularly, but I **abandoned** the gym years ago. ②But I've always **admired** people who take care of themselves. ③So this year, I decided to **alter** my routine and go to the gym again.

④The first day at the gym, I felt fresh after working out. ⑤My wife **praised** me for making the change. ⑥I was so proud of myself for showing up that I thought I deserved to be **awarded** a trophy.

⑦The second day at the gym, my trainer **warned** me to start slowly. ⑧I thought my body would quickly become accustomed to my trips to the gym, but I was wrong. ⑨I was in a lot of **pain** because I pushed myself too hard. ⑩It took me a week to **recover** from my first workout. ⑪My arms were so sore that I could feel them hurting even while I was **asleep**. ⑫It took days for my muscles to **adjust** to being used.

⑬I learned a **crucial** lesson. ⑭If you want to start exercising, be reasonable. ⑮I'm hoping that after a few months, I'll be **thin** and fit. ⑯But I know that will require daily **discipline**.

語法・構文・表現 ∞∞∞∞∞∞∞∞∞∞∞∞∞∞∞∞∞∞∞∞∞∞∞∞∞∞∞∞∞∞∞∞∞∞∞∞

① **regularly** 副「定期的に」

② **people who take care of themselves**「自分の体を気遣っている人」 ▶who 以下は people を修飾する関係代名詞節。

③ **routine** 名「日課」

④ **work out**「体を鍛える」

⑥ **show up**「現れる；姿を現す」

⑧ **become accustomed to ～**「～に慣れる」
   trip 名「出かけること；外出」

224

📁 日常生活 [スポーツ]

① 私は，以前は定期的に運動をしていたが，何年も前にジムに通うのを<u>やめた</u>。② けれども自分の体を気遣っている人にはいつも<u>感服して</u>いた。③ そこで今年，私は習慣を<u>見直し</u>，再びジムに通うことにした。

④ ジムの初日，トレーニングを終えると<ruby>爽快<rt>そうかい</rt></ruby>な気分だった。⑤ 妻が私の変化を<u>褒めてくれた</u>。⑥ 私はジム通いを誇らしく思い，トロフィーを<u>授かる</u>のに値するほどだと思った。

⑦ 2日目のジムで，トレーナーは私に，ゆっくり進めるように<u>警告を与えた</u>。⑧ 私は，私の体がジム通いにすぐに慣れるものと思っていたが，間違っていた。⑨ 無理をさせすぎたため，つらい<u>筋肉痛</u>になったのだ。⑩ 最初のトレーニングから<u>回復する</u>のに1週間を要した。⑪ 腕がズキズキと痛み，<u>眠っている</u>間も痛みを感じた。⑫ 筋肉が使われることに<u>順応する</u>まで何日もかかった。

⑬ 私は非常に<u>重要な</u>教訓を学んだ。⑭ 運動を始めたいなら，無理のないようにすべきなのである。⑮ 数か月後，私は<u>やせて</u>健康になることだろう。⑯ しかし，それには日々の<u>鍛錬</u>が必要だと私にはわかっている。

⑩ **workout** 图「トレーニング」

⑪ **sore** 厖「ズキズキと痛んで」
hurt 動「痛む」

⑬ **lesson** 图「教訓」

⑭ **reasonable** 厖「道理をわきまえた」

⑮ **fit** 厖「健康で；体調がよい」

📖 単語の意味を確認しよう。

732

abandon
[əbǽndən]

動 を捨てる；を断念する（≒ give up）
abándoned 形 放棄された

733

admire
[ədmáɪər]

動 に（~のことで）感嘆する（for）；を称賛する
（≒ praise）
ádmirable [ǽdmərəbl] 形 見事な
admirátion 名（~に対する）感嘆（for）

734

alter
発 [ɔ́:ltər]

動 を変える（≒ change）；変わる
▶ 主に部分的に変えるときに使う。
alterátion 名 変更

735

praise
発 [preɪz]

動 を（~のことで）褒める（for）
名 賞賛

736

award
発 [əwɔ́:rd]

動 (人)に(賞など)を授与する
A is awarded B / B is awarded to A 「A(人)がB(賞など)を授与される」
名 賞
▶ Academy Award「アカデミー賞」

737

warn
発 [wɔːrn]

動 に（~を；…ということを）警告する（of / about / against；that 節）
wárning 名 警告

738

pain
[peɪn]

名 痛み；〔~s〕骨折り，苦労
動 に苦痛を与える；(身体の一部が)痛む
páinful 形 痛ましい；痛みを伴う
páinless 形 無痛の

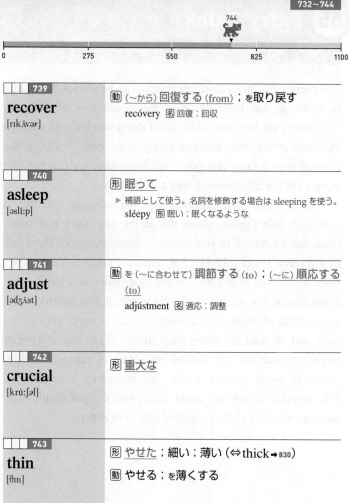

0　　　　275　　　　550　　　　825　　　　1100

739
recover
[rɪkʌ́vər]

動 (〜から) 回復する (from)；を取り戻す
recóvery 名 回復；回収

740
asleep
[əslíːp]

形 眠って
▶ 補語として使う。名詞を修飾する場合は sleeping を使う。
sléepy 形 眠い；眠くなるような

741
adjust
[ədʒʌ́st]

動 を (〜に合わせて) 調節する (to)；(〜に) 順応する (to)
adjústment 名 適応；調整

742
crucial
[krúːʃəl]

形 重大な

743
thin
[θɪn]

形 やせた；細い；薄い (⇔thick→830)
動 やせる；を薄くする

744
discipline
[dísəplɪn]

名 規律，しつけ；訓練；(学問の) 一分野
▶ academic disciplines 学問の諸分野
動 を訓練する，しつける
self-díscipline 名 自己訓練

♀ 17世紀のフランスで語られていた『赤頭巾ちゃん』はどのような内容だったのだろうか。

① Fairy tales these days often appear to be stories that relate to children, for they describe the adventures of children. ② Children are the central focus of many stories, and through skill and effort, they become happy at the end. ③ This is the normal way a fairy tale goes, and therefore, we can see that stories are for children and only for children.

④ Well, while many people may just suppose that this is true, fairy tale experts claim that in the past, fairy tales were often for adults. ⑤ If you compare passages from *the Little Red Riding Hood* told in 17th century France with the ones from today, you may find that the older story was much more appropriate for adults. ⑥ For example, a French storyteller might think of the wolf as a man; the story is really about what men and women do when they meet. ⑦ Or, the storyteller might say that the girl walked on a path of pins or needles, which to some experts, means her becoming a seamstress. ⑧ Today, this story is not about which path the girl should take, but only whether children should talk to strangers.

◎語法・構文・表現

① **appear to be ～**「～のように思われる」
stories that relate to children「子供に関する話」 ▶that 以下は stories を修飾する関係代名詞節。
for 圏「というのは…だからだ」
describe ▶「～の特徴を述べる」の意味を表すが，ここでは「～を（言葉で）描写する」の意味で用いられている。

③ **the way ～ goes**「（話など）の進み方；語られ方」

📁 文化［音楽・芸術・文学］

① 近頃のおとぎ話は子供に関する話であるように思われることが多い。それはおとぎ話が子供の冒険を描いているためである。② 子供は多くの物語において焦点の当たる中心的存在であり，彼らは技を駆使し努力を通じて，最後には幸せを手に入れる。③ これがおとぎ話の通例の描かれ方であり，そのため，私たちは物語が子供向けであり，子供だけを対象にしたものだと考えることがある。

④ さて，これが正しいと思ってしまう人も多いかもしれないが，おとぎ話の専門家が主張するところによれば，おとぎ話はその昔，しばしば大人向けのものであった。⑤ 17 世紀のフランスで語られていた『赤頭巾ちゃん』の一節を現代のそれと比較すれば，古い話のほうがはるかに大人にふさわしいものだったことに気づくだろう。⑥ たとえば，フランス人の語り部はオオカミを男性と見なすかもしれない。その話は，実際には男女が出会うとどのようなことになるのかについて語られたものであると。⑦ あるいはその語り部は，少女は留め針か縫い針の道を歩いてきたと語るかもしれない。それは一部の専門家から見れば，彼女が縫い子になることを暗示している。⑧ 今日この話は，少女がどの道を行くべきかに関する話ではなく，単に子供が見知らぬ人と話をするべきかどうかという話になっている。

---

⑤ **told in 17th century France**「17世紀のフランスで語られていた」 ▶passages （from *the Little Red Riding Hood*）を修飾する過去分詞句。

⑥ **think of ～ as ...**「～を…と考える」

⑦ **path** 图「道；（人生の）進路」
pin 图「留め針；ピン」
needle 图「縫い針」
seamstress 图「縫い子；女性裁縫師」

📙 単語の意味を確認しよう。

745
relate
[rɪléɪt]

動 (を)(〜と) 関連づける (to)
be related to 〜 「〜と関係がある」
relátion 图 〔〜s〕 関係；関連
relátionship 图 関係；間柄

746
describe
[dɪskráɪb]

動 の特徴を述べる；を (〜と) 言う (as)
descríption [dɪskrípʃən] 图 説明；描写

747
central
[séntrəl]

形 中心的な
cénter 图 中心

748
focus
[fóʊkəs]

動 を (〜に) 集中させる (on)；(〜に) 焦点を合わせる (on)
图 (活動・注目などの) 焦点

749
skill
[skɪl]

图 技術, 技能；熟練
skilled 形 熟練した
skíllful 形 巧みな；熟練した (≒ skilled)

750
effort
⑦ [éfərt]

图 努力
▶ make an effort to *do* 「…する努力をする」

751
normal
[nɔ́ːrməl]

形 普通の (⇔abnórmal 異常な)；正常な；標準の
norm 图 〔〜s〕 規範；基準
nórmally 副 普通は

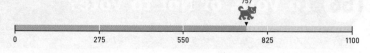

| 0 | 275 | 550 | 825 | 1100 |

752

therefore
㋐ [ðéərfɔ̀:r]

副 したがって，その結果
▶ so より堅い語。

753

suppose
[səpóuz]

動 (たぶん)(…だ) と思う (that節)(≒think)；〔文頭で接続詞的に〕もし (…) ならば (that節)(≒if)；と仮定する
▶ be supposed to do「…することになっている；〔否定文で〕…してはいけない」
supposed 形 そうだと思われている
supposedly [səpóuzɪdli] 副 たぶん，おそらく

754

claim
[kleɪm]

動 を主張する；を要求する
claim that ...「…であると主張する」
名 主張；要求
▶「クレームをつける」は make a complaint。

755

compare
[kəmpéər]

動 を比べる；を (~に) たとえる (to)
compare A with [to] B「AをBと比べる」
▶ (as) compared with [to] ~「~と比べて」
comparison 名 比較

756

passage
㋪ [pǽsɪdʒ]

名 (文章の) 一節；通行；通路
pass 動 通る
名 通行証；山道
passenger 名 乗客

757

appropriate
㋪㋐ [əpróupriət]

形 (~に) 適切な (for / to)
▶ ある目的や状況などに「ふさわしい」こと。
inappropriate 形 不適切な

---

56 To Vote, or Not to Vote?

投票について，筆者は私たちに何をすべきだと言っているか。

① How do voters in democratic countries feel about voting? ② Whether you live in an area with a small or large population, it's really hard not to get involved. ③ For instance, let's say that there is a political movement in your area, and you meet a politician, who stands there saying negative things in some cases, but in other cases says all the right things that put you in a positive state. ④ Well, then, how will you vote if there are both good and bad things about this person? ⑤ In other words, will you try to take control of the politician's future by voting, or, rather, avoid it all by staying home on voting day? ⑥ After all, you are only one individual voter. ⑦ But then again, you may think that if you don't do anything, you will have to just accept whatever happens because you didn't do anything about it. ⑧ You should get out there and take the time to learn about your politicians, so you can vote for the one who you think will be the best for society.

語法・構文・表現

① voter 图「（選挙権を持つ）有権者」＜ vote 動「投票する」
　democratic 形「民主的な」

② whether ～ or ... 「～であろうと…であろうと」

③ instance ▶「事例」の意味だが，ここでは for instance で「たとえば」（≒ for example）の意味で用いられている。
　let's say that ... 「仮に…としよう」
　politician 图「政治家」
　all the right things that put you in a positive state 「あなたを前向きな状態にしてくれる申し分のない言葉すべて」 ▶that 以下は all the right things を修飾する関係代名詞節。

232

社会［政治］

①民主国家の有権者は投票することに対してどのように感じているだろうか。②あなたが<u>人口</u>の少ない地域に住んでいようと，多い地域に住んでいようと，実際このことに<u>関わら</u>ないでいるのは難しい。③<u>たとえば</u>，あなたの住む地域で何らかの<u>政治的な運動</u>があるとしよう。あなたはある政治家に出会うが，そこでその人は，ある場合には<u>否定的</u>なことを口にしながら<u>立っている</u>。しかしある場合にはあなたを<u>前向きな状態</u>にしてくれる申し分のない言葉をすべて並べ立てる。④さて，それで，この人に関して良い面と悪い面の両方がある場合に，あなたはどのような投票行動をとるだろうか。⑤つまり，あなたは投票することを通じてこの政治家の将来を左右しようとするのか，それとも<u>むしろ</u>，投票日には家にいて，そうしたことをすっかり<u>避け</u>ようとするだろうか。⑥結局のところ，あなたは<u>個人の</u>一有権者にすぎないのである。⑦とは言え，あなたは次のように考えるかもしれない。もし何もしなければ，何もしなかったがゆえに，どんなことが<u>起き</u>ようともそれをただ受け入れるしかないだろうと。⑧あなたは家を出て，時間を取って政治家たちについて知ろうとすべきである。そうすれば，あなたが社会にとって最も有益だろうと思う人に，一票を投じることができるのである。

⑤ **in other words**「つまり；言い換えると」
take control of ～「～を支配する」

⑥ **after all**「結局のところ」

⑧ **take the time to *do***「（わざわざ）時間を取って…する」
the one who you think will be the best for society「あなたが社会にとって最も有益だろうと思う人［政治家］」▶who 以下は the one（＝ the politician）を修飾する関係代名詞節。この関係代名詞節は you think（that）<u>the one</u> will be the best for society を前提としている。

📖 単語の意味を確認しよう。

758

population
[pὰ(:)pjuléɪʃən]

名 人口；(ある地域の)(全)住民；(動物の)総数

▶ 「多い人口」は a large population。many は使わない。
pópulate 動 に住みつく
pópular 形 人気のある

759

involve
[ɪnvά(:)lv]

動 を巻き込む；を含む

get involved in ～ 「～に巻き込まれる」
▶ be involved in [with] ～ ～と関わりがある
invólvement 名 巻き込まれること，関与，参加

760

instance
⑦ [ínstəns]

名 (具体)例 (≒ exámple)；場合 (≒ case)

▶ for instance 「たとえば」(≒ for example)

761

political
⑦ [pəlítɪkəl]

形 政治の

pólitics 名 政治
polítician [pὰ(:)lətíʃən] 名 政治家

762

movement
[mú:vmənt]

名 (政治的な)運動；動き

move 動 動く；引っ越す；を動かす；を感動させる
mótion 名 運動；動き，動作

763

stand
[stænd]

動 を我慢する (≒ bear)；立つ，立っている

▶ 「を我慢する」の意では普通，否定文・疑問文で使う。
▶ 活用：stand - stood [stʊd] - stood

名 台；〔しばしばthe ～s〕観客席

764

negative
[négətɪv]

形 好ましくない，消極的な (⇔pósitive →766)；否定の

名 否定 (表現)

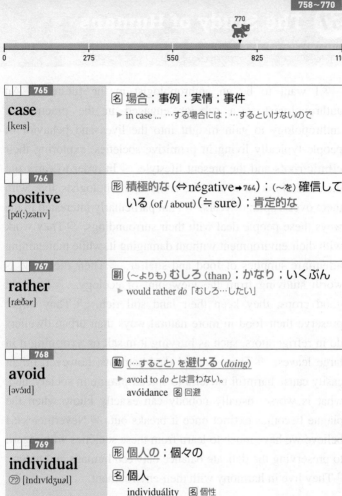

765 **case** [keɪs]	名 場合；事例；実情；事件 ▶ in case ... …する場合には；…するといけないので
766 **positive** [pá(:)zətɪv]	形 積極的な（⇔négative→764）；（～を）確信している (of / about)（≒sure）；肯定的な
767 **rather** [rǽðər]	副 (～よりも) むしろ (than)；かなり；いくぶん ▶ would rather *do*「むしろ…したい」
768 **avoid** [əvɔ́ɪd]	動 (…すること) を避ける (*doing*) ▶ avoid to *do* とは言わない。 avóidance 名 回避
769 **individual** ⑦ [ìndɪvídʒuəl]	形 個人の；個々の 名 個人 individuálity 名 個性 indivídualism 名 個人主義
770 **happen** [hǽpən]	動 (事が) 起こる；たまたま (…) する (to *do*) ▶ happen to ～ ～に降りかかる，起こる

🔍 自然の中で暮らす人々が環境維持のためにしていることは何か。

①I want to be an anthropologist in the future. ②An anthropologist is a scholar engaged in the practice of anthropology to gain insight into the lives and behavior of people typically living in primitive societies, exploring their ethnic roots and the present lifestyle. ③In order to carry out their missions as a scholar, some anthropologists live with them over a span of years. ④I am particularly interested in the ways these people deal with their surroundings. ⑤They work with their environment without damaging it, while maintaining adequate supplies of food and shelter. ⑥Their diet style is worth studying from the viewpoint of ecology. ⑦To yield good crops, they keep their land soil rich. ⑧They might preserve their food in more natural ways than urban dwellers do in refrigerators, such as burying it in salt or wrapping it in large leaves. ⑨These natural environments, however, might easily cause harmful bacteria to spread plague in society, and, what is worse, usually nobody can exactly know when the plague becomes extinct once it breaks out. ⑩Nevertheless, I believe we have much to learn from these societies with regard to preserving the delicate balance between humans and nature. ⑪They live in harmony with their environment.

◎ 語法・構文・表現 〰〰〰〰〰〰〰〰〰〰〰〰〰〰〰〰〰〰〰〰〰〰〰〰〰〰〰〰〰

① **anthropologist** 图「人類学者」＜ **anthropology** 图「人類学」

② **a scholar engaged in ～**「～に従事している学者」 ▶engaged 以下は a scholar を修飾する過去分詞句。
  people typically living in primitive societies「たいていは未開の社会に暮らす人々」 ▶typically living in primitive societies は people を修飾する現在分詞句。
  explore 動「～を探る」

③ **carry out ～**「～を実践する」

📁 文化［歴史・人類・文明・風俗］

① 私は将来，人類学者になりたいと思っている。② 人類学者とは，たいていは未開の社会に暮らす人々の生活や行動についての洞察を得るため，人種的なルーツや現在の生活様式を探りながら人類学の実践に取り組む学者のことである。③ 人類学者のなかには学者としての使命を果たすために，彼らと何年もの期間にわたって一緒に生活するものもいる。④ 私はこうした人々が周囲の状況に対処する仕方に特に関心がある。⑤ 彼らは食料や住居の備えを十分に維持しながら，環境に害を与えることなく環境と共に活動する。⑥ 彼らの食事の様式は生態学の観点から研究するのに値する。⑦ 彼らは作物を十分に生産するために土壌を豊かに保つ。⑧ 食料を塩の中に埋めたり，大きな葉でくるんだりするというように，都会の住民が冷蔵庫で保存するよりももっと自然なやり方で食料を保存するかもしれない。⑨ しかしこのような自然に囲まれた環境においては有害なバクテリアによって社会に疫病が蔓延しやすくなるかもしれないし，さらに悪いことには，そうした疫病がいったん発生すると，それがいつ終息するのか正確なところはたいてい誰にもわからない。⑩ それにもかかわらず，人間と自然とが微妙なバランスを保っていくことに関して私たちはこうした社会から学ぶべきことが多くあると，私は信じている。⑪ 彼らは環境と調和を保ちながら生きているのだ。

---

④ deal with ~「~に対処する」

⑤ maintain 動「~を維持する」

⑥ *be* worth *doing*「~する価値がある」

⑧ urban dweller「都会の住民」

⑨ what is worse「さらに悪いことに」
　 break out「（疫病などが）突然発生する」

⑩ with regard to ~「~に関して」

57 The Study of Humans

■ 単語の意味を確認しよう。

771
scholar
[ská(:)lər]

名 (主に人文系の) 学者；奨学生
schólarly 形 学者らしい
schólarship 名 奨学金

772
insight
⑦ [ínsàit]

名 (～への) 洞察 (力)(into)

773
primitive
発 [prímətɪv]

形 原始の；初期段階の
▶ primitive tribes 未開の種族

774
ethnic
⑦ [éθnɪk]

形 民族の，人種の
ethnícity 名 民族性；民族的団結

775
root
[ru:t]

名 〔～s〕 起源，ルーツ；根源；根

動 を根づかせる

776
mission
[míʃən]

名 使命，任務；使節 (団)
míssionary 名 宣教師
　　　　　 形 伝道の

777
span
[spæn]

名 期間；全長
▶ one's life span「寿命」

778
adequate
発⑦ [ǽdɪkwət]

形 十分な (≒sufficient)(⇔inádequate 不十分な)；適切な
ádequately 副 適当に，十分に
ádequacy 名 適切さ，妥当性

| 0 | 275 | 550 | 825 | 1100 |

779
shelter
[ʃéltər]

名 避難 (所)；収容所；住まい

動 を (~から) 保護する (from)；を避難させる；(風雨などを) 避ける

780
diet
[dáɪət]

名 (日常の) 食事；ダイエット；〔普通 the D~〕(日本などの) 国会

▶ go on a diet「ダイエットをする」

781
yield
[jiːld]

動 を産出する (≒ prodúce)，(利益など) を生む；(~に) 屈する (to)

名 産出 (物)；利益

782
bury
(発) [béri]

動 を埋める (⇔ dig→188)；を埋葬する

▶ berry「(果実の) ベリー」と同音。
búrial [bériəl] 名 埋葬

783
wrap
[ræp]

動 を (~で) 包む (in)

名 包み；(食品用) ラップ
wrápping 名 〔~s〕包装紙

784
plague
(発) [pleɪg]

名 疫病；厄介なもの [人]

動 を絶えず苦しめる

785
extinct
[ɪkstíŋkt]

形 絶滅した；(火などが) 消えた
extínction 名 絶滅；消火
extínguish [ɪkstíŋgwɪʃ] 動 を失わせる；(火など) を消す
extínguisher 名 消火器 (= fire extinguisher)

58 The Future Career

⚲ 職業選択において重視すべきことはどのようなことか。

① Before graduating from university, students anticipate what their future career will be. ② Many of them may feel the need to earn a large enough income to live comfortably. ③ Indeed, many working people consider money to be the key factor. ④ Although they don't have to make a prompt decision, students should be careful with their choice of career. ⑤ Many students may think fulfilling their dreams is ideal, but the most important thing is to try to find a job that suits their personality or matches their interests. ⑥ However, they should not focus too hard on what they might perceive the career prospects of their first job to be. ⑦ Whatever job they may choose, they should just try to do their best and obtain as much experience as possible from it. ⑧ If they find the job doesn't fit them, however, they can shift their career course. ⑨ Getting a new job is like opening a new channel to the world. ⑩ I believe that all students are able to get a job where they will have the potential for personal development.

◎ 語法・構文・表現 ～～～～～～～～～～～～～～～～～～～～～～～～～～

③ consider ～ to be ... 「～を…だと見なす」

⑤ a job that suits their personality or matches their interests「自分の性格にふさわしく，自分の関心に合う仕事」 ▶that 以下は a job を修飾する関係代名詞節。suits と matches が or で並列されている。

⑥ what they might perceive the career prospects of their first job to be「最初に就く職業の将来性をどのようなものであると感じるか」 ▶perceive ～ to be ...「～を…であると感じる」の「…」の部分が what となり，前に出た形。

将来就く職業

英文レベル ☆☆☆

177 words

📁 産業［職業・労働］

① 学生は大学を卒業する前に自分の将来の職業が何になるのかを予期する。② 彼らの多くは，快適に暮らすのに十分高い収入を稼ぐ必要があると感じているかもしれない。③ 事実，働く人々の中にはお金を重要な要素と考える人も多い。④ 迅速な決定を下す必要はないが，学生は職業の選択に慎重であるべきだ。⑤ 多くの学生は夢をかなえることが理想的なことだと考えているかもしれないが，最も重要なことは自分の性格にふさわしく，自分の関心に合う仕事を見つけ出そうとすることだ。⑥ しかし，最初に就く職業の将来性がどのようなものであると感じるかについてあまり焦点を当てすぎないほうがいい。⑦ どんな職業を選ぶにしても，ただ最善を尽くし，そこからできる限り多くの経験を得られるようにすべきだ。⑧ けれども，もし仕事が自分に合わないと思うのであれば，職業上の進む道を方向転換することもできる。⑨ 新しい仕事に就くことは，世界に向けて新しい経路を切り開くようなものだ。⑩ 私は，すべての学生が個人の成長への可能性を持てるような仕事に就くことができると信じている。

---

⑦ **whatever ～ S may** *do*「Sがどんな～を…するとしても」▶副詞節。
as much experience as possible「できる限り多くの経験」▶as ～ as possible で「できる限り～」。

⑩ **a job where they will have the potential for personal development**「彼らが個人の成長への可能性を持てるような仕事」▶where 以下は a job を修飾する関係副詞節。

241

■ 単語の意味を確認しよう。

786

graduate
[grǽdʒuèɪt]

動 (~を) 卒業する (from)

名 [grǽdʒuət] 卒業生 (英 大学卒業生)
graduátion 名 卒業

787

anticipate
[æntísɪpèɪt]

動 を予期 [予想] する；を楽しみに待つ
anticipátion 名 予期；期待

788

career
発 ア [kəríər]

名 (~としての) 経歴 (as)；(生涯の) 職業
▶ a career path「職業の進路」

789

earn
[ə:rn]

動 を稼ぐ；得る
▶ earn one's living「生計を立てる」
éarnings 名 収入

790

income
ア [ínkʌm]

名 (定期) 収入 (⇔expénse, óutgo 支出)
▶ 「収入の多少」は high / low または large / small で表す。
▶ on a ~ income「~の収入で」

791

prompt
[prɑ(:)mpt]

形 迅速な (⇔slow 遅い)；(人が) 機敏な

動 を駆り立てる
▶ prompt ~ to do「~ (人) を促して…させる」
prómptly 副 迅速に；すぐに

792

careful
[kéərfəl]

形 注意深い (⇔cáreless 不注意な)
care　名 世話；注意；心配
　　　動 (を) 気遣う
cárefully 副 注意して；念入りに

793

fulfill
ア [fʊlfíl]

動 (要求・希望など) を満たす；(役割・義務など) を果たす
▶ fulfill a hope「希望をかなえる」
fulfíllment 名 実現；満足感；遂行

800

0	275	550	825	1100

794

suit
発 [su:t]

動 に (色・服などが) 似合う；に都合がよい；を (~に) 適合させる (to)

名 スーツ；訴訟 (≒láwsuit)
súitable 形 (~に) 適した (for) (≒fit)

795

match
[mætʃ]

動 (と) 調和する；に匹敵する
▶ match は「色・柄などが調和する」, fit は「型・大きさが人に合う」, suit は「色・衣服などが人に似合う」。

名 試合；競争相手；よく合う物 [人]

796

perceive
[pərsí:v]

動 を知覚する；がわかる
percéption [pərsépʃən] 名 知覚；認識
percéptive 形 直感の鋭い

797

prospect
[prá(:)spekt]

名 (~の；…という) 見込み，可能性 (of / for；that節)；〔~s〕将来性
prospéctive 形 見込みのある；予想される

798

shift
[ʃɪft]

動 (位置・方針など) を変える；を移動させる；変わる

名 変化，転換；(交替制の) 勤務時間
▶ work in three shifts 3交替制で働く

799

channel
発 [tʃǽnəl]

名 〔しばしば~s〕(情報などの) 伝達経路；(テレビの) チャンネル；水路
▶ the (English) Channel 英仏 [イギリス] 海峡

動 (エネルギー・資金など) を (~のルートを) 通して送る (through)；を (~に) 注ぐ (into)

800

potential
[pəténʃəl]

形 潜在的な

名 潜在能力；可能性

243

🔎 寒波はこの町にどんな状況をもたらしているか。

① The rare weather conditions have continued to cause terrible problems across the entire region. ② Freezing temperatures have caused the surfaces of roads to be covered with ice. ③ Hundreds of people have slipped and fallen, tearing muscles in legs and arms. ④ Some have slipped and hit their heads on roads, causing serious injuries, and are lucky to be alive. ⑤ The most dangerous time is early in the morning, when the empty streets are quiet. ⑥ Temperatures are so low that anybody who falls and cannot get up can freeze to death. ⑦ To further complicate the situation, if people slip on someone's driveway, from a legal perspective, the resident who manages the driveway is responsible and may have to pay for medical costs. ⑧ This has led to a series of false claims, so police are treating the issue very seriously. ⑨ Heavy snowfall in some areas has also led to cars being stuck in the snow. ⑩ However, the level of danger should decrease in the next couple of days because warmer weather is now on the way.

語法・構文・表現 ～～～～～～～～～～～～～～～～～～～～～～～～～～～～～

② cause ～ to *do*「～を…させる（原因となる）」

③ tear ▶「～を引き裂く」という意味だが，ここでは「（筋肉）を傷める」という意味で用いられている。

④ serious injury「重傷」

⑤ empty ▶「空の；空いている」という意味だが，ここでは「人のいない；人通りがない」という意味で用いられている。

⑥ so ～ that ...「とても～なので…」
  anybody who falls and cannot get up「転んで起き上がれない人」 ▶who 以下は anybody を修飾する関係代名詞節。
  freeze to death「凍死する」

📁 自然［天候・気候］

① まれに見る天候状態が，その地域全体に非常にやっかいな問題をもたらし続けている。② 極寒の気温によって道路の表面が氷で覆われてしまった。③ 何百人もの人々が滑って転び，脚や腕の筋肉を傷めている。④ 滑って道路に頭をぶつけて重傷を負った人もいて，命があれば幸運なのである。⑤ 一番危険な時間帯は早朝で，人通りもなく静かな時である。⑥ 気温が非常に低いため，転んで起き上がれない人は誰であれ凍死する可能性がある。⑦ 事態をさらに複雑にしているのは，もし誰かの私道で滑ってしまった場合，法的な観点から言って，それは私道を管理する住民に責任があり，医療費を負担しなければならないかもしれないということである。⑧ このことが人々に一連の虚偽の請求をさせることにつながるため，警察はこの問題にかなり本気で取り組んでいる。⑨ また一部地域で大雪が降ったために，車が雪で動けなくなっている。⑩ しかし，今は暖気が近づいているため，この先2，3日のうちに危険度が低下するはずである。

---

⑦ **further** 圓「さらに；いっそう」
　complicate 囫「〜を複雑にする」
　driveway 图「私道」▶公道から住宅につながる敷地内の車道。
　medical cost「医療費」

⑧ **claim** 图「請求；要求」

⑨ **snowfall** 图「降雪」
　cars being stuck in the snow「車が雪で動けなくなること」▶cars は動名詞句 being stuck in the snow の意味上の主語。

⑩ **the next couple of days**「この先2，3日」

59 A Cold Wave

■ 単語の意味を確認しよう。

801

rare
[reər]

形 珍しい，まれな
rárely 副 めったに～ (し) ない (≒ séldom)

802

terrible
[térəbl]

形 ひどい；恐ろしい
térribly 副 とても
térror 名 恐怖；テロ (行為)
térrify 動 を怖がらせる

803

entire
[ɪntáɪər]

形 全体の (≒ whole)
entírely 副 まったく (≒ complétely)
▶ not entirely まったく～というわけではない〔部分否定〕

804

surface
(発)(ア) [sə́:rfəs]

名 表面；〔the ～〕外見
▶ on the surface「表面上は」

805

tear
(発) [teər]

動 を引き裂く
▶ 活用：tear - tore [tɔːr] - torn [tɔːrn]
▶ tear [tɪər]「涙」との発音の違いに注意。

806

alive
[əláɪv]

形 生きている (⇔ dead 死んだ)
▶ 補語として使う。名詞を修飾する場合は live, living を使う。
live [laɪv] 形 生きている；(放送などが) 生の
líving 形 生きている

807

empty
[émpti]

形 空の (⇔ full いっぱいの)；空いている
動 を空にする (⇔ fill→456)

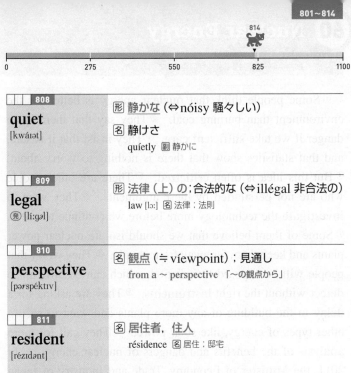

808 **quiet** [kwáɪət]	形 静かな (⇔nóisy 騒々しい) 名 静けさ quíetly 副 静かに
809 **legal** 発 [líːgəl]	形 法律 (上) の；合法的な (⇔illégal 非合法の) law [lɔː] 名 法律；法則
810 **perspective** [pərspéktɪv]	名 観点 (≒víewpoint)；見通し from a ~ perspective 「~の観点から」
811 **resident** [rézɪdənt]	名 居住者，住人 résidence 名 居住；邸宅
812 **series** [síəriːz]	名 連続；(テレビ番組などの) 続き物 ▶ 単数形も複数形も series。 a series of ~ 「一連の~」 sérial 形 連続物の；連続している
813 **false** [fɔːls]	形 誤った (⇔true 本当の)；うその；偽の ▶ a false diamond 偽 [人造] ダイヤ
814 **stick** [stɪk]	動 (~に) くっつく，固執する (to)；を (~に) 貼り付ける (on)；を突き刺す ▶ 活用：stick - stuck [stʌk] - stuck 名 棒；棒状のもの；つえ stícky 形 くっつく，べとべとする

🔍 原子エネルギーに反対する人々は何を求めているのか。

① Some people think that nuclear energy is better for the environment than burning coal. ② They say that there is no danger if we take sufficient care. ③ They insist that it is safe, and that statistics show that there is nothing to worry about. ④ But this idea is often criticized. ⑤ There are other people who are not persuaded by these arguments. ⑥ They want to investigate the technology more before we continue to use it. ⑦ Some of them believe that we should isolate nuclear power plants and keep them far away from people. ⑧ They worry that people will be exposed to radiation, which can be difficult to detect without the right instruments. ⑨ They are asking for a delay in the building of any more plants and want to secure other types of energy, like solar power. ⑩ They call for more analysis of the benefits and dangers of nuclear energy. ⑪ In 2011, the Minister of Economy, Trade and Industry of Japan ended up saying that there was a "safety myth" about nuclear power.

語法・構文・表現

① burn 動「～を燃やす」
　coal 名「石炭」

③ statistics 名「統計」 ▶複数扱い

⑤ other people who are not persuaded by these arguments「こうした主張に納得しないほかの人々」 ▶who 以下は other people を修飾する関係代名詞節。
　persuade ▶「～を説得する」の意味だが，ここでは「～を確信させる，納得させる」の意味で用いられている。

⑥ continue to do「…し続ける」

⑦ keep ～ away from ...「～を…から遠ざけておく」

原子エネルギー

英文レベル ☆☆
170 words

📁 科学・技術［資源・エネルギー］

---

① 原子エネルギーは石炭を燃やすより環境に良いと考える人もいる。② 十分に気をつければ危険はないと彼らは言う。③ それは安全だし，統計から見ても懸念されることは何もないと主張するのだ。④ しかしこの考えはしばしば批判されている。⑤ こうした主張に納得しない人々もいる。⑥ 彼らは原子エネルギーの技術を使い続ける前に，もっときちんと調べたいと考えている。⑦ 原子力発電所を隔離し，人々から遠ざけておくべきだと考えている者もいる。⑧ 彼らは人々が放射能にさらされるのを恐れている。というのも，放射能は適切な計器がないと検知するのが難しい場合もあるからだ。⑨ 彼らは，これ以上の発電所の建設は延期するよう求めており，太陽エネルギーなど，ほかの種類のエネルギーを確保したいと思っている。⑩ 彼らは原子エネルギーの利点と危険性のさらなる分析を求めている。⑪ 2011 年，日本の経済産業大臣は，原子エネルギーに関して「安全神話」があると言うに至った。

---

⑧ *be* exposed to ～「～にさらされる」
　radiation 图「放射能」

⑨ ask for ～「～を求める」

⑩ call for ～「～を要求する」
　benefit 图「利点；恩恵」

⑪ the Minister of Economy, Trade and Industry「経済産業大臣」
　safety myth「安全神話」▶根拠が明確でないにもかかわらず多くの人が安全だと思っている話。
　end up *doing*「結局…することになる」

249

60 Nuclear Energy

単語の意味を確認しよう。

815
nuclear
⑦ [njúːkliər]

形 **原子力の，核の**
▶ a nuclear weapon 「核兵器」

816
sufficient
⑦ [səfíʃənt]

形 **十分な** (≒ enóugh)
▶ sufficient condition 「十分条件」(⇔ necessary condition 必要条件)
sufffíce [səfáɪs] 動 (に) 十分である
sufffíciency 图 〔a ~〕十分な数 (量)

817
care
[keər]

图 **世話；介護；注意；心配**
▶ take care of ~ 「~の世話をする」

動 〔普通否定文・疑問文で〕(を) **気遣う；**〔普通否定文・疑問文・条件文で〕(…) **したいと思う** (to *do*)
cáreful 形 注意深い
cáreless 形 不注意な

818
criticize
[krítəsàɪz]

動 **を (~のことで) 非難する** (for)
crític 图 批評家，評論家
crítical 形 (~に) 批判的な (of)；重大な；危機的な
críticism 图 批評，評論；非難

819
persuade
⑨ [pərswéɪd]

動 **を (…するよう) 説得する** (to *do*)
▶ 説得が成功し，相手に行動を起こさせるところまでを含意する。
persuásion [pərswéɪʒən] 图 説得 (力)

820
investigate
⑦ [ɪnvéstɪgèɪt]

動 **を調査する；を捜査する**
investigátion 图 (~の) 調査 (of / into)
invéstigator 图 調査者；捜査員

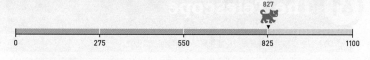

821 **isolate** [áɪsəlèɪt]	動 を(〜から)**切り離す**(from)；を(〜から)**孤立させる**(from) isolátion 图 孤立；隔離 ísolated 形 孤立した
822 **detect** [dɪtékt]	動 を**見つける，検出する** detéctive 图 刑事；探偵　形 探偵の detéction 图 発見
823 **instrument** ⑦ [ínstrəmənt]	图 **道具，機器**；楽器 instruméntal 形 助けになる；楽器だけで演奏される
824 **delay** [dɪléɪ]	图 **遅れ** ▶ without delay 即座に 動 を**遅らせる**；を延期する
825 **secure** ⑦ [sɪkjúər]	動 を**確保する**；を守る 形 **安全な**；確かな secúrity 图 安全；警備；保証
826 **analysis** [ənǽləsɪs]	图 **分析** ▶ 複数形は anályses [ənǽləsìːz]。 ánalyze 動 を分析する ánalyst 图 分析者［家］
827 **minister** [mínɪstər]	图 〔しばしば M〜〕**大臣**；聖職者 ▶ the Prime Minister 総理大臣，首相 mínistry 图 〔M〜〕(政府機関の) 省

カトリック教会はなぜガリレオを異端の罪に問うたのか。

① The telescope is often called one of the greatest inventions of humankind that has caused not only scientific but also religious arguments. ② The first simple telescope was invented in the early 17th century by Hans Lippershey of the Netherlands. ③ It was made of two thick pieces of glass called lenses. ④ They were specially shaped and placed in a straight line to allow people to observe things that were far away. ⑤ The first person to point a telescope to the sky was Galileo in 1609. ⑥ He used the device to question the earth's place in the universe. ⑦ Using the telescope, he managed to see the features of the moon, such as mountains and craters. ⑧ He also demonstrated that the earth revolved around the sun. ⑨ However, the Catholic church of the 17th century refused to accept this principle because the foundation of the Christian religion at that time was the idea that the earth was the center of the universe. ⑩ The church judged that Galileo was guilty of heresy, and he spent the rest of his life under house arrest.

語法・構文・表現

① telescope 图「望遠鏡」
one of the greatest inventions of humankind that has caused not only scientific but also religious arguments「科学的な論争だけでなく，宗教的な論争も巻き起こしてきた人類史上最高の発明品の一つ」 ▶that 以下は，one of the greatest inventions of humankind を修飾する関係代名詞節。

③ *be* made of ~「~でできている；~から作られている」
two thick pieces of glass called lenses「レンズと呼ばれる2枚の厚いガラス」
▶called lenses は (two) thick pieces of glass を修飾する過去分詞句。

④ allow ~ to *do*「~が…するのを可能にする」

🗂 科学・技術［創造・発明］

　① 望遠鏡はしばしば人類史上最高の発明品の一つであると称されるが，それは科学的な論争だけでなく，宗教的な論争も巻き起こしてきた。② 最初の簡素な望遠鏡は 17 世紀初頭にオランダのハンス・リッペルスハイによって発明された。③ それはレンズと呼ばれる 2 枚の厚いガラスからできていた。④ レンズは，人々が遠くにあるものを観察することができるように，特別な形状が与えられて一直線に配置された。⑤ 望遠鏡を空に向けた最初の人間はガリレオで，1609 年のことであった。⑥ 彼はこの装置を使うことで，宇宙における地球の位置に疑問を抱くようになった。⑦ 彼は望遠鏡を使って，山脈やクレーターといった月の特徴をどうにか観察した。⑧ 彼はまた，地球が太陽の周りを回っていることを証明した。⑨ しかし 17 世紀のカトリック教会はこの原理を受け入れることを拒んだ。なぜなら，当時のキリスト教は，地球が宇宙の中心にあるという考えを基盤にしていたからである。⑩ ガリレオは教会から異端の罪を犯したと判断され，残りの人生を囚われの身として過ごすことになった。

---

things that were far away「遠くにあるもの」 ▶that were far away は things を修飾する関係代名詞節。

⑦ **feature** 图「特質；特徴」
　crater 图「（月面などの）クレーター；火口状のくぼみ」

⑧ **revolve** 動「周回する」

⑨ **Catholic** 形「カトリック（教会）の」

⑩ *be* **guilty of ～**「～の罪を犯している」
　heresy 图「（正当な教義に対する）異端；異説」
　under house arrest「軟禁されて」

🔲 単語の意味を確認しよう。

☐☐☐ 828 **scientific** (発) [sàiəntífik]	形 科学の scíence 名 科学

☐☐☐ 829 **invent** (ア) [invént]	動 を発明する invéntion 名 発明 (品) invéntive 形 発明の才のある invéntor 名 発明者 [家]

☐☐☐ 830 **thick** [θɪk]	形 分厚い (⇔thin→743);濃い thícken [θíkən] 動 を厚く [太く] する;(液体) を濃くする

☐☐☐ 831 **straight** [streɪt]	形 真っすぐな;直立した;率直な 副 真っすぐに;直立して stráighten 動 を真っすぐにする

☐☐☐ 832 **observe** [əbzə́:rv]	動 を観察する;に気づく;(…と) 述べる (that節); (規則など) を守る observátion [à(:)bzərvéɪʃən] 名 観察;意見 obsérvance 名 (規則などを) 守ること

☐☐☐ 833 **device** [diváis]	名 (~の) 装置 (for);工夫 devíse [diváiz] 動 を工夫する

☐☐☐ 834 **universe** (ア) [jú:nivə̀:rs]	名 [the ~, the U~] 宇宙;[the ~] 全世界 univérsal 形 普遍的な;共通の

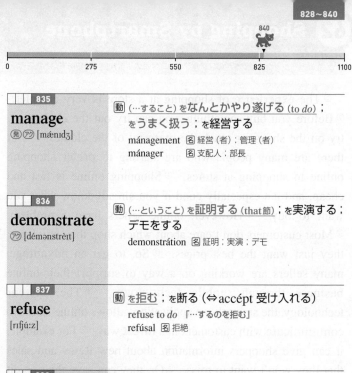

835 **manage** (発)(ア) [mǽnɪdʒ]	動 (…すること) を**なんとかやり遂げる** (to do)； **をうまく扱う；を経営する** mánagement 图 経営 (者)；管理 (者) mánager 图 支配人；部長
836 **demonstrate** (ア) [démənstrèɪt]	動 (…ということ) を**証明する** (that 節)；**を実演する； デモをする** demonstrátion 图 証明；実演；デモ
837 **refuse** [rɪfjúːz]	動 **を拒む**；を断る (⇔ accépt 受け入れる) refuse to do「…するのを拒む」 refúsal 图 拒絶
838 **principle** [prínsəpəl]	图 **原則，原理；主義** ▶ in principle 原則的に (は) ▶ principal「主要な」と同音。
839 **religion** [rɪlídʒən]	图 **宗教** relígious 圈 宗教 (上) の；信仰が厚い
840 **judge** (発) [dʒʌdʒ]	動 **を (〜で) 判断する** (by / from)；**を審査する** ▶ judging from 〜「〜から判断すると」 图 **裁判官；審査員** júdgment 图 判断；判決

255

オンラインショッピング用のスマホアプリにはどのような機能がついているだろう。

① The experience of shopping at a store is very complete. ② Before you buy something, you can try out the electronics, try on the shoes, or touch the material of the clothes. ③ But there are many people who are starting to prefer shopping online to shopping at stores. ④ Shopping online is fast and cheap, and it's especially good if you already know what you want to buy. ⑤ However, online sellers have a problem. ⑥ Most customers don't care about which shop they buy from; they just want the best prices. ⑦ So, to get an advantage, many sellers are working on a way to support their online business through mobile technology. ⑧ The current technology, the smartphone application, allows online stores to communicate with customers in a direct way. ⑨ For example, it can give shoppers information about new items and sales that they won't want to miss. ⑩ Or, they can save their credit card numbers onto the application so that they can shop even faster. ⑪ The application even has the function of remembering their favorite items and what they have bought before. ⑫ Be careful not to spend too much money.

語法・構文・表現 ◇◇◇

① complete 厖「完結した」

② try out ～「～を（使って）試してみる」
electronics 图「電子機器」

③ many people who are starting to prefer shopping online to shopping at stores「店よりもネット上で買い物するのをより好むようになってきた多くの人々」
▶who 以下は many people を修飾する関係代名詞節。

⑤ seller 图「販売店；売り手」

⑦ work on ～「～に取り組む」

科学・技術 [通信・メディア]

① 店での買い物経験はきっちりと完結したものである。② 買う前に電子機器を試したり，靴を履いてみたり，服の素材に触れたりすることができる。③ しかし，店よりもネット上で買い物するのをより好むようになってきた人々が多くいる。④ ネットでの買い物は速くて安いので，買いたいものがすでにわかっている場合には，特に都合がいい。⑤ しかし，ネット販売店には問題もある。⑥ たいていの客はどの店から買うかを気にしないのだ。彼らはただ一番安いものが欲しいだけなのである。⑦ したがって，多くの販売店は有利な立場に立とうとするため，モバイルテクノロジーによってネットビジネスを下支えする方法に取り組んでいる。⑧ スマートフォン用アプリという現在の技術は，オンラインストアが客と直接つながることを可能にする。⑨ たとえば，そうしたアプリによって，買い物客が見逃したくないと思っているだろう新製品やセールの情報を彼らに伝えることができる。⑩ あるいは，さらに素早く買い物ができるように，アプリにクレジットカード番号を保存しておくこともできる。⑪ アプリには，お気に入りの商品や過去に買ったことのあるものを記録する機能さえついている。⑫ お金を使いすぎないように気をつけるべきである。

---

mobile ▶「(物が) 可動式の」の意味だが，ここでは「(IT関連機器・サービスなどが) モバイルの」の意味で用いられている。

⑧ **application** 图「アプリケーション；アプリ」▶コンピューターやスマートフォン上などで具体的な用途に使用するプログラム。

⑨ **new items and sales that they won't want to miss**「買い物客が見逃したくないと思っているだろう新製品やセール」▶that 以下は new items and sales を修飾する関係代名詞節。

⑩ **so that ~ can *do***「~が…できるように」

62 Shopping by Smartphone

■ 単語の意味を確認しよう。

841 **experience** (発) [ɪkspíəriəns]	名 **経験** ▸ lack of experience 経験不足 動 を経験する
842 **material** [mətíəriəl]	名 **材料，原料；資料；生地** ▸ educational materials「教材」 形 物質の；物質的な
843 **prefer** (アク) [prɪfə́:r]	動 **のほうを好む** prefer A to B「BよりもAのほうを好む」 préferable [préfərəbl] 形 好ましい préference [préfərəns] 名 好み
844 **advantage** (発)(アク) [ədvǽntɪdʒ]	名 **(〜の；〜に対する) 有利な点 (of；over)** **(⇔disadvántage→893)** ▸ take advantage of 〜「〜を利用する」 advantágeous [ædvəntéidʒəs] 形 有利な
845 **support** [səpɔ́:rt]	動 **を支持する (⇔oppóse→388)；を扶養する；** **を援助する** 名 **支持；援助** suppórtive 形 (〜を) 支える (of)；協力的な
846 **mobile** (発) [móʊbəl]	形 **(物が) 可動 [移動] 式の；(人が) 動き回れ** **る**
847 **technology** (アク) [teknɑ́(:)lədʒi]	名 **科学技術** technológical 形 科学技術の techníque [tekní:k] 名 (専門) 技術

| 0 | 275 | 550 | 825 | 1100 |

848
current
[kə́:rənt]

形 現在の (≒ présent)

名 (水・空気などの) 流れ;電流;風潮
cúrrency 名 通貨

849
allow
(発) [əláu]

動 を許す
allow ~ to *do* 「~ (人) が…するのを許す,可能にする」
▶ allow for ~ ~を考慮する
allówance [əláuəns] 名 手当,困 小遣い;許容

850
communicate
(アク) [kəmjú:nɪkèɪt]

動 (~と) 意思を通じ合う (with);を (~に) 伝える (to)
communicátion 名 伝達;意思の疎通

851
direct
[dərékt]

形 直接の (⇔indiréct 間接の);率直な

動 を指揮する;を (~に) 向ける (to / toward / at)
diréction 名 方向;[~s] 指示
diréctor 名 指導者;重役

852
item
[áɪtəm]

名 品目,項目

853
miss
[mɪs]

動 に乗り遅れる (⇔catch に間に合う);(機会など) を逃す;がいなくて寂しく思う

名 失敗;的はずれ
míssing 形 欠けている;行方不明の

854
function
[fʌ́ŋkʃən]

名 機能;職務

動 機能する
fúnctional 形 機能的な

259

63 What Is Happiness?

① Since the beginning of humanity, people have been **curious** about the nature of happiness. ② That's why a Harvard psychologist spent years studying a group of people. ③ He wanted to see if some tools of **psychology** could be used to find out what makes people happy. ④ He was **eager** to use his skills for a public good. ⑤ The biggest lesson from his study was that **lonely** people are sad people. ⑥ The truth is that money and power are not as important as love. ⑦ It might be fun to own a fancy car or to **wear** nice clothes, but it is **vital** to make friends. ⑧ More than a **quarter** of unhappy people need more friends. ⑨ The psychologist proposed that any time in your life, you can **overcome** your sadness by finding people to care about. ⑩ According to his **theory**, even if you are **shy**, you can make friends. ⑪ Try not to feel anxious when you talk to someone. ⑫ While there is no known way to make happiness **permanent**, at least we can make sadness **temporary**. ⑬ What do you think: has he solved the **mystery** of happiness?

語法・構文・表現

① the nature「本質；性質」

② That's why ...「それが…である理由だ；そのようなわけで…である」
　psychologist 图「心理学者」

③ see if ...「…かどうかを確かめる」

④ public good「公共の利益」

⑤ lesson 图「教訓」

📁 日常生活［婚姻・交友・人間関係］

① 人類がこの世に登場して以来ずっと，人は幸せの本質について<u>興味を抱いてきた</u>。② それが，ハーバード大学のある心理学者が長い年月をかけて人間の一群を研究した理由である。③ 彼は，<u>心理学</u>で用いられる手法が，人を幸せにするものは何かを突き止めるのに使えるのかどうかを調べたかった。④ 彼は自分の持つ技術を公共の利益のために使うことを<u>熱望していた</u>。⑤ 彼の研究から得られた最大の教訓は，<u>孤独</u>な人は悲しみを抱いているということであった。⑥ 実際，愛に比べれば，お金や権力は重要ではない。⑦ 高級車を所有したり良い服を<u>着</u>たりすれば楽しいかもしれないが，友人を作ることが<u>極めて重要</u>なのである。⑧ 不幸な人々の<u>4分の1</u>以上が，より多くの友人を必要としている。⑨ 心理学者が提唱したのは，人生のいかなる時においても，あなたが気遣うことのできる人を探すことで悲しみは<u>乗り越え</u>られるということである。⑩ 彼の<u>理論</u>によれば，たとえあなたが<u>内向的な</u>人でも，友人を作ることはできるのである。⑪ 誰かに話しかけるとき，不安な思いを抱かないようにしよう。⑫ 幸せを<u>永遠</u>に続かせることなど，現在知られている方法では無理であるが，少なくとも悲しみを<u>一時的な</u>ものにすることはできる。⑬ あなたはどう思うだろうか。彼は幸せの<u>なぞ</u>を解き明かしたのだろうか。

⑥ **The truth is that ...**「実際…だ；…が真実だ」

⑦ **fancy** 形「高級な」

⑪ **anxious** 形「不安で；心配して」

⑫ **a way to** *do*「…する方法」
   at least「少なくとも；いずれにせよ」

261

📋 単語の意味を確認しよう。

855

curious
[kjúəriəs]

形 (～に関して) 好奇心の強い (about)；(物事が) 奇妙な

cúriously 副 物珍しそうに；奇妙なことに (は)
curiósity [kjùəriá(:)səti] 名 好奇心

856

psychology
発 [saɪká(:)lədʒi]

名 心理学；心理

psychológical 形 心理的な；心理学の
psychólogist 名 心理学者

857

eager
[íːgər]

形 (～を；…することを) 熱望して (for；to do)；熱心な

éagerness 名 熱望
éagerly 副 熱心に

858

lonely
発 [lóʊnli]

形 (孤独で) 寂しい

lóneliness 名 孤独
alóne 副 単独で，1人で

859

wear
[weər]

動 を身に着けている；をすり減らす

▶ 身に着けるものには，「衣服」以外に「靴，眼鏡，帽子，宝石，化粧品，ひげ，表情」なども含まれる。
▶ 「着る，身に着ける」という1回の動作は put on で表す。
▶ 活用：wear - wore [wɔːr] - worn [wɔːrn]

名 衣類

860

vital
発 [váɪtəl]

形 極めて重要な (≒esséntial)；生命の

vitálity [vaɪtǽləti] 名 活力；生命力

861

quarter
発 [kwɔ́ːrtər]

名 4分の1；15分；米 25セント (硬貨)；地区

▶ at (a) quarter to ten「10時15分前に」
quárterly 形 年4回の 名 季刊誌

867

| 0 | 275 | 550 | 825 | 1100 |

862

overcome
[òuvərkʌ́m]

動 を克服する；に打ち勝つ
▶ 活用：overcome - overcame [òuvərkéim] - overcome

863

theory
[θíːəri]

名 理論（⇔práctice→349）
▶ in theory「理論上」
theorétical [θìːərétikəl] 形 理論（上）の

864

shy
[ʃai]

形 内気な，恥ずかしがりの
shýness 名 内気

865

permanent
[pə́ːrmənənt]

形 永続的な；永久の；常任の（⇔témporary →866）
▶ a permanent member of the U.N. Security Council 国連安全保障理事会の常任理事国

名 (髪の) パーマ（= permanent wave / perm）
pérmanently 副 永遠に

866

temporary
[témpərèri]

形 臨時の，一時的な（⇔pérmanent→865, etérnal）
temporárily 副 一時的に；仮に

867

mystery
[místəri]

名 なぞ，神秘；推理小説
mystérious [mistíəriəs] 形 神秘的な

263

(64) **Stromatolites**

ストロマトライトは私たちに何を教えてくれるのか。

① What is your view on when life was created? ② Human beings have long considered this question, but there isn't an easy answer. ③ So, in order to get a better understanding of the issue, I think we should look at what science recognizes as the closest hint to an answer, stromatolites. ④ Stromatolites are known as the Earth's most ancient "living fossils." ⑤ They have existed for 3.5 billion years. ⑥ Biologists agree that studying them will help us understand more about cyanobacteria, one of the Earth's earliest single-cell organisms. ⑦ As is often explained, the daily life activities of cyanobacteria leave behind calcium carbonate, a kind of mineral, and over time, layers of it grow into stromatolites. ⑧ At the moment, stromatolites can be found all over the world in different environments, such as Canada, Brazil, Turkey, or Australia. ⑨ So, the existence of stromatolites does give us a hint about the most likely answer.

語法・構文・表現

③ **stromatolite** 图「ストロマトライト」 ▶藍藻類によって作られた層状の岩石。

④ **living fossil**「生きた化石」

⑥ **biologist** 图「生物学者」
help ～ do「～が…する助けとなる」
cyanobacteria 图「シアノバクテリア；藍色細菌」 ▶藍色（青みがかった緑色）の光合成細菌。藍藻類。
single-cell organism「単細胞生物」

ストロマトライト

英文レベル
☆☆
149
words

 自然〔動物・植物〕

① 生命がいつ作られたのかについて，あなたの意見はどのようなものだろうか。② 人間はこの質問を長い間考えてきたのだが，簡単な答えというものは存在しない。③ そこで，この問題をよりよく理解するために，科学が答えに最も近いヒントを与えてくれると認識しているものに注目してはどうかと思う。それはストロマトライトである。④ ストロマトライトは地球上で最も古い「生きた化石」として知られる。⑤ それは 35 億年にわたって存在してきた。⑥ それらを研究することが，地球上最古の単細胞生物の一つであるシアノバクテリアについて私たちの理解を深めることに役立つだろうという点で，生物学者の意見は一致をみる。⑦ しばしば説明される通り，シアノバクテリアの日々の生命活動が鉱物の一種である炭酸カルシウムを堆積させ，やがてその層がストロマトライトへと成長していく。⑧ 現時点において，ストロマトライトは，たとえばカナダやブラジル，トルコ，オーストラリアなど，世界中さまざまな環境の中で見つけ出すことができる。⑨ したがって，ストロマトライトの存在が私たちに，最も可能性の高い答えのヒントを，まさに与えてくれるのである。

---

⑦ **as is often explained**「しばしば説明される通り」
leave behind 〜「〜を後に残す」▶ここでは炭酸カルシウムを沈殿，堆積させることを意味している。
calcium carbonate「炭酸カルシウム」
mineral 图「鉱物；ミネラル」
over time「やがて；時間が経つと」
layer 图「層」

⑨ **existence** 图「存在」

📗 単語の意味を確認しよう。

---

868 **view** [vju:]	名〔しばしば〜s〕意見；見方；眺め ▶ a point of view「見地，観点」 動 を眺める；を考察する

---

869 **create** 発 [kri(:)éit]	動 を創造する creátion 名 創造；創作 creátive 形 独創 [創造] 的な

---

870 **consider** ア [kənsídər]	動 を (…だと) 見なす (to be)；をよく考える ▶「…することをよく考える」は consider *doing* で表す。 considerátion 名 考慮 consíderate 形 思いやりのある consíderable 形 かなりの

---

871 **issue** [íʃu:]	名 問題；発行；(雑誌などの) 号 動 を発行する

---

872 **recognize** ア [rékəgnàiz]	動 をそれとわかる；を認める recognítion 名 それとわかること；承認

---

873 **close** 発 [klous]	形 (〜に)(ごく) 近い (to)；親しい；綿密な ▶ a close friend 親友 副 接近して 動 [klouz] を閉じる clósely 副 綿密に；詳細に

---

874 **ancient** 発 [éinʃənt]	形 古代の；昔からの

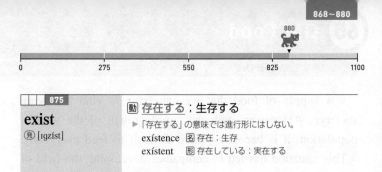

0　　　　　　275　　　　　　550　　　　　　825　　　　　　1100

	875
exist (発) [ɪgzíst]	動 <u>存在する；生存する</u> ▶「存在する」の意味では進行形にはしない。 　existence 图 存在；生存 　existent 形 存在している；実在する

	876
billion [bíljən]	图 **10億** ▶ billions of ～「数十億の～；無数の」 ▶ million 100万，trillion 1兆 形 **10億の**

	877
explain [ɪkspléɪn]	動 (を)(～に) **説明する** (to) 　explanátion 图 説明

	878
moment [móʊmənt]	图 **瞬間；(特定の) 時点** ▶ in a moment「すぐに」 ▶ at the moment「〔現在時制の文で用いて〕今のところ」 　mómentary 形 瞬時の

	879
environment (発)(ア) [ɪnváɪ(ə)rənmənt]	图 **環境；〔普通the ～〕自然環境；周囲の状況** 　environméntal 形 環境の

	880
likely [láɪkli]	形 **ありそうな** (⇔unlíkely ありそうもない) 　*be* likely to *do*　「…しそうだ」 ▶ It is likely that ... と書き換えられる。 副 〔very, mostなどを伴って〕**たぶん，おそら 　く** 　líkelihood 图 見込み

🔍 GM 食品の強みと弱みは何か。

①A supply of food that we can trust is vital for every society. ②However, with the rapid growth of the world's population, it is becoming more difficult to feed everybody. ③This situation has led to companies developing the field of genetically modified food (GM food). ④This combines the different aims of food production. ⑤First, it increases the overall production of crops such as wheat or rice. ⑥In addition, it can make the crops taste better. ⑦Finally, GM food is not only more resistant to disease and insects but also can be grown in areas with poor soil.

⑧In contrast to all these benefits of GM food, there are some aspects of GM food that cause disagreement. ⑨For one thing, a large amount of literature that connects GM food to threat of cancer has been published. ⑩For another, many people think that there are ethical problems related to modifying the genes of plants and animals. ⑪This has led to campaigns to prevent its usage. ⑫Whatever our opinion on the advantages and disadvantages of GM food, we cannot ignore the fact that with an increasing world population we need to find some way to increase global supplies of food.

語法・構文・表現

① **vital** 形「極めて重要な；生命維持に必要な」

③ **companies developing the field of genetically modified food (GM food)**
「企業が遺伝子組み換え食品（GM食品）の分野を開拓すること」
▶companies は動名詞句 developing the field of genetically modified food (GM food) の意味上の主語。

⑤ **overall** 形「全体の；総合的な」

⑦ **resistant** 形「耐性がある」

⑨ **a large amount of literature that connects GM food to threat of cancer**

📁 産業［製造］

①いかなる社会であろうと，信頼することのできる食糧の供給は極めて重要である。②しかし，世界人口の急速な増加に伴って，すべての人に食糧を行き渡らせることがますます難しくなってきている。③こうした状況は，企業が遺伝子組み換え食品（GM 食品）の分野を開拓することにつながっている。④これが食糧生産の多様な目的と結びつく。⑤まず，GM 食品のおかげで小麦やコメのような作物の全体的な生産量が増加している。⑥加えて，そうした作物の味を良くすることが可能となる。⑦最後に，GM 食品は病気や虫に対して耐性がより強いだけでなく，やせた土壌の地域で栽培することもできる。

⑧GM 食品のこうしたあらゆる恩恵とは対照的に，GM 食品にはそれに反対の意見をもたらすような側面がいくつか存在する。⑨まず，GM 食品を癌の脅威と結びつける論文が大量に発表されている。⑩また，動植物の遺伝子を組み換えることに関して倫理的問題があると考える人も多くいる。⑪これが GM 食品の使用をやめさせようとする運動へとつながっている。⑫GM 食品の強みと弱みに関する私たちの意見が何であれ，世界人口の増加に伴い，世界中に行き渡る食糧供給量を増やすために何らかの方策を見つけ出す必要があるという事実から，私たちは目をそらすことはできない。

「GM 食品を癌の脅威と結びつける大量の論文」 ▶that 以下は a large amount of literature を修飾する関係代名詞節。

⑩ **ethical problems related to modifying the genes of plants and animals**「動植物の遺伝子を組み換えることに関する倫理的問題」 ▶related 以下は ethical problems を修飾する過去分詞句。*be* related to ～「～と関係がある」

⑫ **Whatever our opinion on the advantages and disadvantages of GM food**「GM 食品の強みと弱みに関する私たちの意見が何であれ」 ▶opinion の後に is や may be が省略されている。
the fact that ...「…という事実」 ▶that 以下は the fact の内容を説明する同格節。

65 GM Food

🔖 単語の意味を確認しよう。

881 **trust** [trʌst]	**動** を信頼する ▶ trust ~ to *do* ～（人）が…することを当てにする **名** (～への) 信頼 (in)；委託 trústworthy **形** 信頼 [信用] できる
882 **rapid** [rǽpɪd]	**形** 急速な rápidly **副** 急速に
883 **crop** [krɑ(:)p]	**名** 〔しばしば～s〕(農) 作物；収穫 (高)
884 **insect** ⑦ [ínsekt]	**名** 昆虫
885 **soil** [sɔɪl]	**名** 土壌，土
886 **contrast** ⑦ [ká(:)ntræst]	**名** (～との) 対照 (to / with)；(～の間の；～との) 差異 (between；to / with) in contrast to [with] ～ 「～と対照的に」 **動** [kəntrǽst] を (～と) 対比させる (with)；対照を なす
887 **aspect** ⑦ [ǽspèkt]	**名** (物事の) 側面；観点

270

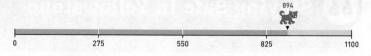

```
0        275        550        825       1100
```

888 **literature** (発) [lít∂rətʃ∂r]	名 文学；文献 líterary 形 文学 [文芸] の ▶ literary works 文学 [文芸] 作品 líteral 形 文字どおりの líterate 形 読み書きのできる
889 **threat** (発) [θret]	名 恐れ，予兆；脅し thréaten 動 の恐れがある；を脅す thréatening 形 脅すような；(天気が) 荒れ模様の
890 **cancer** [kǽns∂r]	名 癌
891 **publish** [pʌ́blɪʃ]	動 を出版する；を正式に発表する publicátion 名 出版 (物) públisher 名 出版社
892 **campaign** (発) [kæmpéɪn]	名 (政治的・社会的) 運動，活動 ▶ an election campaign「選挙運動」 動 (政治などの) 運動をする
893 **disadvantage** (発) [dìsədvǽntɪdʒ]	名 (〜に) 不利 (な点)(to)(⇔advántage→844)； 不利益 動 (人) を不利な立場に置く disadvantágeous 形 (〜に) 不利な (to / for)
894 **ignore** (ア) [ɪɡnɔ́ːr]	動 を無視する ígnorant 形 (〜を) 知らない (of)；無知な ígnorance 名 知らないこと；無知

🔎 国立公園の役割とは何だろうか。

① Yellowstone National Park, America's first national park, is well known for attracting visitors due to its many wonders, ranging from beautiful lakes and cliffs, to a variety of plants and animals native to the area. ② The park has now become so popular that the number of tourists is at its highest numbers these days. ③ So, how does the park handle and contain all the visitors within a safe place so that they do not get into danger? ④ And how do they protect the animals? ⑤ After all, the role of the park is not only to take care of the visitors, but to try to keep the animals wild by preventing them from being affected by the influence of people. ⑥ Well, the answer to that, simply, is for visitors to stay far away from them. ⑦ But there are some people who do not fear animals, and want to get close to the huge bison, which can move faster than they can run. ⑧ Also, there are snakes lying on the grass, perhaps ready to bite. ⑨ All visitors need to do is look at the signs and stay in the marked areas.

語法・構文・表現

① **attract** 動「～を引きつける；～を魅了する」
　due to ～「～（という原因）のために」
　wonder 图「(自然の) 驚異」
　ranging from ～ to ...「～から…に至るまで (多様な)」
　cliff 图「絶壁；崖」
　a variety of plants and animals native to the area「地域固有の多様な動植物」
　▶native to the area は a variety of plants and animals を修飾する形容詞句。

② **at its highest numbers**「(その公園の) 最高の数で」

③ **handle** 動「～に対処する」
　contain ▶「～を含む」という意味だが、ここでは contain ＋人＋場所「(人) を (ある場所に) とどめておく；抑えておく」という意味で用いられている。

イエローストーンで安全に過ごす

英文レベル ☆☆☆

189 words

📁 自然［自然・環境］

　①アメリカ初の国立公園であるイエローストーン国立公園は，美しい湖や絶壁から地域<u>固有の多様</u>な動植物に至るまで，多くの自然の驚異があり，それによって観光客が引きつけられていることで有名である。②この公園は今や非常に人気になっているため，ここのところ観光客数が過去最高を記録している。③では，この公園は，どのようにしてすべての来訪者が危険な目に合わないように対処し，安全な場所に<u>とどめておく</u>のだろうか。④また，どのようにして動物たちを<u>守っている</u>のだろうか。⑤そもそも，公園の役割には，観光客に対処することだけでなく，動物たちが人間の<u>影響</u>による<u>変化を被る</u>のを<u>防ぎ</u>，彼らを<u>野生の状態</u>にとどめておこうとすることもある。⑥であれば，先ほどの質問の答えは単に，観光客を動物たちから遠ざけておくというものになる。⑦しかし，動物を<u>怖がる</u>ことなく，自分たちが走るよりも速いスピードで移動することができる<u>巨大な</u>バイソンに近づいてみたいと思う人もいる。⑧また，草むらにはヘビが<u>身を潜めて</u>おり，ひょっとすると，<u>かみつく</u>体勢でいるかもしれない。⑨観光客は，標識を見て，表示されたエリアの中にとどまっていればよいのである。

---

⑤ **keep the animals wild**「動物たちを野生の状態に保つ」▶SVOC の文型。
　affect ▶「〜に影響する」の意味だが，ここでは「〜に変化を生じさせる」の意味で用いられている。

⑦ **there are some people who ...**「…する人もいる」▶who 以下は some people を修飾する関係代名詞節。
　the huge bison, which can move faster than they can run「自分たちが走るよりも速いスピードで移動することができる巨大なバイソン」▶which 以下は the huge bison に説明を加える関係代名詞節。

⑨ **All visitors need to do is** *do*「観光客がする必要があるのは…することだけだ；観光客は…するだけでよい」▶All 〜 need to do is *do* で「〜がする必要があるのは…だけだ；〜は…するだけでよい」という意味を表す。

273

📗 単語の意味を確認しよう。

---

895 **variety** (発)(ア) [vəráɪəti]	图 多様 (性); 種類 váry [véəri] 動 異なる;(多様に)変わる várious [véəriəs] 形 さまざまな

---

896 **native** [néɪtɪv]	形 生まれた土地の;その土地 [国] 固有の 图 その土地 [国] に生まれた人

---

897 **contain** [kəntéɪn]	動 を含む;〔普通否定文で〕を抑制する (≒contról) contáiner 图 容器;コンテナ cóntent 图 〔~s〕中身;内容;目次

---

898 **protect** [prətékt]	動 を (~から) 保護する (from / against) protéction 图 保護

---

899 **role** [roʊl]	图 役割;(俳優などの) 役 play a ~ role in ... 「…において~な役割を果たす」

---

900 **wild** [waɪld]	形 野生の;乱暴な;熱狂した

---

901 **prevent** (ア) [prɪvént]	動 を妨げる;を防ぐ prevent ~ from *doing* 「~が…するのを妨げる」 ▶ stop [keep] ~ from *doing* も同意表現。 prevéntion 图 予防 prevéntive 形 予防の

| 0 | 275 | 550 | 825 | 1100 |

902

affect
[əfékt]

動 に影響する (≒ ínfluence)
▶ 主に「好ましくない影響」に用いる。
afféction 名 愛情
afféted 形 影響を受けた；気取った

903

influence
⑦ [ínfluəns]

名 (〜への) 影響 (on)；影響力のある人
▶ have a 〜 influence on ... 「…に〜な影響を及ぼす」

動 に影響を及ぼす
influéntial 形 影響力を及ぼす

904

fear
発 [fɪər]

名 恐怖 (心)；(…する；…という) 不安 (of *doing*；that節)
▶ for fear that ... 「…するといけないから」

動 を恐れる；を心配する
féarful 形 (〜を) 恐れて (of)

905

huge
[hju:dʒ]

形 巨大な；莫大な

906

lie
[laɪ]

動 横たわる；うそをつく；(〜に) ある (in)
▶ 活用：「横たわる」lie - lay [leɪ] - lain [leɪn]
　　　　「うそをつく」lie - lied - lied

名 うそ

907

bite
[baɪt]

動 (に) かみつく
▶ 活用：bite - bit [bɪt] - bítten [bítən] 米 bit

名 かむこと；一口

ごみの削減に向けた環境保護を前提とした手段とは？

① One difficult problem that most modern societies face is what to do with the vast amounts of trash an average household produces in a year. ② As the standard of living of a country rises, the people of that country tend to consume more and more products that have a shorter lifespan. ③ This in turn leads them to waste more and more things. ④ The solution most countries arrive at is to burn all of the garbage in large incinerators located on riversides away from where people live. ⑤ However, recently more people object to the burning of garbage because it releases large amounts of carbon and other chemicals into the atmosphere and as a consequence increases levels of pollution. ⑥ To solve this problem of reducing harmful emissions in addition to destroying garbage, many countries have introduced strict rules making people separate their garbage before collection. ⑦ In many countries, people must divide their garbage to remove things that can be recycled, or used again, in order to reduce the amount that needs burning. ⑧ People are usually willing to follow these rules and separate their trash as a small step toward helping to save the environment.

語法・構文・表現

① **One difficult problem that most modern societies face**「ほとんどの現代社会が直面している一つの厄介な問題」▶このひとかたまりが文の主語。that most modern societies face は One difficult problem を修飾する関係代名詞節。

② **products that have a shorter lifespan**「耐用年数の短い製品」▶that have a shorter lifespan は products を修飾する関係代名詞節。

③ **in turn**「今度は」
lead ～ to do「(Sによって)～は…するようになる」

④ **large incinerators located on riversides**「河川沿いに設置された大きな焼却装置」▶located on riversides は large incinerators を修飾する過去分詞句。

📁 社会 [社会問題]

①ほとんどの現代社会が<u>直面して</u>いる一つの厄介な問題は，平均的な<u>世帯</u>から1年間に出される<u>莫大な</u>量のごみをどう処理するかである。②国の生活<u>水準</u>が上がるにつれ，その国民は耐用年数の短い製品をますます<u>消費する</u>ようになってくる。③これによって今度は，ものをどんどん<u>浪費する</u>ようになる。④たいていの国がたどり着く解決策は，人々の居住地から離れた河川沿いに<u>設置された</u>大きな焼却装置で，すべてのごみを焼却処理することである。⑤しかしごみを燃やすことが大量の二酸化炭素と他の化学物質を<u>大気</u>中に放出し，<u>結果的</u>に<u>汚染</u>の水準を高めるという理由で，最近ではごみの焼却に<u>反対する</u>人が増えている。⑥ごみをなくすことに加えて有害な排出物を減らすというこの問題を解決するために，多くの国では，ごみ収集の前に人々にごみを<u>分別させる</u><u>厳しい</u>規則を導入している。⑦多くの国では，焼却処理が必要なごみの量を減らすために，人々はごみを<u>仕分けて</u>，再生利用または再使用できるものを取り除かなければならない。⑧人々はたいていの場合，環境保護の手助けに向けた小さな一歩として，これらの規則を守ってごみを分別することを<u>いとわない</u>のである。

⑤ **release** 動「〜を放出する」
　 chemicals 名「化学物質」

⑥ **emission** 名「排出物」

⑦ **things that can be recycled, or used again**「再生利用または再使用できるもの」
　 ▶that can be recycled, or used again は things を修飾する関係代名詞節。
　 the amount that needs burning「焼却処理が必要な（ごみの）量」 ▶that needs
　 burning は the amount を修飾する関係代名詞節。

■ 単語の意味を確認しよう。

908 **face** [feɪs]	動 に**直面する**；(危険などが) の身に迫る；の方を向く ▶ *be* faced with ~ 「~に直面している」 名 **顔**；(物事の) 様相；表面 face-to-fáce 形 副 面と向かって (の)
909 **vast** [væst]	形 **広大な**；膨大な, 莫大な vástly 副 広大に；非常に
910 **household** [háʊshòʊld]	名 **世帯**；家族 形 家庭の
911 **standard** [stǽndərd]	名 **水準**, 基準 形 標準の stándardize 動 を標準化する
912 **consume** [kənsjúːm]	動 を**消費する**；を飲食する consúmer 名 消費者 consúmption [kənsʌ́mpʃən] 名 消費 ▶ consumption tax 消費税
913 **waste** [weɪst]	動 を (~に) **浪費する** (on) 名 (~の) 無駄 (of)；〔しばしば~s〕廃棄物 wásteful 形 無駄の多い
914 **locate** ⑦ [lóʊkeɪt]	動 を (場所に) **置く** (in)；(場所など) を突き止める *be* located in ~ 「~に位置している」 locátion 名 場所 (≒ place)；ロケ現場
915 **object** ⑦ [əbdʒékt]	動 (~に) **反対する** (to) (≒ oppóse) 名 [á(ː)bdʒekt] 物体；〔普通単数形で〕目的；対象 objéctive 形 客観的な (⇔ subjéctive 主観的な) objéction 名 反対；異議

0　　　　　　275　　　　　　550　　　　　　825　　　　　　1100

916

atmosphere
㋐ [ǽtməsfìər]

名 雰囲気；〔the 〜〕大気
atmosphéric 形 大気 (中) の
▶ atmospheric pressure 気圧

917

consequence
[ká(:)nsəkwens]

名〔普通〜s〕結果 (≒ resúlt)；〔主に否定文で〕重要性
▶ as a consequence 結果として
cónsequent 形 結果として起こる
cónsequently 副 その結果 (として)

918

pollution
[pəlú:ʃən]

名 汚染
pollúte 動 を汚染する
pollútant 名 汚染物質

919

strict
[strɪkt]

形 (規則などが) 厳しい；(人が)(人に；事柄に) 厳格な (with；about)
stríctly 副 厳しく；厳密に

920

separate
㋐ [sépərèɪt]

動 を (〜から) 分離する (from)；分かれる

形 [sépərət] 分離した；別個の
separátion 名 分離；離別
séparately 副 別々に；独立して

921

divide
[dɪváɪd]

動 を (〜に) 分ける (into)

名 (意見などの) 相違；境界線
divísion [dɪvíʒən] 名 分割；部門；仕切り

922

willing
[wílɪŋ]

形 (…するの) をいとわない (to do)
will 名 意志；遺言 (書)
wíllingly 副 進んで，快く
wíllingness 名 嫌がらずにすること
unwílling 形 気が進まない

---

68 Global Warming

🔍 地球温暖化を食い止めるうえで，我々がとるべき方法とは何か。

①The Earth's **temperature** has been **increasing** for many years. ②That is called global warming and it is one of the **major** problems in the world. ③The **main cause** of the problem is emissions of greenhouse gases, such as carbon dioxide, which go up in the air, past the sky, into the Earth's upper atmosphere. ④The carbon dioxide makes the heat from the sun stay in the atmosphere, close to the ground. ⑤Then, there may some day be more disasters, such as hurricanes, floods, or wildfires, around the world.

⑥I have once read an **article**. ⑦It said that we need to **reduce** our use of fossil fuels, like coal or gasoline. ⑧The article also **referred** to the **benefits** of clean energy, such as wind and solar power. ⑨Some countries around the world have already been trying to stop the problem with solar or wind power, but mostly, they have **failed** so far because they haven't been working together. ⑩It is **clear** that the world can only be **saved** if all the people of the world **act** as one. ⑪This means that the **correct** way is to have **rules** that every country must follow.

◎語法・構文・表現 ∽∽∽∽∽∽∽∽∽∽∽∽∽∽∽∽∽∽∽∽∽∽∽∽∽∽∽∽∽∽∽∽∽∽∽

③**emission** 图「排出」

greenhouse gases, such as carbon dioxide, which go up in the air, past the sky, into the Earth's upper atmosphere「大気の中を上昇し，天空を抜け，地球の上層大気に到達する，二酸化炭素などの温室効果ガス」 ▶which 以下は greenhouse gases (, such as carbon dioxide) を補足説明する関係代名詞節。

carbon dioxide「二酸化炭素」

the atmosphere「(地球を取り巻く) 大気」

④**make ~ do**「～を…させる」

地球温暖化

英文レベル
☆☆☆
192 words

📁 自然［天候・気候］

① 地球の<u>気温</u>は何年にもわたって<u>上昇</u>し続けている。② それは地球温暖化と呼ばれ，世界の<u>主要な</u>問題の一つだ。③ この問題の<u>主たる</u>原因は二酸化炭素などの温室効果ガスの排出である。そういったガスが大気の中を上昇し，天空を抜け，地球の上層大気に到達する。④ 二酸化炭素は太陽からの熱を地表に近い大気内にとどまらせてしまう。⑤ そしてそのうち，世界中でハリケーン，洪水，山火事などの災害が増加するかもしれない。

⑥ 私は以前ある<u>記事</u>を読んだ。⑦ それによると私たちは石炭やガソリンのような化石燃料の使用を<u>減らす</u>必要があるという。⑧ その記事は，風力や太陽光エネルギーのようなクリーンエネルギーの<u>利点</u>にも<u>言及していた</u>。⑨ 世界中の一部の国では，太陽光や風力により，この問題を食い止めようとすでに努力してきているが，これまでのところたいていの場合，<u>失敗に終わっている</u>。というのも，人々が一致団結してこなかったからである。⑩ 世界中の人々が皆一つになって<u>行動し</u>てはじめて，世界を<u>救う</u>ことができるというのは<u>明白</u>である。⑪ これはつまり，すべての国が守らなければならない<u>ルール</u>を作ることこそが，<u>正しい道</u>だということなのである。

---

⑤ **disaster** 图「災害」

⑦ **fossil fuel**「化石燃料」
　coal 图「石炭」

⑨ **so far**「これまでのところ」

⑪ **rules that every country must follow**「すべての国が守らなければならないルール」 ▶that 以下は rules を修飾する関係代名詞節。

281

📔 単語の意味を確認しよう。

923

temperature
[témpərətʃər]

名 体温；(病気の) 熱 (≒ féver)；温度
take *one's* temperature 「体温を測る」

924

increase
⑦ [ɪnkríːs]

動 増える (⇔ decréase → 48)；を増やす

名 [ínkriːs] 増加
incréasing 形 ますます増加する

925

major
⑨ [méɪdʒər]

形 主要な；(数量などが) 大きい (⇔ mínor → 190)；〔主に 米〕専攻の

動 米 (~を) 専攻する (in)

名 〔主に 米〕専攻科目；~専攻の学生
majórity [mədʒɔ́(ː)rəti] 名 大多数；多数派 (⇔ minórity)

926

main
[meɪn]

形 主要な

927

cause
[kɔːz]

名 原因；理由；大義名分
▶ cause and effect「原因と結果，因果」

動 の原因となる；に (…) させる (to *do*)

928

article
[áːrtɪkl]

名 (~についての) 記事 (on / about)；品物；(契約・憲法などの) 条項

929

reduce
[rɪdjúːs]

動 を減らす
redúction [rɪdʌ́kʃən] 名 減少；削減；割引 (≒ díscount)

930

refer
⑦ [rɪfə́ːr]

動 (~に) 言及する (to)；(~を) 参照する (to)
▶ 活用：refer - referred - referred
réference [réfərəns] 名 (~への) 言及 (to)；参照；参考文献

| 0 | 275 | 550 | 825 | 1100 |

931
benefit
[bénɪfɪt]

名 **(物質的・精神的) 利益**；給付，手当
▶ profit は主に「金銭的利益」を指し，benefit は「利益になること全般」を指す。

動 に利益を与える；(～から)利益を得る (from / by)
benefícial 形 有益な

932
fail
[feɪl]

動 **(…) できない** (to *do*)；**(に) 失敗する** (in)
(⇔ succéed → 1013)；(試験など) に落ちる
▶ never fail to *do*「必ず…する」
fáilure [féɪljər] 名 失敗 (者)；落第 (者)

933
clear
[klɪər]

形 **明らかな**；澄んだ；明るい；晴れた
It is clear that ...「…ということは明らかだ」

動 を片付ける；(空が) 晴れる
cléarance [klíərəns] 名 整理

934
save
[seɪv]

動 **(時間・金銭など) を節約する**；**を救う**；を蓄える；(労力など) を省く
▶ save the trouble「手間を省く」
sáving 名〔～s〕貯金；節約

935
act
[ækt]

動 **行動する**；(～の) 役を務める (as)
▶ act on ～「～に基づいて行動する；～に作用する」

名 **(1回の) 行為**；〔しばしば A～〕法令
áctive 形 活動的な
áction 名 (目的に向けた一連の) 行動

936
correct
[kərékt]

形 **正しい** (≒ right) (⇔ incorréct 間違った)

動 を訂正する
corréction 名 訂正

937
rule
[ru:l]

名 **(…するという) 規則** (to *do* / that 節)；支配；慣習
▶ as a rule「概して」
▶ make it a rule to *do*「…することにしている」

動 を支配する，統治する
rúling 形 支配的な

---

(69) Dementia

① One of the major problems in an aging society is that of the increasing number of senior citizens who suffer from dementia. ② Dementia is a disease that affects the function of the brain and causes people to lose the capacity to behave normally. ③ People suffering from dementia tend to confuse reality with what they think is reality. ④ Besides, they often find it difficult to recall the names of their close family and friends, where they are, and what they are doing. ⑤ This can become a burden for the families they rely on. ⑥ Also, it becomes a struggle for the families to bear the emotional stress caused by a close family member who has dementia. ⑦ Many people who suffer from dementia remain very active and they are not conscious of the fact that they are suffering from any disease. ⑧ The only way many families can survive the very sensitive situation is to place the sufferer in some kind of medical institution where they can receive all the treatment, care and understanding they need.

語法・構文・表現

① **senior citizens who suffer from dementia**「認知症を患う高齢者」 ▶who suffer from dementia は senior citizens を修飾する関係代名詞節。

② **a disease that affects ... and causes ...**「…に影響を与え、…をさせてしまう病気」 ▶that 以下は a disease を修飾する関係代名詞節。
cause ~ to *do*「~に…させる（原因となる）」

③ **what they think is reality**「彼らが現実だと思うこと」

⑦ **remain** 動「~のままである」

📁 日常生活 [健康・医療]

① 高齢化社会における大きな問題の一つは，認知症を患う高齢者の数が増加していくという問題である。② 認知症とは，脳の機能に影響を与え，人が正常に行動する能力を失わせてしまう病気である。③ 認知症患者は現実を，自分が現実だと思う部分と混同してしまう傾向にある。④ 加えて，しばしば身近な家族や友人の名前，自分がどこにいるのか，また何をしているのかを思い出すことが困難となる。⑤ このことは，彼らが頼りにしている家族にとって負担になりうる。⑥ また，認知症を患う身内によって引き起こされる精神的ストレスに家族が耐えることは，大きな苦労となる。⑦ 認知症患者の多くはとても活動的なままであり，自分が何らかの病にかかっているという事実に気づいていない。⑧ 多くの家族がこのように非常にやっかいな状況をやり過ごすことのできる唯一の方法は，そうした患者に必要な治療，世話，理解をすべて受けることのできる医療機関のようなところに彼らを入所させることだけである。

〜〜

⑧ **survive** 動「（困難な状況など）をうまく切り抜けていく」
sensitive ▶「（人や物が）敏感な；感じやすい」という意味だが，ここでは「（問題などが）やっかいな；扱いにくい」という意味で用いられている。
sufferer 图「患者」
some kind of medical institution where they can receive all the treatment, care and understanding they need「そうした患者に必要な治療，世話，理解をすべて受けることのできる医療機関のようなところ」▶where 以下は some kind of medical institution を修飾する関係副詞節。

■ 単語の意味を確認しよう。

	938
senior [sí:njər]	形 高齢者の；(地位などが) 上級の；年上の
	▶ a senior citizen「高齢者」
	名 年長者；〔主に 米〕(大学・高校の) 最上級生
	▶〔主に 米〕では、4年制大学・高校の1年生を freshman、2年生を sophomore、3年生を junior、4年生を senior で表す。
	seniórity 名 年長；優位
	▶ the seniority system「年功序列制度」

	939
suffer [sʌ́fər]	動 (～で) 苦しむ (from)；(苦痛) を経験する
	súffering 名 苦しみ；苦痛

	940
capacity [kəpǽsəti]	名 (…する) 能力 (to do)；収容力
	cápable [kéɪpəbl] 形 能力がある；有能な

	941
behave 発 [bɪhéɪv]	動 振る舞う；行儀よくする
	▶ 様態の副詞 (句・節) を伴う。
	▶ behave oneself 行儀よく振る舞う
	behávior 名 振る舞い；行動

	942
confuse [kənfjúːz]	動 を混同する；を困惑させる
	confuse A with B「AをBと混同する」
	confúsion 名 混同；困惑
	confúsing 形 紛らわしい；困惑させる
	confúsed 形 混乱した；困惑した

	943
recall アク [rɪkɔ́ːl]	動 を思い出す
	▶「思い出す」の意味では進行形にしない。
	▶ recall doing …したことを思い出す
	名 記憶 (力)；(欠陥品などの) 回収

	944
rely 発 アク [rɪláɪ]	動 (～に) 頼る (on)
	rely on A for B「BをAに頼る」
	relíance 名 頼ること
	relíable 形 頼りになる

945

struggle
[strʌ́gl]

名 (…しようとする) 懸命の努力，奮闘 (to *do*)；
(〜を求める) 闘い (for)

動 (〜を求めて；〜と) 奮闘する (for；with / against)；
努力する

946

bear
[beər]

動 を我慢する (≒ stand)；を (心に) 抱く；(子)
を産む

▶「生まれる」の意味では過去分詞形 born を使う。
▶ bear 〜 in mind「〜を心に留めておく」
▶ 活用：bear - bore [bɔːr] - born(e) [bɔːrn]
▶ bare「裸の」と同音。
　unbéarable 形 耐えられない

947

active
[ǽktɪv]

形 活動的な；積極的な (⇔ pássive → 1045)

actívity 名 活動；活気
áctivate 動 を活発にさせる；を作動する

948

conscious
発 [kά(ː)nʃəs]

形 (〜を) 意識して，自覚して (of)；意識がある
(⇔ uncónscious 無意識の)

cónsciousness 名 意識；思想

949

sensitive
[sénsətɪv]

形 (〜に) 敏感な (to) (⇔ insénsitive 鈍感な)

sense 名 感覚；感じ；意味 動 を感知する
sensitívity 名 敏感さ

950

institution
[ìnstɪtjúːʃən]

名 機関；制度

ínstitute 動 (制度・ルールなど) を設ける 名 協会

① Rumors of the takeover of local food producer Dalys were confirmed last night by local newspapers. ② Details of the takeover — that the local maker of pies and other pre-prepared meat products has been purchased — were revealed in a conference with representatives of the local press. ③ The takeover, by the national food producer Hoopers, has been explained as part of Hoopers' strategy to expand into regional specialties. ④ Before the press conference, managers of Dalys had declined to make a comment on the rumors that led to the price of stock in the company falling rapidly. ⑤ However, since the announcement, the stock price has started to rise. ⑥ Hoopers, who acquired the local company, has said that the takeover will allow for an injection of capital into the company that has been facing severe financial difficulties and this should lead to an increase in profits. ⑦ Hoopers explained that their primary aim will be to market the company's brands as high quality products. ⑧ They also emphasized the fact that they desire to keep the company as it stands and that there are no plans to reduce staff or close facilities.

◎ **語法・構文・表現** ～～～～～～～～～～～～～～～～～～～～～～～～～～～～～～～～～

① **rumor** 图「噂」
takeover 图「(企業経営権の) 買収；(会社の) 乗っ取り」
confirm 動「～を確認する；～を裏付ける」

② **that the local maker of pies and other pre-prepared meat products has been purchased**「パイやその他の加工済み食肉製品を生産する地方の一製造業者が買収されたという」 ▶Details of the takeover の内容を説明している。
conference 图「会見；会談」
representative 图「担当者；代表者」
the local press「地方新聞」

③ **regional specialty**「地方の特産品；名産品」

📁 産業［商業・貿易・商取引］

① ある地方の食品生産会社デーリーズ社が買収されるという噂があったが，それが昨晩の地方新聞で確認された。② パイやその他の加工済み食肉製品を生産する地方の一製造業者が買収されたという買収の詳細情報が，地方新聞の担当者との会見で明らかにされた。③ 全国規模で展開する食品生産会社フーパーズ社によるこの買収は，地方の特産品にも手を広げていこうとするフーパーズ社の戦略の一つとして説明されている。④ 記者会見の前，デーリーズ社の経営陣は同社の株価の急速な下落につながるそうした噂話について，一切コメントすることを拒んでいた。⑤ しかし発表以降，株価は上昇し始めた。⑥ その地方会社を獲得したフーパーズ社が，この買収により深刻な財政難に陥っているその会社に資本注入が可能になり，収益増につながるだろうと語ったのである。⑦ フーパーズ社は，自分たちの第一の目的はその会社のブランドを高級品として市場に売り出すことであると説明した。⑧ 同社はまた，その会社を現状のまま維持することを希望しており，従業員を減らしたり，施設を閉じたりする計画はないことを強調して述べた。

---

④ **the rumors that led to the price of stock in the company falling rapidly**
「同社の株価の急速な下落につながるそうした噂話」 ▶that 以下は the rumors を修飾する関係代名詞節。the price of stock in the company は動名詞句 falling rapidly の意味上の主語。

⑥ **allow for ～**「～が可能になる；～に備える；～を考慮に入れる」
the company that has been facing severe financial difficulties「深刻な財政難に陥っているその会社」 ▶that 以下は the company を修飾する関係代名詞節。

⑦ **market** 動「～を市場で売りこむ」

⑧ **keep ～ as it stands**「～を現状のまま維持する」
facility 图「施設；設備」

■ 単語の意味を確認しよう。

951
detail
[díːteɪl]

名〔~s〕詳細（な情報）；細部
▶ in detail「詳細に」
détailed 形 詳細な

952
purchase
(発)(アク) [pə́ːrtʃəs]

動 を購入する（≒ buy）
名 購入（品）

953
reveal
[rɪvíːl]

動（…ということ）を明らかにする（that 節），（~に）暴露する（to）
revelátion [rèvəléɪʃən] 名 暴露；意外な新事実

954
strategy
[strǽtədʒi]

名 戦略
▶「個々の戦術」は tactics。
stratégic [strətíːdʒɪk] 形 戦略（上）の

955
expand
[ɪkspǽnd]

動 を（~に）拡大する（into）；広がる
expánse 名 広がり
expánsion 名 拡大；膨張

956
decline
[dɪkláɪn]

動 減る，衰える；を（丁重に）断る（≒ refúse）
名（~の）減少，衰退（in）

957
stock
[stɑ(ː)k]

名 在庫品；株式（≒ share）；蓄え
▶ the stock market「株式市場」
動（商品）を店に置いている

290

0   275   550   825   1100

958
acquire
[əkwáɪər]

動 (習慣など) を身に付ける；を得る
acquisítion [ækwɪzíʃən] 名 習得；買収

959
capital
[kǽpətəl]

名 資本；首都；大文字 (= capital letter)

形 資本の；主要な；大文字の
cápitalism 名 資本主義
cápitalize 動 を大文字で書く

960
severe
発 [sɪvíər]

形 (痛みなどが) ひどい；厳しい；深刻な
sevérely 副 厳しく；ひどく
sevérity [sɪvérəti] 名 厳しさ；つらさ

961
profit
[prá(:)fət]

名 収益；〔しばしば~s〕利益 (⇔loss 損失)

動 利益を得る
prófitable 形 もうかる

962
primary
発 [práɪmèri]

形 最も重要な；最初の；初等の
▶ a primary school 英 小学校 (米 an elementary school)
primárily 副 本来は

963
desire
[dɪzáɪər]

動 (…すること) を強く望む (to do)

名 (~への；…したいという) 欲望 (for；to do)
desírable 形 望ましい

964
staff
[stæf]

名 〔集合的に〕スタッフ，職員
▶ 米 では単数扱い，英 ではしばしば複数扱い。

動 〔普通受身形で〕に職員を配置されている

---

(71) Poverty

🔑 貧困問題に対しての取り組みにはどのようなものがあるか。

① The last 30 years has seen minimal **progress** in **addressing** one of the main problems of the world: that is **poverty**. ② In the 1990s, the World Bank **defined** "poverty" as surviving on less than one dollar a day. ③ Although this figure has been recalculated several times, over 1.4 billion people, mainly in **rural** areas, still live in situations of extreme poverty in that they are unable to **supply** their families with the fundamental needs of food, housing or health care. ④ Since the 1990s, various organizations such as the World Bank and the United Nations have held **conferences** to discuss and **seek** ways to solve the problem of **wealth** distribution and the problems experts **associate** with poverty. ⑤ These conferences have raised remarkable amounts of **funds** to tackle poverty, but the problem still remains. ⑥ Many experts believe that it will only lead to **social** unrest and conflict in the near future if no solution to this **complicated** problem can be found.

語法・構文・表現

① **時期・年代＋see**「(時期・年代) に～を経験する」
minimal 形「極めて少ない；最少の」

③ **figure** 名「数字」
recalculate 動「～を再計算する」
in that ...「…という点で」
fundamental 形「基本的な；根本的な」

④ **organization** 名「組織」
hold a conference「会議を開く」
wealth distribution「富の分配」

① 過去 30 年，世界の主要な問題の一つに<u>取り組む</u>ことに関して，極めてわずかな<u>前進</u>をするにとどまってきた。それは<u>貧困</u>問題である。② 1990 年代，世界銀行は「貧困」を 1 日 1 ドル未満で暮らしている状態と<u>定義した</u>。③ 数字は何度か集計し直されてはいるが，主に<u>田舎の地域</u>に住む 14 億人以上の人々が，家族に対して食事，住居，医療といった基本的ニーズを<u>満たす</u>ことができないという点で，今なお極めて貧困な状態で暮らしているのである。④ 1990 年代以降，世界銀行や国連といったさまざまな組織が<u>会議</u>を開き，<u>富</u>の分配の問題や専門家が貧困と<u>関連づけて考えている</u>問題を解決するための方法について話し合い，<u>模索</u>してきた。⑤ これらの会議は，貧困に立ち向かうための<u>資金</u>を驚くほどの額で集めてきたが，問題はいまだに解決していない。⑥ この<u>複雑</u>な問題に対する解決策が見つからないと，近い将来それは<u>社会</u>不安や紛争を引き起こすだけであろうと，多くの専門家は考えている。

---

the problems experts associate with poverty「専門家が貧困と関連づけて考えている問題」 ▶experts の前に目的格の関係代名詞 that や which が省略されていると考える。

⑤ **raise funds**「資金を集める」
tackle 動「(困難な問題など) に取り組む，立ち向かう」
remain 動「残る；依然として存在する」

⑥ **unrest** 图「不安」
conflict 图「対立；紛争」

■ 単語の意味を確認しよう。

965 **progress** ⑦ [prá(:)grəs]	名 進歩；進行 ▶ make progress「進歩する」 動 [prəgrés] 進歩する progréssive 形 進歩的な
966 **address** ⑦ [ədrés]	動 (問題) に取り組む；(人) に演説をする；に宛名 を書く 名 住所；演説；(ネット上の) アドレス
967 **poverty** [pá(:)vərti]	名 貧困 poor 形 貧しい (⇔rich 裕福な)；(～が) 下手な (at) (⇔good 上手な)；かわいそうな
968 **define** [dɪfáɪn]	動 を (～と) 定義する (as) definítion [dèfənɪ́ʃən] 名 定義 définite [défənət] 形 はっきりとした
969 **rural** [rʊ́ərəl]	形 田園の，田舎の (⇔úrban→608)
970 **supply** ⑨ [səplái]	動 を供給する supply A with B 「AにBを供給する」 ▶ supply B to [for] A と書き換えられる。 名 供給 (⇔demánd 需要) ▶ in short supply「供給が不足して」
971 **conference** [ká(:)nfərəns]	名 会議；会合 (≒méeting) ▶ a press conference 記者会見

0	275	550	825	1100

972

seek
[si:k]

動 を探し求める；(…しよう) と努める (to *do*)
▶ 活用：seek - sought [sɔ:t] - sought

973

wealth
(発) [welθ]

名 富，財産
wéalthy 形 裕福な (≒ rich)

974

associate
[əsóuʃièɪt]

動 から (~を) 連想する (with)；(~と) 交際する
(with)
associátion 名 連想；協会；交際

975

fund
[fʌnd]

名 〔しばしば~s〕資金，基金

動 (組織など) に資金を出す
fúnding 名 資金調達

976

social
[sóuʃəl]

形 社会の；社交の
socíety 名 社会
sócialism 名 社会主義
sociólogy 名 社会学

977

complicated
[ká(:)mpləkèɪtɪd]

形 複雑な (≒ compléx)
cómplicate 動 を複雑にする
complicátion 名 複雑化

---

72 Culture

多様な文化について筆者が重要と考えることは何か。

① Every country has its own unique culture that **reflects** its individual **customs** and traditions. ② They are based on the location, history, religion, and **race** of its people. ③ Many of those customs **vary** widely in **scale** between different **contexts** and countries. ④ For example, there is an incredible difference in **morals**, or beliefs about what is right and wrong. ⑤ Also, there are some minor differences regarding physical contact or showing your **emotions** in public. ⑥ Features of a culture can also vary within a single country such as linguistic variations between cities and regions that are simply called **accents** or dialects. ⑦ In some cultures it is common to **display** an attitude of being **polite** in all situations in order to avoid conflict. ⑧ Finally, there is also a wide variation in the meaning of **symbols** or gestures between cultures. ⑨ To **conclude**, it is important to **appreciate** that all cultures are equally important and that no individual culture is best.

語法・構文・表現

① **its own unique culture that reflects its individual customs and traditions**
「個々の習慣や伝統を反映した独自の文化」
▶that 以下は its own unique culture を修飾する関係代名詞節。

④ **incredible** 形「信じがたいほどの」

⑤ **regarding** 前「〜に関して」
physical contact「身体の接触」

⑥ **feature** 图「特性；特色」

296

文化

英文レベル
☆☆☆ **155** words

📁 文化 [歴史・人類・文明・風俗]

① いかなる国も，個々の習慣や伝統を反映した独自の文化を持っている。② それらは，その国の国民の居住地域，歴史，宗教，人種に基づいたものだ。③ そうした習慣の多くは，さまざまな背景や国々の間で，尺度という点で非常に多様である。④ たとえば，正しいことと間違っていることを示す道徳あるいは信念には，信じがたいほどの違いが存在する。⑤ さらに，身体の接触や人前で感情を表すことに関しても多少の違いがある。⑥ 文化の特性の中には，単になまりや方言と呼ばれる都市間や地域間における言語的差異のように，一国の中でも異なるものもある。⑦ 対立を避けるためにあらゆる状況で丁重な態度を示すのが一般的である文化もある。⑧ 最後に，合図や身振りの意味も文化間で大きく異なる。⑨ 結論として言うと，すべての文化は等しく重要であり，何らかの個別の文化が最も優れているなどということはないのだと正しく理解することが肝要である。

---

linguistic variations between cities and regions that are simply called accents or dialects「単になまりや方言と呼ばれる都市間や地域間における言語的差異」 ▶that 以下は linguistic variations（between cities and regions）を修飾する関係代名詞節。

⑦ **avoid** 動「〜を避ける」
  conflict 名「対立；いさかい」

⑨ **individual** 形「個別の」

72 Culture

📗 単語の意味を確認しよう。

978 **reflect** [rɪflékt]	動 を反映する；を反射する；(〜について) 熟考する (on) ▶「反映する」の意味では進行形にしない。 ▶ *be* reflected in 〜「〜に反映される」 refléction 图 反映；反射；映った姿 réflex [ríːfleks] 图 反射 (作用) 形 反射的な
979 **custom** [kʌ́stəm]	图 (社会の) 慣習；〔〜s〕関税；〔〜s〕税関 custom-máde 形 注文の accústom 動 を (〜に) 慣れさせる (to)
980 **race** [reɪs]	图 民族，人種；競走 rácial 形 人種 [民族] の
981 **vary** 発 [véəri]	動 異なる，多様である；(多様に) 変わる ▶ differ が異種のものを比較するのに対し，vary は同種のものを部分的に比較する。 váried [véərid] 形 変化に富んだ váriable [véəriəbl] 形 変わりやすい variátion [vèəriéɪʃən] 图 変動 (の幅)；変種 varíety [vəráɪəti] 图 多様 (性) várious [véəriəs] 形 さまざまな
982 **scale** [skeɪl]	图 規模；尺度 on a 〜 scale 「〜の規模で」
983 **context** 発アク [kɑ́(ː)ntekst]	图 状況；文脈 contéxtual 形 文脈上の
984 **moral** [mɔ́(ː)rəl]	形 道徳 (上) の；道徳的な (⇔immóral 不道徳な) 图 〔〜s〕道徳，倫理；教訓 morálity 图 道徳；道徳性；品行 (方正)

298

| 0 | 275 | 550 | 825 | 1100 |

985
emotion
[ɪmóuʃən]

图 (喜怒哀楽の) 感情 (≒ féeling)；感動
emótional 形 感情的な；感動的な

986
accent
[ǽksent]

图 なまり，方言；アクセント
▶ an American accent アメリカなまり

987
display
⑦ [dɪspléɪ]

動 を示す；を展示する
图 展示；発揮；(パソコンの) ディスプレー
▶ a fireworks display 花火大会

988
polite
⑦ [pəláɪt]

形 丁寧な，礼儀正しい (⇔impolíte, rude→253)
polítely 副 丁寧に
políteness 图 丁寧な言動

989
symbol
[símbəl]

图 (~の) 象徴 (of)；記号
symbólic 形 象徴的な

990
conclude
[kənklú:d]

動 (…だ) と結論づける (that節)；を締めくくる
conclúsion 图 結論
conclúsive 形 決定的な

991
appreciate
発⑦ [əprí:ʃièɪt]

動 をありがたく思う；を正しく認識 [評価] する；
を鑑賞する
▶ 進行形にはしない。
▶ I would appreciate it if you ... …していただけるとありが
たいのですが
appreciátion 图 感謝；評価；認識；鑑賞

🔍 都市が持続的に成長するうえで必要なことは？

① The sustained growth of towns and cities means that more and more houses and buildings have been provided. ② Indeed, we have been witnessing buildings being built in sequence. ③ While local governments have needed to work in close cooperation with developers and builders to satisfy such an increasing demand for housing, they have been trying to restrict the impact on the environment of the region as well. ④ To achieve these goals, they have imposed new rules about architecture on town planners and building companies. ⑤ This includes what is permitted to be built and what is prohibited. ⑥ For example, perhaps the height of any new buildings becomes limited, or existing buildings must be restored instead of being demolished. ⑦ Occasionally, town councils are required to consult with the public on construction decisions before signing a contract, particularly in cities which have historical heritages. ⑧ Many inhabitants of these cities often resist change. ⑨ They fear that new, radical structures will spoil the established horizon. ⑩ The task of limiting the environmental impact of construction while dealing with growth in population is no doubt inevitable for our sustainable future.

語法・構文・表現

② witness ~ *doing*「〜が…するのを見る」

③ developer 图「開発業者」

④ town planner「都市計画立案者」

⑥ existing 形「既存の」
　demolish 動「〜を取り壊す」

⑦ occasionally 副「時おり」
　town council「市町議会」

📁 社会 [社会問題]

　①町や都市の持続的な成長は，家や建物がますます多く供給され続けてきたということを意味する。②実際私たちは，建物が次々と建てられているのを目にしてきた。③地方政府はこのような住宅需要の増加を満たすために開発業者や建設業者と緊密な協力体制を敷く必要があった一方で，地域環境への影響に対しては規制をしようと努めてもきた。④地方政府はこうした目標を達成するために，建築に関する新しい規則を都市計画立案者や建設会社に対して課してきた。⑤これは，どのような建築物が許可され，どのようなものが禁止されるのかといったことを含んでいる。⑥たとえば，新しい建物はいかなる建物であっても高さが制限される，あるいは既存の建物は取り壊すのでなく修復しなければならない，といったことであるかもしれない。⑦時おり，市町議会は，歴史的遺産がある都市の場合は特に，契約を交わす前に，建設の決定に関して市民に相談することが必要になる。⑧こうした都市の住民の多くはしばしば変化に抵抗する。⑨彼らは，新しくて過激な建築物は定着している眺望を台無しにするのではないかと心配する。⑩人口増加に対処しつつ，建設による環境への影響を規制するという務めが，持続可能な未来に向けて避けられないことであるのは間違いない。

⑧ inhabitant 图「住民」

⑨ structure 图「建築物」
　established 形「定着した；確立した」
　horizon 图「眺望」

⑩ no doubt「間違いなく」
　sustainable 形「持続可能な」

73 Construction and Restriction

📗 単語の意味を確認しよう。

992

sustain
⑦ [səstéin]

動 を持続させる；を (精神的に) 支える
sustáinable 形 持続可能な
▶ sustainable development 持続可能な開発

993

sequence
発 [síːkwəns]

名 連続，(連続するものの) 順番；一続き
▶ in sequence 「連続で」
súbsequent [sábsɪkwənt] 形 (時間的に) 後に続く

994

cooperation
[kouà(ː)pəréɪʃən]

名 協力，協同
in cooperation with ～ 「～と協力して」
coóperate 動 (～と) 協力する (with)
coóperative 形 協同の

995

restrict
[rɪstríkt]

動 を (～に) 制限する (to / within)
restríction 名 制限
restríctive 形 制限する

996

impose
[ɪmpóuz]

動 を (～に) 押しつける (on)；を課す
▶ impose restrictions [conditions] on ～ ～に制限 [条件]
を課す

997

architecture
発 [áːrkətèktʃər]

名 建築 (学)；建築様式；構造 (≒ strúcture)
árchitect 名 建築家
architéctural 形 建築上の

998

prohibit
⑦ [prouhíbət]

動 を禁止する (≒ ban, forbíd)
prohibit ～ from doing 「～ (人) が…するのを禁止する」
prohibítion [pròuhəbíʃən] 名 禁止

```
0        275        550        825        1100
```

999

height
発 [haɪt]

名 高度；身長；高さ
high 形 高い

1000

restore
[rɪstɔ́ːr]

動 を（元の状態に）戻す，修復する
restoration [rèstəréɪʃən] 名 修復；回復

1001

contract
アク [kɑ́(ː)ntrækt]

名 （～との；～のための）契約 (with; for)；契約書
動 [kəntrǽkt] を契約する；（病気）にかかる；を縮小する

1002

heritage
発 [hérətɪdʒ]

名 （文化・自然）遺産
▶ a World Heritage (Site) 世界遺産
inhérit 動 を受け継ぐ，を相続する

1003

resist
発 [rɪzíst]

動 〔普通否定文で〕を我慢する；に抵抗する
resístance 名 抵抗
resístant 形 耐性のある；抵抗する

1004

radical
[rǽdɪkəl]

形 根本的な；過激な (⇔consérvative 保守的な)
名 急進主義者
rádically 副 根本的に；過激に

1005

inevitable
発 アク [ɪnévətəbl]

形 避けられない (≒unavóidable)
It is inevitable that ... 「…ということは避けられない」
inévitably 副 必然的に

303

🔑 生物はどんな遺伝子を次の世代に引き継ぐのか。

① Evolution is the process by which life forms change characteristics over generations and time to improve their chances of survival. ② Evolution does not explain the origins of life itself, but rather explains how we evolved from our ancestors and how all creatures are connected through the tree of life to the first creatures that evolved on our planet. ③ The process of evolution states that every creature has different traits, controlled by its tiny genes, that allow it to survive in its own special environment. ④ As the genes flow from one generation to the next, they preserve the positive characteristics that help the creatures succeed in their environment. ⑤ Therefore, at birth, each new generation contains the most efficient genes that contribute to its survival. ⑥ The genes represent evolution, so often mutant genes emerge at the same time as genes flow to the next generation. ⑦ If these mutant genes improve the chances for a creature to succeed, it will be more able to compete in its fight to attract a mate and survive.

語法・構文・表現

① the process by which ...「…する過程」
  life form 图「生物」
  over generations and time「何世代もの長きにわたって」

② evolve 動「進化する;発達する」
  be connected to ~「~につながっている」
  the tree of life「命の木;(進化における生物の) 樹形図;系統樹」
  the first creatures that evolved on our planet「地球上で発達した最初の生物」
  ▶that 以下は the first creatures を修飾する関係代名詞節。

③ state that ...「…だとはっきり伝える」
  different traits, controlled by its tiny genes, that allow it to survive in its own special environment「微小な遺伝子によって統御され, 自分を取り巻く特

📁 自然［動物・植物］

① 進化とは，生物が生存の<u>可能性</u>を高めるために，何世代もの長きにわたって，特徴を変化させる過程のことである。② 進化によって明らかになるのは，生命の<u>起源</u>そのものではなく，むしろ，私たちが<u>祖先</u>からいかに進化し，すべての生物が地球上で発達した最初の生物に進化の系統樹上でいかにつながっているかということである。③ 進化の過程がはっきりと伝えているのは，<u>微小な遺伝子</u>によって統御され，自分を取り巻く特別な環境で生き残ることを可能にするさまざまな特性を，すべての生物が備えているということである。④ 遺伝子は，ある世代から次の世代へと<u>流入して</u>いく際に，生物が環境の中で<u>うまくやっていく</u>のを手助けするプラス面の特徴を<u>保持する</u>。⑤ したがって，<u>誕生</u>した時点において，それぞれの新しい世代は生存に<u>寄与する</u>最も<u>有能な</u>遺伝子を備え持っているのである。⑥ そういった遺伝子が進化を<u>象徴している</u>のであり，そのため，遺伝子が次の世代に流入するのと同時に突然変異の遺伝子がしばしば<u>生じる</u>ことになるのである。⑦ こうした突然変異の遺伝子によってある生物がうまく生き延びていく可能性が高まると，その生物は交尾相手を<u>引き寄せて</u>存続していくための争いでいっそう<u>張り合う</u>ことができるようになるのである。

別な環境で生き残ることを可能にするさまざまな特性」▶that allow ... environment は different traits を修飾する関係代名詞節。trait「（ある特定の）特性」

④ **the positive characteristics that help the creatures succeed in their environment**「生物が環境の中でうまくやっていくのを手助けするプラス面の特徴」▶that 以下は the positive characteristics を修飾する関係代名詞節。

⑤ **contain** 動「～を備え持つ；～を含む」
the most efficient genes that contribute to its survival「生存に寄与する最も有能な遺伝子」▶that 以下は the most efficient genes を修飾する関係代名詞節。

⑥ **mutant** 形「突然変異の」

74 Evolution

📖 単語の意味を確認しよう。

| 1006 **chance** [tʃæns] | 名 (…する) 見込み (of *doing* / that 節)；(…する) 機会 (to *do* / of *doing*)
 ▶「…する見込み」の意味では chance to do は使わない。 |

| 1007 **origin** ⑦ [ɔ́(:)rɪdʒɪn] | 名 起源 <br> oríginal [ərídʒənəl] 形 最初の；創造 [独創] 的な
 名 原物，原作 (⇔ copy 複写)
 oríginate [ərídʒənèɪt] 動 生じる |

| 1008 **ancestor** ⑦ [ǽnsèstər] | 名 祖先 (⇔ descéndant 子孫)
 áncestry 名 〔集合的に〕祖先；家系 |

| 1009 **tiny** ⑨ [táɪni] | 形 とても小さな (≒ líttle) |

| 1010 **gene** [dʒiːn] | 名 遺伝子 <br> genétic [dʒənétɪk] 形 遺伝 (子) の <br> genétically [dʒənétɪkəli] 副 遺伝 (学) 的に
 ▶ genetically modified food(s) 遺伝子組み換え食品 |

| 1011 **flow** [floʊ] | 動 (~へ；~から) 流れる (into / to ; from)
 名 流れ
 ▶ flow chart (作業の手順を示す) 流れ図 |

| 1012 **preserve** ⑨⑦ [prɪzə́ːrv] | 動 を保存する；を (~から) 保護する (from / against)
 preservátion [prèzərvéɪʃən] 名 保存；保護 |

| 1013 **succeed** [səksíːd] | 動 成功する (⇔ fail → 932)；(~を) 継承する (to)
 succeed in *doing*「…することに成功する」
 succéss 名 成功 <br> succéssful 形 成功した <br> succéssion 名 継承；連続 <br> succéssive 形 連続した |

| 0 | 275 | 550 | 825 | 1100 |

1014
birth
[bə:*r*θ]

名 出産；誕生
▶ give birth to ~「~を産む」

1015
efficient
[ɪfíʃənt]

形 効率のよい；有能な
efficiency 名 能率；効率
▶ energy efficiency エネルギー効率

1016
contribute
⑦ [kəntríbjət]

動 (~に) 貢献する (to)；を寄付する
contribution 名 貢献；寄付

1017
represent
⑦ [rèprɪzént]

動 を象徴する；を表現する；を代表する
representation 名 表現；表示；代表
representative 名 代表 (者)；議員

1018
emerge
[ɪmə́:*rd*ʒ]

動 現れる；明らかになる
emerging 形 新興の
emergency 名 緊急 (事態)
▶ in an emergency「緊急の場合には」

1019
compete
[kəmpí:t]

動 (~と；~を求めて) 競う (with / against；for)
competition [kà(:)mpətíʃən] 名 競争；競技 (会)
competitive [kəmpétətɪv] 形 競争の；競争力のある

1020
attract
[ətrǽkt]

動 を引きつける (⇔distract (注意など) を (~から) そらす)
attraction 名 魅力；呼び物
attractive 形 魅力的な

📍 ボーイスカウトの活動にはどのようなものがあるだろう？

① Most people **belong** to some sort of club or social group when they are young. ② One of the most popular groups around the world is the Scout Association. ③ This is a society whose **aim** is to **promote** ideas such as teamwork, leadership, a sense of **fair** play and cultural awareness through **engaging** in various activities. ④ The Scouts often provide city children with their only opportunity to have **access** to the fresh air of the country and **release** their youthful energy through physical challenges. ⑤ The challenges range from simply learning how to **tie** knots or **fix** a bicycle to hiking and camping. ⑥ The Scouts also **survey** an area to choose the best campsite and teach sports such as kayaking and mountain climbing. ⑦ As scouts grow older, they can be put in **charge** of groups of younger scouts as a leader. ⑧ The successful completion of a challenge gains scouts a **reward** in the form of a badge that they can sew to their uniforms. ⑨ Famous scouts include **former** British Prime Minister Tony Blair, and football player David Beckham.

◉ 語法・構文・表現 ∽∽∽

③ **a society whose aim is to ...**「…することを目的とした組織」 ▶whose 以下は a society を修飾する関係代名詞節。
cultural awareness「文化理解；文化を認識すること」

④ **have access to ～**「～を入手できる」 ▶ここでは，新鮮な空気に接する機会を得ることを意味している。
physical challenge「肉体的に困難な課題」

⑤ **range from ～ to ...**「～から…に至る」
tie knots「紐を結ぶ」

ボーイスカウト

📁 文化［歴史・人類・文明・風俗］

① ほとんどの人は若いとき，何らかの同好会や社交クラブに<u>所属している</u>。② 世界で最も有名なクラブの一つは，ボーイスカウト連盟である。③ これは，さまざまな活動に<u>従事する</u>ことを通じて，チームワークやリーダーシップ，<u>フェアプレイ精神</u>，文化理解などの考えを<u>推し進める</u>ことを<u>目的</u>とした組織である。④ ボーイスカウト団はしばしば都会の子供たちに，田舎の新鮮な空気に<u>接し</u>，肉体的に困難な課題を通じて若いエネルギーを<u>発散させる</u>唯一無二の機会を提供する。⑤ その課題は単に紐（ひも）の<u>結び</u>方や自転車の<u>修理</u>の仕方を学ぶことからハイキングやキャンプに至る。⑥ ボーイスカウト団はまた，最良のキャンプ地を選ぶために地域を<u>調査し</u>たり，カヤックや登山のようなスポーツを教えたりもする。⑦ ボーイスカウトのメンバーは年齢が<u>上がる</u>につれ，リーダーとして若いボーイスカウトメンバーの集団の引率<u>担当</u>を任されることもある。⑧ ある難題を成功裏に終わらせると，そのボーイスカウトメンバーにはバッジの形で<u>報奨</u>が与えられ，それを制服に縫いつけることができる。⑨ 有名なボーイスカウトメンバーには英国の<u>元首相</u>トニー・ブレアや，サッカー選手のデイヴィッド・ベッカムがいる。

---

⑥ **kayaking** 图「カヤックに乗ること」

⑦ **put ～ in charge of ...**「～に…を担当させる」

⑧ **completion** 图「完遂；終了」
　gain O₁ O₂「O₁ に O₂ を与える」
　a reward in the form of a badge that they can sew to their uniforms「制服に縫いつけることができるバッジの形の報奨」　▶that 以下は a reward in the form of a badge を修飾する関係代名詞節。

75 The Scouts

🔰 単語の意味を確認しよう。

1021
belong
[bɪlɔ́(ː)ŋ]

動 (~に) 所属している (to)；(~の) ものである (to)
▶ 進行形にはしない。
belónging 名〔~s〕所持品

1022
aim
[eɪm]

名 目的 (≒ púrpose)；ねらい

動 (武器・カメラなど) を向ける；(~を) ねらう (at)
áimless 形 当てのない

1023
promote
⦿ [prəmóut]

動 を促進する；〔普通受身形で〕昇格する
promótion 名 昇進；促進

1024
fair
[feər]

形 公正な (⇔unfáir 不公平な)；(数量などが) かなりの

副 公正に
fáirly 副 かなり；まずまず

1025
engage
[ɪngéɪdʒ]

動 (~に) 従事する (in / with)；を (~に) 従事させる (in)；を (~に) 引き入れる (in)；(…すること) を約束する (to *do*)
▶ engage in ~ が従事する動作を表すのに対し, *be* engaged in ~ は従事している状態を表す。
engágement 名 約束；婚約

1026
access
⦿ [ǽkses]

名 (~の) 利用, 入手 (to)；(~への) 接近 (to)
have access to ~ 「~を利用できる, ~を入手できる」

動 に接続する；に近づく
accéssible 形 近づきやすい；入手できる

1027
release
[rɪlíːs]

動 (ガスなど) を放出する；を解放する
(⇔cápture→368)；を新発売する；(映画) を封切る

名 放出；解放；発表

1028 **tie** [taɪ]	動 を (〜に) 結び付ける (to) ▶ 現在分詞形は týing [táɪɪŋ]。 名 〔普通〜s〕結び付き；同点；ネクタイ （＝nécktie）
1029 **fix** [fɪks]	動 を修理する（≒ repáir, mend）；を固定する； （日時・場所など）を決める ▶ fix *one's* eyes on 〜 〜をじっと見る
1030 **survey** ⑦ [sə́:*r*veɪ]	名 （アンケートによる意識などの）調査；概観； 測量 動 [sə*r*véɪ] を（多数の人に質問して）調査する； を概観する
1031 **charge** [tʃɑː*r*dʒ]	名 （サービスに対する）料金；管理；非難；充 電 ▶ free of charge「無料で」 ▶ in charge of 〜「〜を担当して」 動 を請求する；を非難する；を充電する
1032 **reward** ⑱ [rɪwɔ́:*r*d]	名 （〜に対する）褒美 (for)；報酬；報奨金 動 に褒美を与える；に報いる rewárding 形 満足 [利益] が得られる
1033 **former** [fɔ́:*r*mər]	形 元の；〔the 〜〕前者の（⇔the látter 後者の） ▶ the former Prime Minister 元 [前] 首相

76 Consequences of Climate Change

🔔 筆者が環境保護のために起こすべきだと思っている行動とは？

　①I am a marine ecologist and biologist, and especially interested in recent climate change and its possible consequences. ②Last year, our research team chartered a ship and went on a scientific expedition around the Arctic Pole while guarded by the Royal Canadian Navy, particularly in dangerous areas. ③Our working environment on the ship was casual and frank, but the research conducted there was very important. ④At present, climate change is leading toward serious consequences, including the declining number of species of marine life. ⑤This is mainly supposed to be due to the rise of surface water temperature, but it's also related to the global trade of sea products, as they are too often sold in large amounts at a discount. ⑥The melting and shrinking of ice is also an issue. ⑦This can be changing the geography of the poles. ⑧We tend to fall into the logic that the problem will disappear if we ignore it, and some politicians refuse to accept our conclusion from the scientific research. ⑨Therefore, we should vote for candidates who will support our concept of environmental conservation and who will remain neutral with scientific evidence. ⑩We can no longer continue to take a passive attitude. ⑪We must take action.

語法・構文・表現 ∞∞

①a marine ecologist and biologist「海洋生態学および海洋生物学の専門家」
　consequence 图「帰結；成り行き」

②charter 動「（船や飛行機）をチャーターする；〜を借り上げる」
　go on an expedition「遠征に出る」

⑤be supposed to *do*「…すると思われている」
　be due to 〜「〜が原因だ」

⑦geography 图「地理；地形」

気候変動の帰結

英文レベル
☆☆☆
203
words

📁 自然［自然・環境］

①私は海洋生態学および海洋生物学の専門家であり，特に近年の気候変動とその考えられる帰結に関心がある。②昨年，私たちの調査チームは船をチャーターし，特に危険な海域ではカナダ<u>海軍</u>の護衛を受けながら，<u>北極</u>周辺を科学探索する遠征に出た。③船上での労働環境は<u>形式ばらず</u>，<u>ざっくばらんな</u>ものであったが，そこで行われた調査はとても重要だった。④現時点で気候変動は，海洋生物種の数の減少を含む，深刻な帰結に向かって進んでいる。⑤これは主に海水の表面温度の上昇が原因と思われるが，海産物の世界的な取引も関係している。というのも，それらは<u>割引</u>されて大量に売られていることがあまりに多いからだ。⑥氷が溶け，<u>縮小している</u>ことも問題だ。⑦これは極地の地形を変えてしまう可能性がある。⑧私たちはそうした問題を無視すれば問題はなくなるという<u>論理</u>に陥りがちだし，政治家の中には科学調査によって私たちが下した結論を受け入れようとしない者もいる。⑨したがって私たちは，環境<u>保護</u>に関する私たちの考えを支持し，科学的証拠に対して<u>中立的な</u>立場を維持する<u>候補者</u>に一票を投じるべきなのだ。⑩私たちはもはや<u>受動的な</u>態度を取り続けることはできない。⑪行動を起こさなければならないのだ。

~~~~~~

⑧**fall into the logic that SV ...**「…という論理に陥る」 ▶that 以下は logic の内容を表す同格節。

⑨**vote for ~**「~に賛成票を投じる」
candidates who will support our concept of environmental conservation and who will remain neutral with scientific evidence「環境保護に関する私たちの考えを支持し，科学的証拠に対して中立的な立場を維持する候補者」 ▶2つのwho 節は candidates を修飾する関係代名詞節。

📘 単語の意味を確認しよう。

1034

Arctic
[ɑ́ːrktɪk]

形 北極（地方）の（⇔ Antárctic 南極（地方）の）

1035

pole
[poʊl]

名 極（地）；棒
▶ the South [North] Pole「南 [北] 極」
  pólar 形 極地の
▶ a polar bear ホッキョクグマ，シロクマ（= white bear）

1036

navy
[néɪvi]

名〔しばしば the N~〕海軍

1037

casual
発 [kǽʒuəl]

形 形式ばらない，打ち解けた（≒ infórmal）
（⇔ fórmal 正式の）；何気ない；偶然の
  cásually 副 くだけて；何気なく
  cásualty 名（事故などの）犠牲者

1038

frank
[fræŋk]

形（人に；~について）率直な（with; about）
▶ to be frank (with you)「率直に言うと」
  fránkly 副 率直に（言って）
▶ frankly speaking 率直に言って

1039

discount
ア [dískaʊnt]

名 割引
  give ~ a (...) discount「~に（…の）割引を与える」
▶ at a discount 値引きして

動 を値引きする

314

0	275	550	825	1100

1040

shrink
[ʃríŋk]

動 縮む；縮小する；を減らす
▶ 活用：shrink - shrank, 米 shrunk [ʃrʌŋk] - shrunk,
米 shrunken

名 収縮

1041

logic
[lá(:)dʒɪk]

名 論理；論理学
lógical 形 論理的な；筋の通った

1042

candidate
㋒ [kǽndɪdèɪt]

名 (〜の) 候補者 (for)；志願者

1043

conservation
[kà(:)nsərvéɪʃən]

名 (自然環境などの) 保護；保存
(≒ preservátion)
consérvative [kənsə́:rvətɪv] 形 保守的な (⇔rádical
→1004)
consérve [kənsə́:rv] 動 (環境など) を保護する

1044

neutral
[njú:trəl]

形 中立の

1045

passive
[pǽsɪv]

形 受動的な；消極的な (⇔áctive→947)

🔍 新しいリーダーはどのような人物か。

① So many people are at least somewhat fascinated by the new leader of our country. ② Many others who've heard him speaking, though, say that it is very difficult to interpret what he means. ③ They say he often contradicts himself. ④ That makes some very anxious. ⑤ A friend of mine, who works as a translator, once said it must be hard to translate the meaning of his words into other languages because he is not precise when he speaks. ⑥ The new leader is also a well-known business person who employs many people in his businesses. ⑦ But voters don't know how many because they can't obtain his tax records. ⑧ Some say that if he informed voters about all the places he invests money, that would be helpful. ⑨ But his supporters differ in their opinions. ⑩ They believe that his property is a private matter. ⑪ They don't seem to mind if politicians of other countries are his clients. ⑫ I don't support our new leader, because he is not a modest person. ⑬ If he had done more manual labor in his youth, he would be more humble.

◎語法・構文・表現 ◇◇◇

② **Many others who've heard him speaking**「彼の話を聞いたことのある多くの ほかの人」▶who've 以下は Many others を修飾する関係代名詞節。

③ **contradict *oneself***「矛盾した発言をする；自己矛盾している」

⑤ **translator** 图「翻訳者；通訳」

⑥ **a well-known business person who employs many people in his businesses**「自身の会社で多くの人を雇っている名の通った実業家」▶who 以下は a well-known business person を修飾する関係代名詞節。

⑦ **voter** 图「有権者；投票者」
tax record「納税記録」

新しいリーダー

📁 社会［政治］

　①非常に多くの人々が我が国の新リーダーに少なくとも<u>いくぶんかは</u><u>魅了されている</u>。②とは言うものの，彼の話を聞いたことのある多くのほかの人は，彼が言おうとしていることを<u>解釈する</u>のが非常に難しいと言う。③彼はしばしば矛盾したことを言うというのだ。④このことが一部の人々を非常に<u>不安に</u>させている。⑤翻訳者である私の友人は以前，彼は話すとき，<u>正確</u>ではないので，彼の話す言葉の意味を外国語に<u>翻訳する</u>のは難しいに違いないと言っていた。⑥新リーダーは自身の会社で多くの人を<u>雇っている</u>名の通った実業家でもある。⑦しかし有権者は彼の納税記録を<u>手に入れる</u>ことはできないので，それがどれだけの人数なのかはわからない。⑧彼が有権者に，彼のお金の<u>投資</u>先をすべて教えてくれたら，それでわかるだろうと言う人もいる。⑨しかし彼の支持者は意見が<u>異なる</u>。⑩彼らは彼の資産を私的な事柄だと考えている。⑪どうやら彼らは，他国の政治家が彼の<u>得意客</u>であるかどうかなど，おかまいなしのようだ。⑫私は我が国の新リーダーを支持していない。なぜなら彼は<u>謙虚な</u>人物ではないからだ。⑬若いころに彼がもっと肉体<u>労働</u>をしていたら，もっと謙虚でいることだろうに。

---

⑧ **inform ~ about ...**「～に…のことを知らせる」
　all the places he invests money「彼のお金の投資先すべて」　▶he の前に関係副詞 where が省略されていると考える。

⑩ **private matter**「私的な事柄」

⑪ **mind if ...**「…かどうか気にする」

⑬ **manual labor**「肉体労働」
　humble 形「謙虚な」（≒ modest）

⑦⑦ The New Leader

📕 単語の意味を確認しよう。

1046

somewhat
⑦ [sʌ́mhwʌ̀t]

副 いくぶん

1047

fascinate
[fǽsɪnèɪt]

動 を魅了する
be fascinated by [with] ~ 「~に魅了される」
fáscinating 形 魅惑的な
fascinátion 名 魅了 (すること)

1048

interpret
⑦ [ɪntə́:rprət]

動 を (~と) 解釈する (as)；を通訳する
interpretátion 名 解釈；通訳
intérpreter 名 通訳者

1049

anxious
[ǽŋkʃəs]

形 (~を) 心配して (about)；(~を；…することを) 切望して (for；to *do*)
anxíety [æŋzáɪəti] 名 不安，心配；切望

1050

translate
[trǽnsleɪt]

動 を (~に) 翻訳する (into)
translátion 名 翻訳
translátor 名 翻訳者

1051

precise
⑦ [prɪsáɪs]

形 正確な；緻密な (≒ exáct)
precísely 副 正確に；(返答で) まさにそのとおり
precísion [prɪsíʒən] 名 正確さ

1052

employ
[ɪmplɔ́ɪ]

動 を雇用する；を (手段などに) 用いる (for)
emplóyment 名 職；雇用
unemplóyment 名 失業
emplóyer 名 雇い主
emplóyee [ɪmplɔ́ɪi:] 名 従業員

318

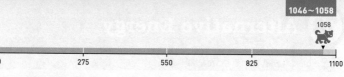

0	275	550	825	1100

1053

obtain
[əbtéin]

動 を得る（≒ get, gain, acquíre）

1054

invest
[ɪnvést]

動 (を)(〜に) 投資する (in)
invéstment 图 投資

1055

differ
⑦ [dífər]

動 (〜と；〜の点で) 異なる (from；in)
dífferent 形 異なった；さまざまな
dífference 图 違い；[a 〜] 差額

1056

client
[kláɪənt]

图 得意客；(弁護士などへの) 依頼人
▶「商品やサービスを買う客」は cústomer。

1057

modest
[má(:)dəst]

形 (〜について) 控えめな (about)
módesty 图 謙虚さ

1058

labor
[léɪbər]

图 労働；(肉体的・精神的) 骨折り
▶ 奥 では labour を使う。
▶ Ministry of Health, Labour and Welfare 厚生労働省

動 労働する

🔍 化石燃料を使い続けるとどんな状況に陥るか？

① Many countries are facing the problem of continuing to supply enough **electricity** to satisfy demand. ② The most **typical** source of electricity at present comes from burning fossil **fuels** such as oil and coal in large power stations. ③ However, it is said that, in the not too **distant** future, our supplies of these fuels will run out and we need to find efficient **alternative** sources of energy. ④ Now, in the media and in governments, there is a great debate on what the best alternative sources of energy that can **replace** oil and coal are. ⑤ It is clear that governments need to **prepare** for the future. ⑥ We must not simply **assume** that fossil fuels will last forever. ⑦ **Otherwise**, one day we will face the situation where we have no energy to **operate** all the machines that have become essential to our modern society. ⑧ Governments everywhere need to **select** which source of energy **fits** their particular **circumstances** and **adopt** policies that ensure a steady supply of energy in the future.

🎯 **語法・構文・表現** 〰〰〰〰〰〰〰〰〰〰〰〰〰〰〰〰〰〰〰〰〰〰〰〰〰〰〰〰〰〰〰〰〰〰

① **satisfy demand**「需要を満たす」

② **power station**「発電所」

③ **run out**「尽きる；なくなる」
   efficient 圏「効率的な；有能な」

④ **on what the best alternative sources of energy that can replace oil and coal are**「石油や石炭に代わりうる代替エネルギー源のうち何が最善かに関して」
   ▶what 以下が前置詞 on「〜に関して」の目的語になっている間接疑問。that can replace oil and coal は the best alternative sources of energy を修飾する関係代名詞節。

代替エネルギー

📁 科学・技術［資源・エネルギー］

① 多くの国は、需要を満たすのに十分な<u>電力</u>を供給し続けるという問題に直面している。② 現在最も<u>一般的な</u>電力源は、巨大な発電所で石油や石炭のような化石<u>燃料</u>を燃焼させて得られたものである。③ しかし、それほど<u>遠く</u>ない将来にこれらの燃料の供給は尽きてしまうので、効率的な<u>代替</u>エネルギー源を見つけ出す必要があると言われている。④ 現在、石油や石炭に<u>代わり</u>うる代替エネルギー源のうち何が最善かということに関して、メディアや政府当局で激しい議論が巻き起こっている。⑤ 明白なのは、政府が将来に向けて<u>準備する</u>必要があるということである。⑥ 化石燃料が永遠に続くと単に<u>思い込ん</u>ではならない。⑦ <u>さもなければ</u>、私たちはいつの日か、現代社会にとって不可欠となったあらゆる機器を<u>稼働させる</u>エネルギーを、まったく持たないという状況に直面することになる。⑧ あらゆる地域の政府が、自分の地域の特定の<u>事情に見合う</u>エネルギー源を<u>選択し</u>、将来、安定的なエネルギー供給を確保する政策を<u>採用</u>する必要がある。

〰〰〰

⑥ **last** 動「続く」

⑦ **the situation where we have no energy to operate all the machines that have become essential to our modern society**「現代社会にとって不可欠となったあらゆる機器を稼働させるエネルギーを、まったく持たないという状況」
 ▶where 以下は the situation を修飾する関係副詞節。that 以下は all the machines を修飾する関係代名詞節。

⑧ **policies that ensure a steady supply of energy in the future**「将来、安定的なエネルギー供給を確保する政策」 ▶that 以下は policies を修飾する関係代名詞節。

■ 単語の意味を確認しよう。

1059

electricity
⑦ [ɪlèktrísəti]

名 電気
eléctric 形 電気の；電気を使う
eléctrical 形 電気の；電気を扱う
electrónic [ɪlèktrá(:)nɪk] 形 電子 (工学) の

1060

typical
発 [típɪkəl]

形 典型的な；(~に) 特有の (of)
type 名 典型；型
týpically 副 典型的に；概して

1061

fuel
[fjúːəl]

名 燃料
▶ 石油や石炭などのこと。
▶ fossil fuels「化石燃料」

1062

distant
[dístənt]

形 遠い；(~に) よそよそしい (with)
▶ in the distant future [past]「遠い未来 [過去] に」
dístance 名 距離；[the ~] 遠方
▶ in the distance「遠くに」

1063

alternative
発 ⑦ [ɔːltáːrnətɪv]

形 代替の；どちらか [どれか] 1つの
名 (~に) 代わるもの (to)；選択肢

1064

replace
[rɪpléɪs]

動 を (~と) 取り替える (with / by)；に取って代わる
replácement 名 交替；交換；代わりの人 [物]

1065

prepare
⑦ [prɪpéər]

動 (~のために) (を) 準備する (for)
preparátion 名 準備

---

0 ┄┄┄ 275 ┄┄┄ 550 ┄┄┄ 825 ┄┄┄ 1100

1066

assume
[əsjú:m]

動 当然 (…だ) と思う (that節)；(…だ) と仮定する (that節)；(責任) を引き受ける
assúmption [əsʌ́mpʃən] 图 想定，仮定

1067

otherwise
[ʌ́ðərwàɪz]

副 そうでなければ (≒ or else)；それ以外では；違ったふうに

1068

operate
⑦ [á(:)pərèɪt]

動 を操作する；(人に；病気の) 手術を行う (on；for)；作動する
operátion 图 操作；手術
óperator 图 (機械などの) 運転者

1069

select
[səlékt]

動 を選び出す
▶ 2者からの選択には使わない。

形 選ばれた；高級な
seléction 图 選択

1070

fit
[fɪt]

動 (に) ぴったり合う；(~に) うまく合う (into)；(寸法など) を合わせる

形 (~に) 適した (for)；健康な (≒ héalthy)

名 ぴったり合うこと；(衣服などの) 合い具合
fítness 图 健康

1071

circumstance
⑦ [sə́:rkəmstæns]

名 〔普通~s〕状況，事情

1072

adopt
[ədá(:)pt]

動 (考え・方針) を採用する；を養子にする
▶ an adopted child 養子
adóption 图 採用；養子縁組

---

79 Demonstration

ロンドンのデモはどのように展開していったか。

① Crowds gathered in the center of London to participate in demonstrations against government proposals to increase the number of immigrants allowed into the country. ② Members of the "popularist" anti-immigration party organized the gatherings to complain about the number of non-European immigrants arriving in the country. ③ They believed that these immigrants were taking jobs and housing from English workers. ④ Initially, the demonstration was calm and the police were able to handle the crowds easily, although it brought a lot of delays and holdups to traffic in the central London area. ⑤ Then, later in the afternoon counter demonstrations that were led by liberal groups were held in nearby streets. ⑥ The two groups soon clashed with police, and the situation quickly became more violent. ⑦ Demonstrators pulled down signs, which they used to strike police and many police were hurt. ⑧ Demonstrators also damaged some commercial properties on the street. ⑨ Eventually, the police managed to regain control before the conflict became out of control. ⑩ The area has now been restored to quiet.

語法・構文・表現

① **demonstration** 图「実証；実演；デモ」
proposal to *do*「…する（という）提案」
immigrants allowed into the country「この国に入ってくることが許される移民」▶allowed into the country は immigrants を修飾する過去分詞句。

② **popularist** 囮「ポピュラリストの；大衆の参加を呼びかける」
anti-immigration party「反移民団体」
gathering 图「集会」

④ **initially** 圖「最初；初めのうち」
delay 图「遅延」
holdup 图「渋滞」

デモ

📁 社会 [事件・犯罪・事故]

① ロンドンの中心地に群衆が集まった。入国が許される移民の数を増やそうとする政府提案に抗議するデモに参加するためである。②「ポピュリストの」反移民団体のメンバーは，この国に入ってくる非ヨーロッパ系の移民数の多さに不満を表明するために集会を組織した。③ 彼らは，こうした移民が英国人労働者から仕事と住宅を奪っていると考えていた。④ ロンドンの中心地域の交通に大幅な遅延や渋滞をもたらしていたものの，初めのうちデモは穏やかに行われ，警察は群衆を容易にさばくことができていた。⑤ それから午後遅くになって，リベラル派に率いられた反デモ運動が近くの通りで行われた。⑥ ２つの集団がほどなく警察と衝突し，状況はあっという間に暴力性を増していった。⑦ デモ隊は看板を取り壊し，それが警官隊を襲うために使われ，多くの警官が負傷した。⑧ デモ隊はまた，通りに面した商業地に被害をもたらした。⑨ 最終的に，警察は衝突が制御不能になる前にどうにか統制力を取り戻した。⑩ 現在では，一帯は落ち着きを取り戻してきている。

⑤ **counter demonstrations that were led by liberal groups**「リベラル派に率いられた反デモ運動」▶that were led by liberal groups は counter demonstrations を修飾する関係代名詞節。

⑦ **pull down ～**「～を取り壊す」▶文字通りには「～を引き倒す」という意味。
strike ▶「～に当たる」の意味だが，ここでは「(人・物) を打つ，叩く」の意味で用いられている。

⑧ **property** 图「土地；財産」

⑨ **regain** 動「～を取り戻す」

⑩ **restore** 動「～を回復する」

📘 単語の意味を確認しよう。

1073

crowd
[kraʊd]

名 群衆；観衆

動 (に) 群がる
crówded 形 混雑した

1074

participate
発 ア [pɑːrtísɪpèɪt]

動 (〜に) 参加する (in) (≒ take part in)
participátion [pɑːrtìsɪpéɪʃən] 名 (〜への) 参加 (in)
partícipant 名 参加者

1075

organize
[ɔ́ːrɡənàɪz]

動 を主催する，準備する；を組織する
organizátion 名 組織 (化)
órganized 形 組織化された
órganizer 名 主催者

1076

complain
[kəmpléɪn]

動 (〜について；…と) 不平を言う (about / of；that節)
compláint 名 不平

1077

calm
発 [kɑːm]

形 冷静な；穏やかな

名 平静

動 静まる；を静める
▶ Calm down. 落ち着きなさい。
cálmly 副 穏やかに

1078

handle
[hǽndl]

動 (問題など) を処理する (≒ deal with)；を (手で) 扱う

名 取っ手

1079

traffic
[trǽfɪk]

名 交通 (量)
▶ 「(交通量が) 多い」は heavy，「少ない」は light で表す。
▶ traffic light(s) 交通信号

| 0 | 275 | 550 | 825 | 1100 |

1080

violent

[váɪələnt]

形 暴力的な；(自然現象などが) 激しい

víolence 图 (〜への) 暴力 (against)；激しさ

1081

strike

[straɪk]

動 に当たる；(人) に (〜という) 印象を与える (as)；(考えが)(人) の心に浮かぶ

▶ 活用：strike - struck [strʌk] - struck

名 攻撃；(労働者の) ストライキ

▶ on strike ストライキ中で
strícken 形 傷ついた；打ちひしがれた
stríking 形 著しい，際立った

1082

hurt

発 [hə:rt]

動 を痛める，傷つける；痛む

▶ 活用：hurt - hurt - hurt

名 精神的苦痛；傷

1083

commercial

[kəmə́:rʃəl]

形 商業的な，営利的な；商業上の

名 (テレビなどの) コマーシャル

cómmerce 图 商業

1084

eventually

[ɪvéntʃuəli]

副 結局 (は)；ついに (は)

▶ 否定文では使わない。

1085

conflict

ア [ká(:)nflɪkt]

名 (〜との；〜間の) 争い (with；between)；(利害の) 衝突

動 [kənflíkt] (〜と) 対立する (with)

---

80 Ancient Roman Slaves

① The Roman Empire expanded the boundaries and established colonies by declaring war on neighboring countries and attacking them beyond borders. ② During this time, many people were captured as slaves. ③ Slaves came from all backgrounds, and many Roman households classified them according to skill and education so that they could be put to work most effectively. ④ Their fates were entirely in the hands of their masters. ⑤ Most of them had to endure harsh living conditions and they were often bullied brutally by their masters. ⑥ Conditions were often so awful that their lives ended in tragedy after being starved and tortured. ⑦ In exceptional cases, some well-educated slaves were allowed to earn money by their generous owners, and many of them resolved to buy their own freedom. ⑧ Others with prominent skills in art, science, or medicine were held in high esteem by their masters and were given their freedom when their master died. ⑨ Legal slavery was eventually eliminated worldwide, but sadly, it is unlikely that illegal slavery will ever disappear altogether. ⑩ There are too many obstacles to be removed for the complete abolition of slavery.

語法・構文・表現

② capture 動「~を捕らえる」

③ according to ~「~に応じて；~をもとに」
effectively 副「効果的に」

④ fate 图「運命」
entirely 副「完全に」

⑤ endure 動「~に耐える」
brutally 副「残酷に」

古代ローマの奴隷

英文レベル
☆☆☆

182 words

📁 社会 [社会問題]

① ローマ帝国は，近隣諸国に戦争を宣言し国境を越えて攻撃することで，国境を拡大し，植民地を作っていった。② この時期，多くの人々が奴隷として捕らえられた。③ 奴隷はあらゆる生い立ちを持つ者から成っており，ローマ人家庭の多くは，奴隷たちを最も効果的に労働させることができるように，技能と教育に応じて分類した。④ 奴隷たちの運命は主人の手に完全に握られていた。⑤ 彼らの大部分は過酷な生活環境に耐えていかねばならず，しばしば主人から残酷ないじめを受けた。⑥ 境遇があまりにひどいため，彼らの一生は飢えと責め苦を受けたあと，悲劇的な終わりを迎えることも多かった。⑦ 例外的に，教育程度の高い奴隷の中には寛大な主人によってお金を稼ぐことが許される者もあり，彼らの多くは自らの自由をお金で買い取ることを決意した。⑧ 芸術や科学や医学の分野で卓越した技能を持つ奴隷もいて，彼らは主人から高く敬われ，主人が亡くなったあと自由が与えられた。⑨ 最終的に合法的な奴隷制は世界中で姿を消したが，悲しいことに，これから先も，非合法的な奴隷制が完全になくなることはなさそうだ。⑩ 奴隷制を完全に廃止するには，あまりに多くの取り除くべき障害があるのだ。

---

⑥ tragedy 图「悲劇」
　　starve 動「～を飢えさせる」
　　torture 動「～に責め苦を与える」

⑧ esteem 图「敬意」

⑨ slavery 图「奴隷制度」
　　eliminate 動「～を取り除く」
　　it is unlikely that ...「…することはありそうもない」

⑩ remove 動「～を取り除く」
　　abolition 图「廃止」

329

📖 単語の意味を確認しよう。

1086

empire
⑦ [émpàiər]

名 帝国
▶ the Roman Empire ローマ帝国
▶ the British Empire 大英帝国
impérial [ɪmpíəriəl] 形 帝国の；堂々とした
émperor 名 皇帝；天皇

1087

boundary
[báundəri]

名 境界 (線)；〔普通～ries〕限界
bound 名 〔～s〕境界 (線)；〔～s〕限界
bórder 名 境界線，国境

1088

colony
[ká(:)ləni]

名 植民 (地)；集団
▶ a colony of ants アリのコロニー
colónial [kəlóuniəl] 形 植民地の

1089

declare
[dɪkléər]

動 を宣言する；を断言する；(課税品)を申告する
declare A (to be) B 「AをBと宣言する [断言する]」
declarátion [dèkləréiʃən] 名 宣言；申告 (書)

1090

border
[bɔ́:rdər]

名 境界線，国境
動 と境界を接する

1091

slave
[sleɪv]

名 奴隷
slávery [sléɪvəri] 名 奴隷制度

1092

background
⑦ [bǽkgràund]

名 (景色・事件などの) 背景；経歴

1093

classify
[klǽsɪfàɪ]

動 を分類する
classify A as B 「AをBとして分類する」
classificátion 名 分類 (法)
clássified 形 機密の；分類された
▶ classified ad (新聞の) 部門別案内広告，三行広告

0	275	550	825	1100

1094
harsh
[hɑːrʃ]

形 厳しい；容赦ない（≒ sevére）
hárshly 副 厳しく

1095
bully
(発) [búli]

動 をいじめる
名 いじめっ子
búllying 名 いじめ

1096
generous
[dʒénərəs]

形 気前のよい；(～に対して) 寛大な (to)；豊富な
It is generous of ～ to *do* 「…するとは～ (人) は気前
がよい」
generósity [dʒènərá(ː)səti] 名 気前のよさ；寛大さ

1097
resolve
(発) [rɪzá(ː)lv]

動 を解決する；(…すること) を決意する (to *do*)
resolútion [rèzəlúːʃən] 名 解決；決意
▶ a New Year's resolution 新年の決意

1098
prominent
[prá(ː)mɪnənt]

形 重要な，著名な；突き出ている
próminence 名 卓越；著名

1099
altogether
[ɔ̀ːltəgéðər]

副 完全に（≒ complétely）；全部で（≒ in
total）
▶ 否定文では部分否定「完全に～というわけではない」となる。
▶ all together「みんな一緒に」との違いに注意。

1100
obstacle
[á(ː)bstəkl]

名 (～に対する) 障害 (物)(to)

331

F
G
H
I

I
J
K
L
M

P

P
Q
R

341

S

T

T
U
V
W
Y